U0082417

日本地方鐵道之旅

88條美景路線＆
深度鐵道旅遊提案

人人出版

雖然想去法國　但法國實在太遠了

於是穿上了新西裝 來趟隨心所欲的旅行

蒸汽火車在山路間穿梭時　倚在映著水藍色天空的車窗

心裡盡想著開心的事　五月的清晨天空微微亮起

嫩草在原野中恣意地生長

這是日本詩人萩原朔太郎的作品，名為《旅上》。

當時還是戰前，而法國如今已不再是遙遠的距離，蒸汽火車也成了舊時代的產物，但在這首短詩中

卻完全呈現出了這本《日本地方鐵道之旅》的精髓。

地方線多沿著海岸或山林行駛，不疾不徐、無拘無束，也沒有特定的目的地，旅程中充滿了特有的

新鮮感和興奮感。當窗外出現意想不到的景致時，更是讓人刻骨銘心，亦即極致之旅的完美瞬間。

旅行就該是這個樣子。

移動時的喜悅感，才是旅行的醍醐味。

就像是剛萌芽的嫩草，自由自在地蓬勃生長著，盡量不要被旅程所束縛，

走陸路比空路好，徒步的方式又更好。

西行上人和松尾芭蕉也曾徒步旅行，並在途中創作出詩歌。

現代的話騎自行車旅行也不錯，騎機車或開車也行。

如果本身沒有交通工具，就選擇地方鐵道旅行吧。

一面喝著罐裝啤酒，一面享受窗外緩緩流逝的迷人景色，有時還能望見壯闊的絕美景觀。就在絕景的伴

隨下，晃呀晃地一路前進。

欣賞日本的美景，感受懷舊的風情，或許有時還會突然沉浸在愉悅的感傷中。

另一位日本詩人中原中也曾留下這首詩：

驀然回首漫漫人生路　十二歲冬天的那個傍晚　汽笛聲在海港上空迴盪著 伴隨的蒸汽白煙今已不再

日本地方鐵道之旅
88 條美景路線 & 深度鐵道旅遊提案

CONTENTS

想搭一次看看的日本地方鐵道
區域別 絕景路線 MAP ①

P6

P7

P8-9

P10-11

稚內駅

JR宗谷本線
(P.64‧146‧178‧226)

(78) 美深小火車王國
→P.237

JR
私鐵‧第三部門鐵道

網走駅

新旭川駅

(46)

旭川駅

北海道

(52)

滝川駅

根室駅

(26)

舊三井蘆別鐵道
炭山川橋梁
→P.206

故鄉銀河線
陸別鐵道
→P.236

富良野駅

舊國鐵士幌線
丹珠別川橋梁
→P.206

東釧路駅

(4)

(58)

札幌駅

南千歲駅

苫小牧駅

室蘭市舊室蘭站舍
→P.207

JR石北本線(P.134‧146)

室蘭駅

五稜郭駅

(33)

函館駅

木古內駅

JR富良野線(P.84)

北海道

(4) 北海道
JR根室本線
→P.26‧65‧146

(52) 北海道
JR釧網本線
→P.148

(26) 北海道
JR富良野線
→P.84

(58) 北海道
JR函館本線
（函館站～札幌站）
→P.146‧170‧178

(33) 北海道
道南漁火鐵道
→P.100

(78) 北海道
JR宗谷本線
→P.64‧146‧178‧226

(46) 北海道
JR石北本線
→P.134‧146

青森縣

秋田縣

岩手縣

東北

秋田內陸縱貫鐵道
秋田內陸線(P.113・166)

JR ──────────

私鐵・
第三部門鐵道

大湊駅

㉛

北海道

○函館駅

野辺地駅

津軽中里駅
㊅
津軽
五所川原駅
川部駅
中央弘前駅
㊾
鷹巣駅
東能代駅
㊒
大鰐駅
大館駅

○小坂鐵道公園
→P.237

舊南部縱貫鐵道 Kiha10型
──● →P.147

青森縣

久慈駅

岩手縣

㊲

㊸

好摩駅

○盛岡駅

秋田縣

㊄

秋田駅

角館駅

花巻駅

釜石駅

羽後本荘駅

㊐

矢島駅

横手駅

㊓

北上駅

盛駅

酒田駅

㊵

○舊栗原電園鐵道
KD 95型・KD10型
──● →P.147

新庄駅

小牛田駅

山形縣

宮城縣

○山形駅

○仙台駅

坂町駅

㊼

㉘

荒砥駅

赤湯駅

米沢駅

新潟駅○

舊國鐵日中線 →P.237
JR磐越西線 一之戸川橋梁 →P.206

会津若松駅

郡山駅

新潟縣

㊁

西若松駅

㉑

安積
永盛駅

㊲

小出駅

会津高原
尾瀬口駅

㊾

新藤原駅

いわき駅

富山縣

常陸太田駅
上菅谷駅

水戸駅

JR只見線
(P.64・179・180)

長野縣

群馬縣

栃木縣

茨城縣

岐阜縣

埼玉縣

區域別絕景路線 MAP ②

JR越美北線
(P.178・188)

坂町駅

新潟駅

新潟縣

P6

P7

P8-9

P10-11

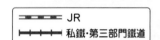
JR
私鐵・第三部門鐵道

穴水駅

⑭ 七尾駅

石川縣

舊直江津機關庫
→P.207

糸魚川駅
市振駅

越後川口駅
犀潟駅

⑮
直江津駅

小出駅

六日町駅

⑥②

⑦⑨ ⑤⑥

舊JR信越本線
碓冰第三橋梁
→P.206
碓冰峠 廢線鐵道散步
→P.237

間藤駅

富山地方鐵道 立山線
千垣橋梁
→P.206

氷見駅
高岡駅
金沢駅

⑤⑤

富山駅

富山縣

豊野駅

⑦③

上田駅

小諸駅

⑦②

別所溫泉駅

⑦⑤

倉賀野駅

碓冰峠
鐵道文化村
→P.236

⑲

桐生駅

群馬縣

⑭

北陸鐵道石川線
舊加賀一之宮站
→P.207

鐵道自行車
GattanGo!!
→P.236

⑤④

松本駅

⑤⑥

辰野駅

埼玉縣

東京都

八王子駅

⑭

三國港駅

③⑨

福井駅
越前花堂駅

勝山駅

⑥④

九頭竜湖駅

福井縣

岐阜縣

長野縣

小淵沢駅

甲府駅

山梨縣

神奈川縣

鳥取駅

鳥取縣

東舞鶴駅

②⑤

敦賀駅

樽見駅

舊名鐵谷汲線
Mo 510型
→P.147

⑥⑧

大垣駅
岐阜駅

惠那駅

⑥⓪

明智駅

千頭駅

⑧⓪ ⑧⓪

⑧①

岳南江尾駅

富士駅
吉原駅

京都府

滋賀縣

阿下喜駅

西藤原駅

③②

名古屋駅

西桑名駅

近鐵富田駅

愛知縣

④⑤ ④⑤

⑧③

⑥⑨

金谷駅

靜岡縣

岡山縣

兵庫縣

三ノ宮駅

大阪駅

加茂駅

④⑧

亀山駅

豊橋駅

新所原駅

掛川駅

香川縣

大阪府

③⑥

伊勢奧津駅

松阪駅

三重縣

德島縣

奈良縣

⑩

和歌山市駅

和歌山縣

高知縣

新宮駅

JR紀勢本線(P.40・178・179)

夷隅鐵道 夷隅線
(P.70・113・146)

JR大糸線(P.179・208)

山形縣　宮城縣

○山形駅　○仙台駅

㊼

米沢駅

会津若松駅

福島縣

安積永盛駅

会津高原
尾瀬口駅

㊾

新藤原駅

栃木縣

㊶

茂木駅

常陸太田駅

㉓

上菅谷駅

水戸駅

下館駅

──常陸那珂海濱鐵道
Kiha 222型
→P.147

茨城縣

㊻

鹿島サッカースタジアム駅

○東京駅

千葉縣

銚子駅　㊳　外川駅

五井駅

㉔　⑳

大原駅

上総中野駅

渡良瀬溪谷鐵道(P.66・113)

關東甲信越

⑮ 新潟縣
**越後心動鐵道
日本海翡翠線**
→P.58・64・112・178

⑲ 群馬縣・栃木縣
渡良瀬溪谷鐵道
→P.66・113

⑳ 千葉縣
夷隅鐵道 夷隅
→P.70・113・146

㉓ 茨城縣・栃木縣
真岡鐵道 真岡線
→P.65・78・112

㉔ 千葉縣
小湊鐵道
→P.80・146

㉞ 東京都・埼玉縣・群馬縣
JR八高線
→P.102

㊳ 千葉縣
銚子電氣鐵道
→P.65・110・113・147・249

㊶ 茨城縣
JR水郡線
→P.118

㊺ 長野縣
JR飯田線
→P.64・65・130

㊼ 新潟縣
JR米坂線
→P.138

㊾ 栃木縣
野岩鐵道 會津鬼怒川線
→P.142

㊼ 長野縣・新潟縣
JR飯山線
→P.162

㉓ 新潟縣
JR只見線
→P.180

㊼ 長野縣
上田電鐵 別所線
→P.147・205

㊼ 長野縣・新潟縣
JR大糸線
→P.179・208

㊼ 山梨縣・長野縣
JR小海線
→P.64・179・216

㊼ 新潟縣
北越急行 北北線
→P.65・230

㊼ 山梨縣
JR身延線
→P.232

㊻ 茨城縣
鹿島臨海鐵道 大洗鹿島線
→P.246

東海北陸

⑩ 三重縣
JR紀勢本線
→P.40・179

⑭ 石川縣
能登鐵道 七尾線
→P.56

㉕ 福井縣
JR小濱線
→P.82

㉜ 三重縣
**三岐鐵道
三岐線・北勢線**
→P.98・146

㊱ 三重縣
JR名松線
→P.106・179

㊴ 福井縣
**越前鐵道
三國蘆原線・
勝山永平寺線**
→P.111

㊺ 愛知縣・靜岡縣
JR飯田線
→P.130・179

㊽ 三重縣
**JR關西本線
（龜山站～加茂站）**
→P.140

㊴ 岐阜縣・富山縣
JR高山本線
→P.156・178

㊵ 富山縣
JR冰見線
→P.160

㊿ 岐阜縣
明知鐵道 明知線
→P.112・113・176

㊽ 福井縣
JR越美北線
→P.178・188

㊽ 岐阜縣
樽見鐵道 樽見線
→P.198

㊽ 靜岡縣
**大井川鐵道
大井川本線**
→P.113・146・200

㊼ 靜岡縣
JR身延線
→P.232

㊼ 靜岡縣
**岳南電車
岳南鐵道線**
→P.146・234

㊼ 靜岡縣
天龍濱名湖鐵道
→P.65・113・238

想搭一次看看的日本地方鐵道

區域別絕景路線 MAP ③

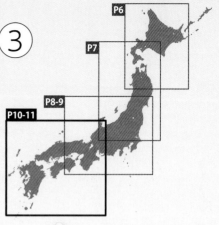

京都丹後鐵道
宮舞線·宮豐線·宮福線
(P.18·113)

JR豐肥本線(P.179·222)

JR予讚線(P.22)

富山縣

石川縣

福井縣

岐阜縣

愛知縣

三重縣

JR山陰本線 舊余部橋梁
→P.206

JR山陰本線 舊余部橋梁
→P.206

宮津駅
東舞鶴駅
② 25 敦賀駅

出雲大社前駅
川跡駅
松江
しんじ湖温泉駅
84
鳥取駅
豊岡駅
西舞鶴駅
舊長濱站舍
→P.207

電鐵出雲市駅
宍道駅
鳥取縣
郡家駅
若櫻駅
50
京都府
滋賀縣

① 島根縣
備中神代駅
新見駅
智頭駅
18 18
福知山駅
JR草津線
113系電車
→P.146

三江線鐵道公園
→P.237
43
備後落合駅
30
51
北条町駅
舊JR鍛冶屋線Kiha 30型
→P.147
貴生川駅
35
信楽駅
名古屋駅

舊津山機關車庫
→P.207

嵯峨野
遊覽小火車
→P.237
亀山駅

扇形機關車庫
→P.207
京都駅

67
東津山駅
30 姫路駅
粟生駅
27
大阪駅
加茂駅
48

錦町駅
廣島縣
柵原交流
礦山公園
→P.236
上郡駅
三ノ宮駅
大阪府
貝塚駅
88
水間観音駅

66
66
山口縣
川西駅
広島駅
海田市駅
⑥
三原駅
高松駅
瓦町駅
琴電志度駅
16

和歌山市駅
舊有田鐵道
Kiha 58型・Haimo 180型
→P.147
奈良縣

多度津駅
香川縣
87

松山駅
愛媛縣
63
德島駅
徳島縣
御坊駅
西御坊駅

③
新谷駅
内子駅
高知縣
13
10
新宮駅

北宇和島駅
後免駅
⑧
阿波海南駅

宇和島駅
65
若井駅
窪川駅
⑨
奈半利駅
甲浦駅

和歌山縣

錦川鐵道 錦川清流線(P.192)

中國・四國

海天一線湛藍壯闊的海岸絕景

1 島根縣·山口縣

JR山陰本線（出雲市站～幡生站）

◆ジェイアールさんいんほんせん

出雲市站（島根縣）**～幡生站**（山口縣）289.2km

長門市站～仙崎站（山口縣）2.2km

横貫山陰地方的海岸線
馳騁於遠古的風景之間

⬆山口縣的惣鄉川橋梁。由於該橋的完工，山陰本線才終於在1933年全線開通。不只能欣賞美麗的海景，曲線設計的鐵道橋也很有人氣

傳統家屋、群山、遼闊大海
連結山陰地區各城市的偉大地方線

JR山陰本線被作家宮脇俊三譽為「偉大的地方線」。於全長673.8公里的長距離路線可飽覽綿延的山巒、日本海,以及散布其間的港町、田園風光等豐富多變的車窗景色。從京都站延伸至幡生站的這條鐵道是全日本最長的在來線,經由1897年～1933年所敷設的各路線整合而成,橫跨了京都府、兵庫縣、鳥取縣、島根縣、山口縣等1府4縣。

出雲市站～幡生站能欣賞到恬靜的自然絕景,偶爾也會行經鄉村小鎮。大部分的路程皆依著日本海而行,湛藍大海搭配石見地方常見的紅色石州瓦屋頂建築十分吸睛,從沿著沙灘旁運行的折居海岸、行駛於斷崖上的土田北濱海岸周邊望見的水平線也美得令人感動。山口縣奈古站以西則有大島、青海島、角島、蓋井島等漂浮於海面的離島,讓人留下深刻印象。沿途除了海景外,黑松站～淺利站還可見到風力發電廠的巨型風車群,變化多端的車窗風景讓乘客怎麼看也不會膩。

■1 座落於土田北濱海岸綿延至岡見站附近之斷崖區間的第一青浦橋梁 ■2 過了下關市豐浦町福德稻荷神社的千本鳥居後即可望見響灘。氣候溫暖的響灘周邊,鈷藍色大海的沿岸也有許多值得一看的絕景 ■3 田儀站往西約2公里處,會經過建築物蓋在依山傍海的山坡上、彷彿與世獨立的島津屋聚落 ■4 取景自面朝能看見日本海點點漁火的人氣拍照景點「道の駅 ゆうひパーク三隅」廣場,可將圓弧狀的海岸線與鐵道一同入鏡 ■5 列車正行經田儀站～波根站間的島津屋聚落周邊,一旁緊鄰著陡峭山壁的日本海沿岸。佇立在遠方海面的是島根半島 ■6 在北長門海岸國定公園內的風景勝地「須佐灣」所捕獲的劍尖槍魷,已經以「須佐男命烏賊」之名走向品牌化。狹窄的海灣內奇岩怪石和島嶼林立 ■7 從土田北濱海岸能望見行駛於斷崖上的Kiha126系柴油車 ■8 江津市淺利町～黑松町的海岸線上,矗立著與蔚藍大海相映襯的白色風車

4

5 7

6 8

456照片：土手浩司　　　8照片：三吉勇基／@7djet on Instagram

右下圖

日本海

出雲市駅

JR山陰本線

福井縣

滋賀縣

京都府

鳥取縣

鳥取駅

兵庫縣

和田山駅

福知山駅

大阪府

京都駅

米子駅

岡山縣

新倉敷駅

山陽新幹線 姬路駅

新大阪駅

奈良縣

新神戸駅

島根縣

廣島縣

山口縣

廣島駅

岡山駅

瀬戸內海

香川縣

和歌山縣

新下關駅

幡生駅

德島縣

福岡縣

小倉駅

大分縣

愛媛縣

高知縣

0   50km

↑塗上紅色釉藥的
石州瓦

↑位於萩城下町地
區的菊屋橫町

沿線地區

豐北 ●ほうほく
與響灘毗鄰的海岸線已被指定為
北長門海岸國定公園，連結本州
和角島、全長1780公尺的角島大
橋（照片）是熱門的絕景景點。

沿線地區

萩 ●はぎ
長州藩的主要據點，以幕末志士
人才輩出而廣為人知。為明治維
新的胎動之地，也留下多處世界
遺產的構成資產。

沿線地區

益田 ●ますだ
由於與中國和朝鮮半
島隔海相鄰，11～16
世紀成為興盛的海洋
貿易都市，並在東亞
各國的影響下發展出
獨特的文化。

沿線地區

濱田 ●はまだ
石見地方的中心地，
曾作為濱田藩的城下
町而繁榮一時。石見
神樂、石州半紙等傳
統藝能和技術如今仍
根深蒂固。

沿線地區

長門 ●ながと
山谷間有長門湯本溫泉，靠海的
仙崎又以著名詩人金子美鈴的故
鄉聞名。青海島為已被選入日本
海灘百選的景勝地。

沿線地區

川棚溫泉 ●かわたなおんせん
擁有800餘年歷史的下關溫泉
街，將茶蕎麥麵放在熱騰騰瓦片
上享用的「瓦片蕎麥麵」堪稱當
地名產。

周布駅
折居駅
三保三隅駅
岡見駅
JR山陰本線
鎌手駅

道の駅 ゆうひパーク三隅

第一青浦橋梁
土田北濱海岸

飯浦駅
江崎駅
須佐駅

戸田小濱駅

石見津田駅
益田

萩·石見機場

益田駅

惣郷川橋梁

宇田郷駅
木与駅
奈古駅

道の駅 センザキッチン
金子美鈴紀念館

大島

長門大井駅

津和野駅

日本海

越ケ浜駅

JR山陰本線

角島大橋

東後畑

長門粟野駅

長門
市駅

青海島
仙崎駅

萩

玉江駅

萩駅

東萩駅

錦川鐵道
錦川清流線
→P.192

豐北

角島

特牛駅

伊上駅

人丸駅

阿川駅

長門古市駅

黃波戸駅

長門
三隅駅

飯井駅

長門峽駅

錦町駅

滝部駅

山口縣

長門二見駅

宇賀本鄉駅

湯玉駅

長門湯本溫泉

豐田湖

小串駅

福德稻荷神社

秋吉台
秋芳洞

湯田
溫泉駅

川棚溫泉駅

川棚溫泉

JR美禰線
→P.202

美禰東JCT

山口駅

路線指南

JR山口線
ジェイアールやまぐちせん
連接島根縣益田站和山口縣新山口
站的陰陽聯絡線。SL「山口號」運
行於津和野站～新山口站間，沿線
會經過津和野町和湯田溫泉。

藍井島

黑井村駅

美禰駅

山口JCT

梅ケ峠駅

福江駅

吉見駅

梶栗鄉台地駅

安岡駅

綾羅木駅

幡生駅

下關JCT

新山口駅

山陽新幹線

厚狹駅

山陽自動車道

宇部JCT

防府駅

岩德線

福岡縣

下關駅

新下關駅

門司港駅

長門本山駅

山口宇部機場

宇部線

博多駅

小倉駅

周防灘

沿線地區

大田 ●おおだ

位於山谷間的世界遺產「石見銀山」是江戶時期日本最大的銀礦山，沿海的琴濱以「鳴沙」著稱。

一畑電車
北松江線·大社線
→P.242·113·147

島根半島

出雲緣結機場

出雲大社前駅

出雲市駅

JR木次線
→P.126→

島津屋聚落

江南駅

西出雲駅

出雲神西駅

五十猛駅

久手駅

静間駅

波根駅

小田駅

琴濱

大田市駅

島根縣立島根海洋館AQUAS

溫泉津溫泉

仁万駅

大田

石見福光駅

馬路駅

溫泉津

石見銀山

黑松駅

溫泉津駅

江津駅

浅利駅

都野津駅

江津東風力發電廠

敬川駅

島根縣

濱田駅

浜田駅

久代駅

下府駅

波子駅

西浜田駅

浜田自動車道

中国自動車道

廣島縣

広島駅·岡山駅

宮島（嚴島）

新岩国駅

岩国駅

岩國錦帶橋機場

柳井駅

山陽本線

屋代島

沿線地區

溫泉津 ●ゆのつ

如其名是個溫泉鄉，湧泉的成分具有多種療效。曾因石見銀山的銀礦輸出港而蓬勃發展，整個街區已被列為世界遺產的構成資產之一。

0 — 10km N

途中下車範例行程

盡情飽覽日本海與在地風景

第1天

上午 ＊前往世界文化遺產「石見銀山」

從出雲市站上車，過了小田站後多沿著海岸線行駛。約40分鐘後在大田市站下車，再轉搭30分鐘左右的巴士到石見銀山，造訪礦山的遺跡和周邊街道。

下午 ＊入住歷史悠久的溫泉津溫泉鄉

搭乘大田市站16:12出發的普通列車，約20分鐘後抵達溫泉津站。能實際感受到與石見銀山的歷史淵源，還能品嘗在地的海鮮。

第2天

上午 ＊一覽日本海美景的列車之旅

搭乘溫泉津站9:11出發的普通列車，隔著車窗就能欣賞風光明媚的海景。中途在離島根縣立島根海洋館AQUAS最近的波子站下車，休息之餘還可順便到海邊走走。

下午 ＊前往還殘留城下町氛圍的萩觀光

搭乘12:21的特急列車，於益田站換搭普通列車，14:22抵達萩的觀光據點「東萩站」。市內可利用周遊巴士或共享自行車讓移動更方便。有多家溫泉旅館散布其間，無需擔心找不到住宿的地方。

第3天

上午 ＊前往山口縣的海景景點「長門」

搭乘東萩站9:03出發的列車，長門市站下車後換搭路線巴士往港町仙崎，造訪道の駅 センザキッチン、童謠詩人金子美鈴紀念館等地。

下午 ＊沿著響灘往山陰本線西端的幡生站前進

算好時間返回長門市站，搭乘13:02或15:16的列車前往下關。若搭乘前者也可在特牛站或瀧部站下車，轉搭30分鐘左右的巴士到角島大橋逛逛。

路線&乘車資訊

出雲市站～益田站間
也可搭特急列車移動

普通列車在通勤通學的尖峰時段為每小時1班車，白天的發車間隔為2～3小時。大多數班次皆行駛所有區間，但其中有幾班只運行出雲市站～濱田站（所需約2小時10分），因此濱田站～益田站間（所需約1小時10分）的班次會略減。該區間還有兩種特急列車行經，分別為連結鳥取站～益田站間的超級松風號，以及由鳥取·米子站經由益田站繼續駛入JR山口線的超級隱岐號，合計一天有7班。出雲市站～益田站間搭普通列車的話約3～4小時（途中轉乘、長時間停車），搭特急列車約1小時45分。

益田站～下關站間
只能換搭普通列車

所有列車在抵達終點站幡生站後，都會繼續駛入下關站。特別是很難從頭坐到尾，行經惣鄉川橋梁的益田站～長門市站間（所需約2小時）白天僅有2～3個班次運行，中午前後的其中一個班次還得在東萩站停留2～3小時。長門市站～下關站間（所需約2小時）為1～2小時1班，小串站～下關站間（所需約50分）的班次較多。此外，長門市站還有一條名為仙崎線的支線。

洽詢處 JR西日本客服中心
☎0570-00-2486

前往始發站的交通方式

岡山站	經由JR伯備線 特急八雲號 約3小時 → 出雲市站
東京站	經由JR伯備線 寢台特急日出出雲號 約12小時10分 → 出雲市站
新山口站	搭JR山口線 超級隱岐號 約1小時35分 → 益田站
厚狹站	搭JR美禰線 普通列車約1小時 → 長門市站
小倉站	搭JR山陽本線直通 普通列車約15分 → 下關站

特急八雲號每小時1班，途中停靠倉敷站、新見站、米子站、松江站等。寢台特急日出出雲號21:50從東京站出發，除了車票外還需購買特急券和寢台券（也有不需寢台券的座位）。若由鳥取站前往出雲市站，可利用普通列車或特急超級松風號、超級隱岐號，車程約2小時。自新山口站發車的超級隱岐號1天有3班；搭普通列車含轉乘時間在內約2小時40分，1天有5班。小倉站是所有新幹線、特急列車皆會停靠的主要轉運站，往來關門海峽的列車每小時有數班。JR美禰線請參照P.202。

補充資訊 山口縣的東萩站～幡生站、下關站間有觀光列車「〇〇のはなし」運行，名字來自於沿途停靠站萩「はぎ」、長門「ながと」、下關「しものせき」的第1個音。

17

京都丹後鐵道
宮舞線·宮豐線·宮福線

◆きょうとたんごてつどう みやまいせん·みやとよせん·みやふくせん

宮舞線:宮津站~西舞鶴站（京都府）24.7km

宮豐線:宮津站（京都府）~豐岡站（兵庫縣）58.9km

宮福線:宮津站~福知山站（京都府）30.4km

從宛如緊貼著水面的橋梁

一覽若狹灣和由良川

⬆️建於大正時代的由良川橋梁架設在注入若狹灣的由良川河口處，列車在水面上行駛而過的罕見光景是宮舞線最吸睛的絕景景點

行駛於名勝齊聚的「海之京都」
從車窗眺望日本屈指可數的名景

京都丹後鐵道由三條路線所組成，分別是途經美麗白色岩石的奈具海岸和設有軍港的舞鶴灣，行駛於京都府和兵庫縣北部的宮舞線；連結宮津灣和久美濱灣，朝著以白鶴棲息地聞名的圓山川前進的宮豐線；南北走向穿越大江山山麓的宮福線。由於運行路線離日本海很近，從車內能望見河川和大海，其中漂浮在宮津灣上的天橋立更是被譽為日本三景之一。

原本由北近畿丹後鐵道負責營運，但卻創下公私合營的第三部門鐵道中最高的赤字紀錄，2015年才由目前的WILLER TRAINS株式會社接手。透過推出由水戶岡銳治操刀設計的觀光列車等方式集聚人氣，旅客人數也逐漸回升。

1當列車行經由良川橋梁，車內兩側皆可欣賞到水流清澈的由良川　2從由良岳望見正通過由良川橋梁的列車　3從由良岳眺望越過由良川橋梁後沿著良海岸繼續奔馳的列車　4四所站是座佇立於山谷間的無人車站，往西舞鶴站的普通列車會在此停靠　5 2019年導入的KTR300型柴油車，車頭設計以大江山的赤鬼和青鬼為原型　6列車行走在被天橋立分隔開來的阿蘇海沿岸

路線&乘車資訊

行經由良川橋梁的列車最終會駛入豐岡站

宮舞線約每小時1班車，連結西舞鶴站與宮豐線的網野站或豐岡站。其中一天有2班往返的觀光列車「丹後青松號」無需事前預約，且以普通列車的票價即可搭乘。西舞鶴站～天橋立站的車程約50分，天橋立站～豐岡站約1小時20分。宮豐線除了匯入宮舞線的普通列車外，還有上行下行各5個班次的特急橋立號及上行下行各3個班次的丹後接力號會駛入宮福線（往福知山站方向）。宮福線的普通列車或快速「大江山號」約每小時1班，特急列車約1～2小時1班。觀光列車「丹後黑松號」和「丹後赤松號」只有在週末和假日才會運行（需預約）。

洽詢處 京都丹後鐵道 ☎0772-25-2323

照片：上杉雄敏

沿線地區
久美濱 ●くみはま
沙洲將日本海與久美濱灣的美麗海景隔開，因與天橋立相似而有「小天橋」之稱。海岸線上也設有海水浴場。

沿線地區
夕日浦 ●ゆうひがうら
夕日浦的長灘已入選為「日本夕陽百選」之一，夕陽餘暉下的岩石剪影極具美感。

私心推薦！
由良川橋梁與水面的距離僅6公尺，能體驗彷彿行駛在海平面上的感覺。
京都丹後鐵道
觀光列車
乘務員

沿線地區
與謝野 ●よさの
為高級絹織物「丹後縐綢」的著名產地，尤其是加悅地區還保存著許多織布商的家屋等歷史建築物。

日本海

丹後半島

鳥取駅

城崎溫泉　城崎溫泉駅
コウノトリの郷駅
山陰本線　玄武洞公園

豐岡駅　→東方白鶴但馬機場

夕日ケ浦木津溫泉駅
夕日浦海岸
夕日浦
久美濱灣　網野駅
小天橋駅　琴引浜
久美濱　かぶと山駅
久美濱駅　コウノトリのさと　かぶとやま

峰山駅　みねやま

京丹後大宮駅　きょうたんごおおみや
磯砂山

京都丹後鐵道　宮豐線

岩滝口駅　いわたきぐち
阿蘇海
天橋立　あまのはしだて
天橋立駅

栗田駅　くんだ
無双ヶ鼻
丹後由良駅　たんごゆら
丹後神崎駅　たんごかんざき
由良川橋梁
京都丹後鐵道　宮舞線
栗田湾
若狭湾

小浜駅
舞鶴湾
JR小濱線　→P.82
東舞鶴駅
西舞鶴駅　にしまいづる

路線指南
JR山陰本線（豐岡站～鳥取站）
ジェイアール　さんいんほんせん
從豐岡站沿著圓山川北上，在緊鄰海岸線的鐵道上一路朝著鳥取方向前進。沿途到處都能見到日本海的景色。

與謝野　よさの
与謝野駅　よさの
きた
喜多駅
縐綢街道
宮村駅　みやむら
宮津駅　みやづ
奈具海岸
由良岳
由良海岸
東雲駅　しののめ
四所駅　ししょ

路線指南
JR播但線
ジェイアールばんたんせん
起點為兵庫縣的姬路站，終點為朝來市的和田山站。沿線有被稱為天空之城的竹田城、生野銀山等觀光景點。

兵庫縣

大江山　おおえやま
大江山口內宮駅　おおえやまぐちないく
普甲トンネル
辛皮駅　からかわ
二俣駅　ふたまた
大江駅　おおえ
大江高校前駅　おおえこうこうまえ
京都丹後鐵道　宮福線
公庄駅　ぐじょう
下天津駅　しもあまづ
牧駅　まき
荒河かしの木台駅　あらがかしのきだい
福知山市民病院口駅　ふくちやましみんびょういんぐち

京都府

綾部JCT

沿線地區
大江山 ●おおえやま
酒吞童子等鬼怪傳說皆以神祕的大江山作為背景。擁有豐沛的自然景觀，因此也是熱門的健行路線，亦為知名的雲海觀賞地。

和田山駅
山陰本線
竹田城跡　竹田駅　たけだ
播但連絡自動車道
福知山城
福知山駅　ふくちやま
福知山線
綾部駅　あやべ
山陰本線

↓新大阪駅
↓姬路駅

0　5km　N

↓京都駅

途中下車範例行程

欣賞北近畿的絕美海景，享受溫泉之樂

第1天
上午＊造訪沿線的絕景景點
9:42從西舞鶴站上車，過了丹後神崎站後由良川橋梁、奈具海岸等美景陸續映入眼簾，是不容錯過的窗外風景。接著會行經宮津站，10:26抵達天橋立站下車，盡情飽覽日本數一數二的絕景「天橋立」。
下午＊到夕日浦享受美景與溫泉
漫步遊逛天橋立與周邊後，搭乘天橋立站15:21出發的列車前往夕日浦木津溫泉站。看完夕陽沉入夕日浦海岸的美景後，入住溫泉旅館好好放鬆身心。

第2天
上午＊到豐岡尋找中意的包款
搭乘夕日浦木津溫泉站10:42出發的列車，約40分鐘後抵達終點站豐岡站。豐岡市以日本最大的包包生產地聞名，街上有許多販售原創設計的包包和皮革製品的專賣店，不妨找找有沒有自己喜歡的包款買來當伴手禮吧。

前往始發站的交通方式

京都站	搭JR舞鶴線直通 特急舞鶴號約1小時30分	→ 西舞鶴站
京都站	搭京都丹後鐵道 宮舞線直通 特急橋立號約2小時10分	→ 天橋立站
京都站	搭JR山陰本線 特急城崎號約2小時15分	→ 豐岡站
新大阪站	搭JR福知山線 特急東方白鶴號 約1小時40分	→ 福知山站

除了特急東方白鶴號每小時1班外，另外3種特急列車的發車間隔皆為2小時左右。沿途經由JR山陰線的特急舞鶴號，會與特急橋立號或特急城崎號合併行駛，直到綾部站才又分離。特急橋立號經由JR山陰本線到福知山站後，會轉往京都丹後鐵道宮福線繼續運行。特急城崎號則是走JR山陰本線北上，往豐岡站、城崎溫泉站前進。特急東方白鶴號自新大阪站、大阪站出發，部分班次駛往豐岡站、城崎溫泉站。若要搭乘普通列車，請於綾部站或福知山站、和田山站（會匯入以姬路站為起點的JR播但線）轉乘。

3 愛媛縣

JR予讚線（松山站～宇和島站）

◇ジェイアールよさんせん

松山站~宇和島站（愛媛縣）103.2km

向井原站~內子站（愛媛縣）23.5km

新谷站~伊予大洲站（愛媛縣）5.9km

飽覽閃耀著藍色光輝的瀨戶內海

以及谷灣海岸等豐富多彩的海景

照片：東迫和孝／@kapibara41 on Instagram

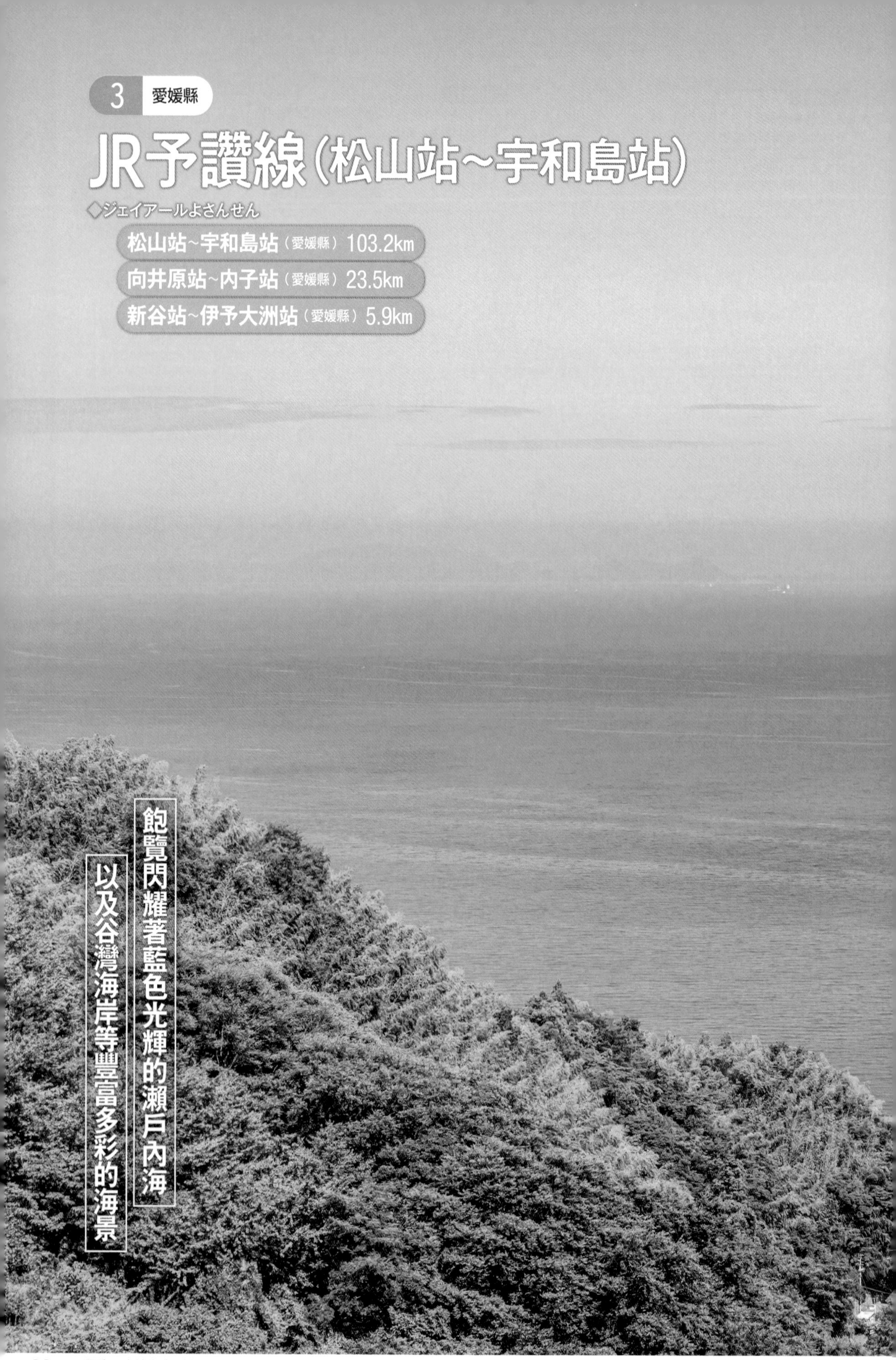

⬆架設在串站附近的本村川橋梁。從向井原站到伊予長濱站間皆行駛於以風平浪靜的伊予灘為背景的海岸線，能遙望瀨戶內海周邊群島

照片：東迫和孝　@kapibara41 on Instagram

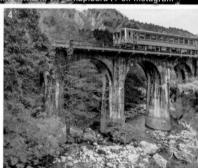

連結四國主要都市的大動脈
邂逅令人難忘的山海景致

　　JR予讚線是一條連接香川縣高松站至愛媛縣宇和島站，全長297.6公里的路線，為四國的交通大動脈。

　　松山站至宇和島站的途中會在向井原站分成兩條路線，一條沿著海岸線運行，另一條經由內子行駛於內陸。若自松山站搭乘經由伊予長濱站的列車，行經高野川站後從車窗望出去就是大海。至伊予長濱站為止沿線均可一望無垠的海平面，除了能欣賞下灘站等地的美麗海景，每逢春天，鐵道旁遍地油菜花盛開的景象也十分壯觀。

　　過了伊予長濱站後列車轉入內陸，與一旁流淌的肱川並行而走，直至伊予大洲站和內子線匯流。下宇和站到高光站路段，列車在山谷的蜜柑果園間穿梭行進，途中還可眺望到宇和海的谷灣海岸，讓旅客能一次飽覽南予地區的特有景觀。

1 穿過一個又一個隧道，行駛於法華津峠層層梯田間的特急列車　**2** 綿延在伊予上灘站～下灘站間長約200公尺堤防邊的閨住油菜花田　**3** 下灘站的夕陽美景。雖然是個小小的無人車站，但總吸引許多遊客前來取景拍照　**4** 座落於八幡濱市的拱橋「第二女夫岩橋梁」　**5** 肱川橋梁與大洲城復原的天守，從車窗不僅能一覽山海景致，還可感受到歷史氛圍　**6** 從大洲城方向眺望到的肱川橋梁，放眼望去盡是恬靜的田園風景

路線&乘車資訊

以比普通列車班次還要多的特急宇和海號為主要移動工具

行經JR內子線的特急宇和海號每小時1班，從松山站到伊予大洲站約需35分、到宇和島站約1小時20分。松山站離市中心較遠，普通列車的班次也偏少。若要前往海線區間的下灘站只能搭乘普通列車，所需約1小時。一天有9班往返，白天的發車間隔約2～3小時。

> 洽詢處 JR四國電話諮詢中心
> ☎0570-00-4592

前往始發站的交通方式

| 岡山站 | 搭JR予讚線 特急潮風號
約2小時45分 → | 松山站 |

| 窪川站 | 搭JR予土線 普通列車
約2小時30分 → | 宇和島站 |

從高松站每小時有1班特急石鎚號運行，大多會於宇多津站與特急潮風號連結合併。予讚線內的途中停靠站有觀音寺站、新居濱站、伊予西條站、今治站等。從高松站搭普通列車的話約需4～5小時。從宇和島站可以換乘JR予土線（P.190）。

📎 途中下車範例行程

探索豐富的大自然景觀與伊予的歷史

第1天

上午 ＊眺望瀨戶內海朝著
有美麗海景的車站前進

9:52從松山站搭普通列車往宇和島站。列車於向井原站分岔後沿著海岸線繼續行駛，建議可在下灘站下車欣賞眼前的瀨戶內海景色，並到周邊的漁港享用午餐。

下午 ＊沿著肱川駛入內陸
在歷史老街「大洲」下車

12:30從下灘站出發，13:19抵達伊予大洲站。於大洲留宿一晚，造訪大洲城跡、臥龍山莊等諸多景點。

第2天

上午 ＊從伊予的小京都出發
漫步內子的老屋街區

9:14從JR內子線的伊予大洲站出發，在內子站下車。前往內子座、塗上灰泥裝飾的土牆倉房等傳統建築物林立的八日市護國地區參觀。

下午 ＊越過山脊前往宇和海
終點站為十萬石的城下町

中午過後搭乘特急宇和海號離開內子站，於卯之町站下車。參觀老街和博物館後，搭乘傍晚的列車前往宇和島站，抵達後一定要去品嚐當地的名產「鯛魚飯」。若時間還有餘裕，也可從宇和島站搭乘JR予土線（P.190）。

路線指南

伊予鐵道高濱線
いよてつどうたかはません

連結松山市中心與設有渡輪轉運站的高濱站。站在梅津寺站的月台上就能望見一旁的沙灘和大海。

路線指南

JR內子線
ジェイアールうちこせん

與從予讚線五郎站分岔出來的一條極短路線相連，起點為新谷站，終點為內子站，全長5.3公里。

沿線地區

大洲 ●おおず

還殘留著大洲城跡和肱川流域所形成的城下町，被譽為「伊予的小京都」。每年夏天肱川都會舉行鵜飼捕魚表演，相當值得一看。

沿線地區

內子 ●うちこ

從江戶時代後期到明治時代曾相當興盛，至今仍保留著當時的氛圍。還可搭乘復古巴士「Chagamaru」前往街區觀光。

沿線地區

卯之町 ●うのまち

位於西予市宇和町的國家重要傳統建造物群保存地區，過去是以宇和島藩的在鄉町及宿場町而繁榮一時。

沿線地區

宇和島 ●うわじま

宇和島藩的城下町，初代藩主為伊達政宗的長男秀宗。能體驗鬥牛觀戰等獨特的觀光活動。

➡ 佇立在伊予石城站附近的農田上，極具存在感的「稻草長毛象」。

補充資訊 觀光列車「伊予灘物語號」運行於松山站至伊予大洲站・八幡濱站間的瀨戶內海沿線。全車皆為對號座，餐點需事先預約。

4 北海道

JR根室本線

◆ジェイアールねむろほんせん

瀧川站~根室站（北海道） 443.8km

穿越富良野盆地
前往擁有絕景的根室半島

⬆沿著JR根室本線屈指可數的絕景景點──別當賀站～落石站間的落石海岸三里濱行駛，也很推薦中途於落石站下車到港町逛逛

27

由道央沿著濕原、海岸
朝著日本最東端的車站前進

原本是從北海道中央的瀧川市一路越過石狩地方與十勝平原，沿著太平洋沿岸往釧路、根室方向運行的長距離路線，但2016年因颱風侵襲造成富良野站～新得站的部分區間至今仍無法通行，2022年7月現在已協議將該路段廢除改以巴士營運。

自瀧川站出發，沿著透明度極高的空知川朝東南方行駛，行經曾以煤礦產業興盛一時的赤平市和蘆別市。過了富良野後，映入眼簾的是夕張山地的最高峰——海拔1726公尺的蘆別岳。從位於以薰衣草花海和湖上活動博得人氣的金山湖畔邊的東鹿越站開始，就必須改搭替代巴士。中途經過的狩勝峠是可一望十勝平原絕景的場所，在新狩勝隧道落成前，根室本線舊線尚未廢止時，從狩勝峠眺望的景色被號稱為日本三大車窗的景觀之一。

到了新得站後再度換乘列車往十勝平原前進。穿越帶廣市、十勝川流域內的城鎮，過了厚內站後沿著太平洋的沿岸行駛，從車窗就能深刻感受正身處於「大地的盡頭」。道東的主要都市「釧路」到根室的這一段區間又以「花咲線」的暱稱廣為人知，沿線可以欣賞已被列入國際重要濕地名錄「拉姆薩公約」的別寒邊牛濕原和厚岸湖、從河階上就能望見的落石海岸等引人入勝的自然風光。當列車鳴笛聲響起的瞬間，説不定還能在車窗外看到蝦夷鹿群奔馳的模樣。飽覽道東的自然美景、行經日本最東端的車站「東根室站」後，即可抵達終點根室站。

1 由原本貨物列車的守車改造而成的別當賀站　**2** 1993年與厚岸湖一同登錄於「拉姆薩公約」的別寒邊牛濕原，被白雪覆蓋的濕原也很美　**3** 從新得町增田山所望見的特急列車，山腳下有隧道貫穿而過　**4** 厚岸水鳥觀察館附近的山上是拍攝列車行經別寒邊牛濕原的人氣拍照景點　**5** 以養殖牡蠣聞名的厚岸灣，厚岸大橋的另一邊即厚岸湖　**6** 從音別站往西約2公里處的尺別之丘，能眺望沿著太平洋海岸行駛的H100型柴油車　**7** 此處為協議以替代巴士運行的區間。照片為以蘆別岳為背景，正行駛於下金山站周邊的Kiha40型柴油車。奶油黃搭配朱紅色的車身塗裝被稱為「國鐵色」，構成一幅充滿歷史感的鐵道畫面　**8** 由金山水壩遙望蘆別岳方向的景色

6

7

8

洽詢處
JR北海道電話諮詢中心 ☎011-222-7111

東鹿越站～新得站間由巴士運行

瀧川站～新得站是只有普通列車運行的路段，富良野站（與JR富良野線相連）～新得站約80公里的區間，雖時程尚未確定但已經協議改以巴士替代。東鹿越站～新得站間由於受到2016年8月的颱風豪雨災害已停止營運，2022年7月現在已改由替代巴士運行。包含巴士在內，連結瀧川站和新得站的列車一天有3個班次往返，分別為清晨、傍晚前、晚上各1班往返，所需時間約3小時。富良野站～新得站間白天有1班往返；瀧川站～富良野站間於早上和傍晚後有上行1～3個班次，但白天的發車間隔長達5～6小時，乘車難度較高必須要事先做好縝密的計畫。

新得站～釧路站間的班次較多

新得站～釧路站的路段也是連結札幌和道東的主要道路，從札幌有特急列車（P.31前往始發站的交通方式）運行，要前往帶廣站、池田站、釧路站時可以利用。普通列車依上行下行和時段不同，發車間隔也參差不一，短則1～2小時、長則3～4小時。尤其是池田站～釧路站間班次較少，建議改搭特急大空號。搭乘普通列車的所需時間如下，新得站～帶廣站約1小時、帶廣站～池田站約30分、池田站～釧路站約2小時10分。若在中途車站遇到會車必須停留較久的時候，車程時間就會再拉長。

往根室站的列車每天有6班

釧路站～根室站（花咲線）的區間班次較少，雖然沒有特急列車行駛，但有每天1班往返的快速「花咲號」，和以釧路站為起點站、每天只有1班的快速「納沙布號」。所有列車皆以釧路站為起訖站，連結根室站的列車包含快速在內一天有6班往返（所需時間約2小時20分），連結厚岸站的普通列車一天有2班往返（所需時間約1小時）。

→ 置於根室站前的路軌終點車擋，上面寫有離瀧川站、札幌站、東京站的距離

沿線地區
蘆別市 ●あしべつし
如今仍可一窺昔日因煤礦產業而繁榮的風貌。現在則是以能欣賞美麗星空、品嘗到鄉土料理「含多湯」等漸為人熟知。

沿線地區
新得町 ●しんとくちょう
位於日高山脈山腳下的原野、北海道正中央的位置，當地名產為在涼冷氣候下培育出來的高品質蕎麥。周邊設有度假村。

JR宗谷本線
→P.226・146

JR石北本線
→P.134・146

JR富良野線
→P.84

故鄉銀河線
陸別鐵道
→P.236

舊三井蘆別鐵道
炭山川橋梁
→P.206

舊國鐵士幌線
丹珠別川橋梁
→P.206

沿線地區
富良野 ●ふらの
→P.84

※2022年7月時，東鹿越站～新得站間由替代巴士運行

路線指南
JR石勝線 ジェイアールせきしょうせん
起點為南千歲站、終點為新得站，中間會途經夕張市以及專為度假村而設的トマム站。照片中是正通過幌加誌站附近之防雪棚的特急列車。

沿線地區
豐頃町 ●とよころちょう
位於十勝川河口的十勝發源地。豐頃町的象徵是一棵巨大的春榆樹，從根部可以發現其實是由兩棵樹組成。

狩勝峠展望台

JR根室本線

新狩勝隧道

前往始發站的交通方式

札幌站	搭JR函館本線 特急神威號・丁香號約50分	→	瀧川站
札幌站	經由JR石勝線 搭特急大空號・十勝號約2小時10分	→	新得站
札幌站	經由JR石勝線 搭特急大空號約4小時25分	→	釧路站

到瀧川站為止的特急列車約每隔30分~1小時運行，普通列車約1~2小時1班，連於岩見澤站的轉乘時間也計算在內約需1小時40分。若旅程的起點在新得站以東，則選擇經由新千歲機場的玄關口「南千歲站」的鐵道路線會比較快。特急十勝號只有行駛到帶廣站，沿線的停靠站比大空號稍微多一些。每天早上有2班、傍晚以後3班，抵達帶廣站約需2小時40分。特急大空號的終點為釧路站，每2~3小時1班，一天有6班往返。走空路的話，可搭乘由機場出發的聯絡巴士前往車站。從丹頂釧路機場到釧路站約45分，從十勝帶廣機場到帶廣站約40分。

📎 途中下車範例行程
享受飽嘗海鮮、葡萄酒的美食之旅

第1天

上午＊先來碗名產蕎麥麵填飽肚子
搭乘8:52從札幌站出發的特急大空號前往新得站，在車站周邊享用以高品質蕎麥產地聞名的新得蕎麥麵。

下午＊到池田町盡情品味十勝葡萄酒
搭乘13:02的普通列車從新得站出發，途中在帶廣站轉乘，14:47抵達池田站。步行10分鐘左右到有「葡萄酒城」之稱的「池田町葡萄・葡萄酒研究所」參觀。當晚可留宿池田町的飯店，或是返回帶廣站在車站周邊找間飯店，也可將腳程再拉遠一些下榻十勝川溫泉的旅館。

第2天

上午＊大啖肉質飽滿、鮮甜濃郁的牡蠣
搭乘9:41從池田站出發的特急大空號到釧路站，轉乘11:12發車的快速納沙布號往根室方向前進，於厚岸站下車後約步行5分鐘到「道の駅 厚岸グルメパーク」的餐廳，品嘗牡蠣等厚岸當地的食材。

下午＊將花咲線走完，從根室站前往本土的最東端
14:20從厚岸出發前往根室站，若要至本土最東端的納沙布岬則可由根室站搭巴士。單程約需40分，因此建議在根室站多留一晚。如果搭19:04最後一班列車當天返回釧路站的話，不妨到車站周邊的餐廳用餐。

沿線地區
濱中町 ●はまなかちょう
以漫畫《魯邦三世》的作者Monkey Punch的故鄉聞名。霧多布濕原（照片）又被稱為「花之濕原」，有各種花卉競相綻放。

沿線地區
根室市 ●ねむろし
根室站前的街角有多家根室名產花咲蟹的直販店。知名景點的納沙布岬為全日本太陽最早升起的地方。

沿線地區
厚岸町 ●あっけしちょう
厚岸灣內的養殖牡蠣，由於水溫較低所以一整年都吃得到。厚岸霧多布昆布森國定公園於2021年3月才剛誕生。

厚岸站的著名鐵路便當「氏家牡蠣飯」1190円，有以牡蠣的煮汁和鹿尾菜煮成的米飯及牡蠣、蛤蜊等新鮮海味。
☎0153-67-8090（氏家待合所）
時10~16時（1月10日~4月9日為~15時）　休週四、不定休

補充資訊 幾寅站是高倉健主演電影《鐵道員》的背景舞台，車站周邊還保留著當時的拍片場景。

JR羽越本線
(酒田站～秋田站)

◆ジェイアールうえつほんせん

酒田站（山形縣）～**秋田站**（秋田縣） 104.8km

↑吹浦站～女鹿站間一邊是海，另一邊則幾乎都是山地。從闢建在少數平地上的梯田，能望見遠方的列車和日本海的水平線

眼前即震撼力十足的岩壁和風平浪靜的日本海

列車一路穿越穀倉地帶後

↑山形縣遊佐町的釜磯海水浴場，位於從吹浦站往西北延伸的鐵道路線直駛至出海之處。海底和沙灘會湧出由鳥海山流過來的地下水

廣袤的稻田風光和日本海
車窗外的迷人景色讓人印象深刻

　運行在險峻的山地和日本海之間，一路穿過越後平原和庄內平原、秋田平原。由於途經日本知名的米鄉，因此行駛於JR羽越本線的特急列車被冠上了「稻穗號」之名。

　有出羽富士之稱的鳥海山山麓是酒田站～秋田站間景觀最美的路段。越過酒田站到吹浦站的庄內平原後，開始沿著能近距離望見白色沙灘、嶙峋岩壁的海岸線行駛。過了縣界、從《奧之細道》中松尾芭蕉也曾造訪的象潟，會暫時駛離海岸轉往本莊平原前進，直到通過羽後龜田站才又駛回矗立著松樹防風林的海岸邊。不久後會向右轉一個大彎，馬上映入眼簾的就是秋田平原。

1 從酒田站到本楯站周邊，彷彿一路向北朝著仍有殘雪的鳥海山前進　**2** 正迎來豐收季節的庄內平原，金黃色的稻田一眼望去十分耀眼　**3** 上濱站～小砂川站區間也能望見片片農田，在所有海岸線中視野相對遼闊

路線&乘車資訊

白天的普通列車約每隔3小時發車

酒田站～秋田站間搭普通列車約需1小時50分，清晨和傍晚以後每1～2小時1班，但白天的班次較少。從中途的羽後本莊到秋田站約需50分，有幾班列車僅運行於這個區間。此外，女鹿站、折渡站、桂銀站有多班普通列車通過。特急列車則有以新潟站為起訖站的稻穗號，一天有2班往返。

洽詢處 JR東日本諮詢中心 ☎050-2016-1600

前往始發站的交通方式

| 新潟站 | 搭JR羽越本線直通 特急稻穗號約2小時15分 | 酒田站 |
| 盛岡站 | 搭JR秋田新幹線小町號約1小時30分 | 秋田站 |

特急稻穗號在新潟站～酒田站間的發車間隔約為2小時，其中有2班往返會行駛到秋田站，從新潟站過來約需3小時40分。若搭乘普通列車，從新潟站或新津站出發每天有7班往返，包含轉乘的等待時間在內最快要需3小時以上。原本也能從山形新幹線的終點站「新庄」經由JR陸羽西線前往酒田站，但暫定到2024年為止都改由替代巴士運行，可到余目站再換乘列車。秋田新幹線小町號約每小時1班。

途中下車範例行程

由新潟一路到秋田，縱貫日本海沿岸

第1天

上午 ＊從新潟縣北上，第一站為山形縣酒田市
搭乘8:22從新潟站出發的特急稻穗號前往酒田站。造訪對酒田發展有所貢獻的富商本間家所捐贈的美術館、站前的複合設施後，返回車站搭乘12:29出發的普通列車。

下午 ＊欣賞由日本海和鳥海山所打造出的絕景
從酒田站出發20分鐘後，於吹浦站下車。可看景點有藍色池水充滿神秘感的丸池樣，及面朝日本海的磨崖佛「十六羅漢岩」，兩者距離車站步行皆只需20分鐘。散步之後，不妨到能一望大海和鳥海山的溫泉飯店住一晚。

第2天

上午 ＊前往連松尾芭蕉也深受感動的名勝「九十九島」
搭乘9:54的普通列車到下一個目的地「象潟」。從離車站步行約15分鐘的道之驛 象潟ねむの丘的展望台，能將散落在農田中的小山丘「象潟九十九島」一覽無遺。回程時可順便逛逛鄰接的複合設施，再搭下午的列車前往秋田站。

沿線地區
象潟 ●きさかた
以名為九十九島的風景聞名。當農田放水時，古代鳥海山噴發後形成的小山丘看起來就像漂浮在水田上般。

東能代駅↑

秋田駅 あきた
羽後牛島駅 うごうしじま
新屋駅 あらや
桂根駅 かつらね
下浜駅 しもはま
道川駅 みちかわ
岩城みなと駅 いわきみなと
羽後亀田駅 うごかめだ
折渡駅 おりわたり
羽後岩谷駅 うごいわや
羽後本荘駅 うごほんじょう
西目駅 にしめ
仁賀保駅 にかほ
金浦駅 このうら
象潟駅 きさかた
上浜駅 かみはま
小砂川駅 こさがわ
女鹿駅 めが
吹浦駅 ふくら
遊佐駅 ゆざ
南鳥海駅 みなみちょうかい
本楯駅 もとたて
酒田駅 さかた

秋田平原
奧羽本線（秋田新幹線）
大曲駅
盛岡駅
秋田JCT
秋田機場
秋田縣
JR羽越本線
自動車道東北
本莊平原
鳥海山木のおもちゃ美術館
由利高原鐵道 鳥海山麓線 →P.220・113
道の駅 象潟ねむの丘
象潟
矢島駅
奈曾の白滝
元滝伏流水
鳥海山
釜磯海水浴場
十六羅漢岩
遊佐
胴腹瀑布
日本海
山形縣
庄內平原
↓新津駅・新潟駅

沿線地區
遊佐 ●ゆざ
位於鳥海山西南麓的城鎮。此有牛渡川、胴腹瀑布等沁涼景點，水源皆來自於鳥海山的伏流水。沿海的松樹林還有溫泉水湧出。

沿線地區
酒田 ●さかた
地處最上川的河口，曾以北前船的停靠港和稻米輸出港而繁盛一時。可從重新修復的料亭、稻米保管倉庫、美術館等景點一窺當地的歷史文化。

秋田駅
羽後本荘駅
秋田縣
酒田駅　左上圖
余目駅
新庄駅
JR羽越本線
山形縣
笹川流
坂町駅
JR米坂線 →P.138
新津駅
新潟縣
山形縣
山形駅
米沢駅
福島縣

JR吳線

◇ジェイアールくれせん

三原站~海田市站（廣島縣）87.0km

瀨戶內海映入眼簾，山林在旁相隨 還有陸續展現姿態的群島美景

從三原站出發一路穿梭在筆影山的山麓間，當大海的香氣飄進窗戶微啟的車廂內，閃耀的瀨戶內海就近在眼前。安藝幸崎站~忠海站間列車緊貼著海岸線行駛，又以會被海水淹沒的罕見鐵道路線而聞名。過了有安藝小京都之稱的竹原站後，安藝津站周邊會看到漂浮在三津灣內海的牡蠣養殖筏，於安登站~吳站間則可望見安藝灘飛島海道，最後在終點的海田市站與山陽本線會合，結束長達2.5~3小時飽覽美麗海岸線的鐵道之旅。

同路線自2020年10月以來，又引進一台Kiro 47系柴油車的觀光列車「etSETOra」運行於廣島站~尾道站間，相當受到歡迎。

路線&乘車資訊

也可從廣島站搭乘，行程安排上更具彈性

平日和週六日、假日的列車時刻表多少有些不同，但連班次較少的三原站~廣站間（所需約1小時30分）每1~2小時也有1班普通列車運行。所有列車在抵達海田市站後皆會繼續駛入廣島站，廣島以西包含「安藝路快車」在內每小時有數個班次運行。

洽詢處 JR西日本客服中心 ☎0570-00-2486

前往始發站的交通方式

| 福山站 | 搭JR山陽本線 普通列車約30分 | → | 三原站 |

| 三原站 | 搭JR山陽本線 普通列車約1小時20分 | → | 廣島站 |

三原站~海田市站間是行走內陸的JR山陽本線，僅每小時有1班以上的普通列車運行。JR山陽新幹線回聲號會停靠三原站。若想節省新幹線的車資，可於岡山站、福山站、廣島站其中一站轉乘JR山陽本線，從岡山站過來約需1小時30分。此外，有部分列車必須在糸崎站轉乘。

安浦町三津口灣有來自野呂山肥沃土壤中的礦物質成分流入，是最適合養殖牡蠣的地方

照片：中川龍也／@tatsumax2nd on Instagram

1 行駛忠海站～安藝幸崎站間的列車，建議配合日落時間搭乘 **2** 三原市須波海濱公園是有無障礙設施的海灘，能眺望美麗的瀬戶內海與島嶼群 **3** 列車正行經忠海港，從這裡可以搭乘前往大久野島的渡輪

近距離感受瀬戶內的多島嶼之美

從車窗眺望美麗的大海風光

📎 **途中下車範例行程**

前往瀬戶內海的群島及充滿歷史韻味的老街

第1天

下午＊拿著鐵路便當搭上緊貼著海岸線行駛的列車
在三原站買好名產便當後，搭乘13:11出發的列車。前往還殘留街道保存地區等老街氛圍的竹原，從西方寺的普明閣可居高臨下眺望街景。逛完就近找間旅館住一晚。

第2天

上午＊從野呂山山頂將瀬戶內的群島一覽無遺
9:06從竹原站出發，約40分鐘後抵達安藝川尻站。前往弘法大師曾入山修行的野呂山健行（所需約2小時30分）。欣賞山頂的展望視野與四季分明的花卉美景後，搭乘12:50的列車前往吳站（途中在廣站轉乘）。
下午＊到軍港「吳」一窺港口城鎮的歷史與文化
13:12抵達吳站。參觀海上自衛隊吳史料館和軍艦等與軍港相關的景點、品嘗海軍咖哩後，再啟程前往廣島站。

沿線地區

安藝津 ●あきつ
為廣島酒的發源地，能見到歷史悠久的造酒廠。面向瀬戶內海的海岸線長約16公里，往南可以遠眺大崎上島。

沿線地區

吳 ●くれ
因設有鎮守府而發展起來的軍港。還留有造船廠、海上自衛隊吳史料館等景點，能一窺昔日的樣貌。

沿線地區

竹原 ●たけはら
被稱為安藝的小京都，街上有江戶時代以鹽業、釀酒發跡的富商宅邸及古老寺院。還可前往兔子樂園「大久野島」朝聖。

沿線地區

須波 ●すなみ
從筆影山、龍王山居高臨下望見的瀬戶內海各島嶼，著實美不勝收。此地也以章魚產地著稱，能吃到多種章魚料理。

JR藝備線→P.194
廣島駅
坂駅
矢野駅
水尻駅
小屋浦駅
吳ポートピア駅
天應駅
かるが浜駅
江田島
吳駅
吳
吉浦駅
川原石駅
海上自衛隊吳史料館
新廣駅
安藝阿賀駅
廣駅
仁方駅
安藝川尻駅
安登駅
風早駅
安浦駅
安藝津駅
三津灣
三津口灣
野呂山（膳棚山）
蚊無奥山
西方寺
竹原
竹原駅
安藝津
吉名駅
賀茂川
阿波島
忠海駅
忠海灣
大乘院
大久野島
安藝長濱駅
大崎上島
生野島
臼島
大芝島
來島
柏島
生口島
多々羅大橋
大三島
三原市須波海濱公園
安藝幸崎駅
須波駅
須波
筆影山
龍王山
糸崎駅
岡福山駅
三原駅→P.178
山陽新幹線
山陽本線
廣島縣
西廣島駅
東廣島駅
西條駅
高屋JCT
廣島機場
山陽自動車道
JR吳線

N 3km

肥薩橙鐵道

◆ひさつおれんじてつどう

八代站(熊本縣)~**川內站**(鹿兒島縣) 116.9km

沿著風平浪靜的八代海前進

越過縣界後前方就是東海

私心推薦！

當行經牛之濱站到西方站間的海域時，請仔細瞧瞧車窗外的風景。退潮時會出現許多潮池，露出的岩礁看起來就像是泡在水中的牛背般。
阿久根站 站務員
寺地 悟

↑列車正行駛於熊本縣蘆北町的八代海沿岸（上田浦站～たのうら御立岬公園站間），對岸即天草諸島

遠遠遙望跨越兩縣的兩片大海
九州西海岸的絕景路線

　　列車沿著夾在群山和大海間的九州西海岸行駛，一旁的山林栽種著鐵道名稱由來的各種柑橘類。隨著2004年九州新幹線的部分路段通車，JR鹿兒島本線的併行區間被移交統一管理，此區間的美麗海岸線景觀也開始廣為人知。

　　從車窗就能欣賞沿線的名景，有海象平穩的內海「八代海(不知火海)」、遠方的島原半島、外海「東海」的白砂灘和奇岩怪石。夕陽落入海面的美景令人難忘，沿途還有溫泉地、歷史悠久的城下町等眾多景點。除了人氣餐廳列車「Orange食堂」外，近年來也有電影和動畫以該鐵道為舞台進行拍攝，話題性十足。

1 定期行駛的熊本熊彩繪列車。車廂顏色共有三種，除了照片中的藍色外還有橘色和黑色　**2** 薩摩高城站～西方站間。東海和肥薩橙鐵道的列車都被夕陽染成了紅色　**3** 阿久根站內設有咖啡廳、販賣部等多樣設施，與「Orange食堂」列車都是由水戶岡銳治所操刀設計

路線&乘車資訊

只有普通列車運行，2～3小時即可走完全部區間

連結八代站～川內站間的列車，上行下行每小時有1班車運行（部分班次須在出水站轉乘）。各站停車時間不一，因此所需時間也依班次而異。清晨和夜晚也有以出水站為起迄站的列車運行，到八代站約需1小時30分，到川內站約需1小時。餐廳列車「Orange食堂」必須事前以電話或網路預約。若想來趟中途下車之旅，則可選擇一天內可不限次數搭乘的周遊券2800円。

洽詢處 肥薩橙鐵道 ☎0996-63-6860

前往始發站的交通方式

| 熊本站 | 搭JR鹿兒島本線 普通列車約40分 ➤ | 八代站 |

| 鹿兒島中央站 | 搭JR鹿兒島本線 普通列車約50分 ➤ | 川內站 |

新八代站、新水俁站、出水站、川內站皆跟九州新幹線交會，可搭乘九州新幹線的櫻花號或燕子號（有些列車會過站不停）。各站間的車程約10分鐘。若於新八代站下車，則可轉乘JR鹿兒島本線前往八代站。

途中下車範例行程

眺望著窗外海景，前往滿溢歷史情懷的景點

第1天

上午＊造訪別具風情的溫泉街和宿場町
9:57從八代站出發，於日奈久溫泉站下車。在被稱為「海鼠壁」的灰牆白牆建築物等還殘留古老風情的巷道間悠閒漫步，也別忘了品嘗當地的特產「日奈久竹輪」。12:08再度上車，一路上欣賞遼闊的八代海景色後於佐敷站下車。這裡曾因作為參勤交替的宿場町而繁榮，留下許多白壁土倉的古老建築。中午可到附近的餐廳，品嘗蘆北牛或八代海的新鮮魚貝。

下午＊在周邊觀光的同時，欣賞美麗的夕陽景致
搭乘13:57出發的列車到出水站，參觀車站周邊的武家屋敷群。坐上觀光牛車悠閒漫遊也很有意思。從距離出水站30分車程的阿久根站到草道島站間，能欣賞到落日沉入東海的畫面，若為白晝較短的季節就搭乘16:30的班次，白晝較長時則搭乘18:19的班次。阿久根站內就買得到伴手禮，也可到附近的溫泉享受一下泡湯樂趣。如果時間允許的話，也很推薦到牛之濱站附近的牛之濱名勝走走。最後沿路伴隨著美麗的海景，抵達終點川內站。

沿線地區
日奈久溫泉 ●ひなぐおんせん
開湯至今已600多年的溫泉街。俳句詩人種田山頭火也曾造訪此地，並在《行乞記》中留下「好山好水」等稱讚溫泉的記錄。

熊本駅
戶馳島
九州新幹線
新八代駅
やつしろ 八代駅
ひごこうだ 肥後高田駅
ひなぐおんせん 日奈久溫泉駅
ひごふたみ 肥後二見駅
坂本駅
日奈久溫泉
かみのうら 上田浦駅
上島
たのうらおちみさきこうえん たのうら御立岬公園駅
ごたのうら 肥後田浦駅
うみのうら 海浦駅
さしき 佐敷駅
つなぎ 津奈木駅
ゆのうら 湯浦駅
みなまた 水俁駅
2023年3月時，八代站～吉松站間停止運行中
肥薩線
球磨川
國見山
しんみなまた 新水俁駅
くろ 袋駅
鬼岳
めのつ 米ノ津駅
熊本縣
天草諸島
下島
獅子島
八代海（不知火海）
御所浦島
牧島
出水平原
のだごう 野田郷駅
おりぐち 折口駅
にしいずみ 西出水駅
いずみ 出水駅
たかをの 高尾野駅
九州新幹線
あくね 阿久根駅
阿久根溫泉
うしのはま 牛ノ浜駅
さつまおおかわ 薩摩大川駅
にしかた 西方駅
さつまたかき 薩摩高城駅
かみせんだい 上川內駅
くさみち 草道島駅
本鹿線
せんだい 川內駅
鹿兒島縣
牛之濱名勝
鹿兒島中央駅
鹿兒島中央駅

0　10km
N

➔ 牛之濱名勝。聳立著鳥居的大岩石被稱為「須美瀬」

沿線地區
出水平野 ●いずみへいや
每年10月左右，會有一萬多隻鶴遠從西伯利亞飛到這裡過冬。「出水鶴候鳥遷徙地」在2021年已登錄為拉薩爾公約濕地。

沿線地區
阿久根溫泉 ●あくねおんせん
位於高松川沿岸的溫泉地，冬天還可體驗放入阿久根市特產柚子的泡湯樂趣。沿海的廣闊沙灘也很美。

全日本首輛DMV和開放式甲板列車奔馳於海岸線
能眺望四國海景的特殊車輛

無需轉乘又可切換火車和巴士兩種運行模式而廣受矚目的DMV，以及能站在車廂外半露天甲板的景觀列車。除了造型獨特的車廂外，從車窗望出去的太平洋壯闊海景也很有魅力。

8
德島縣·高知縣 | 可行走在鐵軌和一般道路的DMV
感受別處沒有的搭乘體驗

阿佐海岸鐵道 阿佐東線
●あさかいがんてつどう あさとうせん

鐵道區間：阿波海南站（德島縣）**～甲浦站**（高知縣）**10.0km**

2021年12月開始上線營運的DMV（雙模式車輛，Dual Mode Vehicle）是由小型巴士改裝而成，擁有橡膠輪胎和鋼輪兩種裝備，因此能在道路和鐵道間切換行駛模式。切換模式會在交換站進行，乘客無需下車，所需時間約15秒。鐵道的區間雖然不長，但從高架上的眺望視野極佳，駛出隧道後一望無際的大海美得令人屏息，這邊才有的獨特體驗千萬別錯過！

路線&乘車資訊

搭乘前必須預約
鐵道的乘車時間為20分

DMV的座位有18個，其中16個開放事先預約。運行班次基本上每1～2小時1班，但白天某些時段的發車間隔只有10分鐘左右。巴士區間為阿波海南文化村～阿波海南站、甲浦站～海之驛站 東洋町～公路休息站 宍喰溫泉。此外，週六日、假日上行下行各有1班會將原本海之驛站 東洋町～公路休息站 宍喰溫泉的區間，改成海之驛站 東洋町～室戶岬·海之驛站 とろむ。從阿波海南文化村到公路休息站 宍喰溫泉約35分，到海之驛站 とろむ約1小時30分。

洽詢處
阿佐海岸鐵道 ☎0884-76-3700（宍喰駅）

前往始發站的交通方式

●從德島站搭JR牟岐線 普通列車到阿波海南站約2小時10分
●從奈半利站搭高知東部交通巴士到海之驛站 東洋町約2小時10分
JR牟岐線請參照P.54。從德島站到阿波海南站，只有5:31與9:30～17:30間每2小時1班的普通列車。若由土佐黑潮鐵道 後免·奈半線（P.39）的奈半利站過來，會行經室戶岬（於室戶世界ジオパークセンター轉乘），可從海之驛站 東洋町搭乘巴士模式的DMV。

最高時速60公里。車窗可以打開15公分左右，能感受到海風的味道

↑車體有三種顏色：代表太平洋波浪之藍、德島縣名產「酸橘」之綠、坂本龍馬和土佐耀眼太陽之紅

由於路線多沿著海岸線行駛且以高架化為主，可從車窗眺望到太平洋的區間也很多

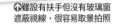

9　**神清氣爽！可一望太平洋的開放式甲板列車**
高知縣

土佐黑潮鐵道 後免・奈半利線
●とさくろしおてつどう ごめん・なはりせん

後免站~奈半利站（高知縣）42.7km

　　從開業以來運行至今的開放式甲板普通列車「慎太郎號」和「彌太郎號」，名稱取自當地出身的知名幕末志士中岡慎太郎與商人岩崎彌太郎。車內在靠海側配置了可以轉向的雙人橫式座椅，靠山側為折疊式的單人座椅，於朝向太平洋側更設有開放式甲板。行駛速度比一般列車來得慢，因此能站在甲板上吹著徐徐海風盡情飽覽美景。

雖設有扶手但沒有玻璃窗遮蔽視線，很容易取景拍照

共有3班車，分別是行駛於高知站~奈半利站的「慎太郎2號」、奈半利站~安藝站的「慎太郎1號」、安藝站~後免站的「彌太郎1號」。車身有黃綠色和藍色兩種

路線&乘車資訊

開放式甲板列車不需預約也不用追加費用

除了全線運行的普通列車（包含在安藝站的轉乘在內）每小時~1小時30分1班外，清晨和傍晚以後還有數個班次會運行至安藝站，且大部分的列車皆會繼續駛入JR土讚線・高知站。設有開放式甲板的「慎太郎號」和「彌太郎號」為普通列車，不需預約，購買車票即可上車，但僅限於搭乘後免・奈半利線。附沿線設施的優惠券且可於一日內自由上下車（高知站~後免站除外）的周遊券為1670円。

洽詢處 土佐黑潮鐵道 0887-34-8800（安藝站）

前往始發站的交通方式

●從岡山站搭JR土讚線直通特急南風號到後免站約2小時35分
●從海之驛站 東洋町搭高知東部交通巴士到奈半利站約2小時10分

特急南風號的終點站為高知站，離後免站不到10分鐘。JR土讚線請參照P.184。若要前往奈半利站，可搭阿佐海岸鐵道（P.38）DMV（巴士模式）前往海之驛站 東洋町，再換搭行經室戶岬的巴士（途中在室戶世界ジオパークセンター巴士站轉乘），一天有6~7班。

JR紀勢本線

◇ジェイアールきせいほんせん

亀山站（三重縣）～新宮站（和歌山縣） 180.2km

和歌山市站～新宮站（和歌山縣） 204.0km

行經隧道穿越谷灣海岸

眼前即遼闊的熊野灘

行經三重縣熊野市波田須町的列車。相傳奉秦始皇之命渡海尋求長生不老藥的徐福，後來漂流上岸的地點就是這裡

沿著坐落許多溫泉渡假村與風景名勝的紀伊半島馳騁而過

　　繞行紀伊半島一周的鐵道路線，有許多區間與前往熊野三山的巡禮路「熊野古道」並行而走。在越過險峻的山脊、沿著遼闊的太平洋奔馳前進的途中，絕美的景色也紛紛映入眼簾。

　　從龜山站出發的列車，行經津、松阪等都市後南下駛往伊勢平原。於多氣站與前往伊勢神宮的JR參宮線分歧後，繼續往山中行駛。穿過熊野灘後，可以眺望到由谷灣海岸特有複雜地形造就出的絕美景色。尾鷲站～熊野市站間是紀勢本線中最後開通的路段，因此隧道較多。過了熊野市站後，列車沿著七里御濱海岸、三輪崎海岸的直線狀海岸線前進，最後抵達新宮站。

　　新宮站以西一直到周參見站為止，從車窗能斷斷續續地望見太平洋的水平線。特別是位於本州最南端串本站附近的奇岩「橋杭岩」，更是不可錯過的絕景。每到春天，紀伊田邊站～南部站間的紀州梅陸續開花，而秋天到初冬時節，箕島站周邊的有田蜜柑農園開始結果，隨著季節更迭更能欣賞到不同的風景。經過彎彎曲曲的海岸線後，和歌山站就近在眼前了。

1 普通列車沿著海灣深處的新鹿海岸前進，一旁可見平靜無波的淺海與閃耀的白色沙灘　**2** 列車正行經以高透明度的水質著稱的銚子川河口──三重縣紀北町的相賀站附近　**3** 從車窗能眺望到有「紀伊松島」之稱，諸多島嶼林立的道瀨海　**4** 三瀨谷橋梁橫跨在流經三瀨谷站南側的宮川。建於石造橋墩上的鐵橋看起來迫力十足，也是鐵道迷間人氣很高的拍照景點　**5** 清晨時分列車正行駛於河口處新宮站附近的畫面，下方是自熊野本宮大社所在處一路蜿蜒流淌而來的熊野川　**6** 行駛下里站～紀伊浦神站間的小海灣「玉之浦」沿岸的特急黑潮號（海洋飛箭列車）　**7** 行駛於以赤蠵龜產卵地聞名的南部町千里海岸　**8** 高茶屋站～六軒站間的田園風情，農田放水時還能見到如清澈水鏡般的美景

路線&乘車資訊

三重縣內以多氣站為界，運行狀況有所不同

三重縣內（由JR東海管轄）為全線非電氣化。龜山站～多氣站間每小時有1班普通列車運行，約需1小時10分。多數列車皆繼續駛入JR參宮線的伊勢市站和鳥羽站，但其中1班上行（從新宮站發車）、3班下行（從龜山站發車）會在龜山站～新宮站間直通運行。津站～多氣站間，以名古屋站為起訖站的快速「三重號」（直通伊勢鐵道・JR參宮線）也是每小時1班車。多氣站以南的班次變少，除了發車間隔有時超過3小時的中午前後時段以外，約每1～2小時有1班普通列車運行。途中有些車站的停靠時間長達數十分鐘，單趟路線走完需3小時以上。此外，津站～新宮站・紀伊勝浦站間有以名古屋站為起訖站的特急南紀號運行，一天有4班往返。

洽詢處 JR東海電話服務中心 ☎050-3772-3910
（依語音指示按「2」，6～24時）

越往北運行班次越多的和歌山縣

和歌山縣內（由JR西日本管轄）為全線電氣化，和歌山市站～新宮站的路段又暱稱為「紀伊國線」。與三重縣最大的不同是有特急列車可搭，從新宮站・白濱站到和歌山站・新大阪站間有「黑潮號」運行。以白濱站為起訖站的列車大多每小時1班，其中行駛至新宮站為止的列車一天有5～6班往返。至於普通列車方面，車程2小時30分～3小時的新宮站～白濱站・紀伊田邊站間，雖然每2～3小時才1班，但紀伊田邊站～和歌山站間每小時就有1班，包含途中御坊站的轉乘時間在內，車程約為2小時。此外，和歌山再往前延伸3.3公里後即可抵達和歌山市站，並與前往和歌山港方向的南海電鐵列車會合。

洽詢處 JR西日本客服中心 ☎0570-00-2486

前往始發站的交通方式

名古屋站	搭JR關西本線快速列車約1小時5分 →	龜山站
名古屋站	搭JR紀勢本線直通快速三重號約1小時25分 →	多氣站
名古屋站	搭JR紀勢本線直通特急南紀號約3小時30分 →	新宮站
大阪難波站	搭近鐵大阪線 特急列車約1小時30分、在松阪站轉乘 JR紀勢本線約10分 →	多氣站
大阪站	搭JR阪和線紀州路快速列車約1小時30分 →	和歌山站
大阪站	搭JR紀勢本線直通特急黑潮號約4小時25分 →	新宮站

從名古屋站到龜山站搭乘白天每小時1班的快速列車比較方便，從奈良方向過來的話可搭乘JR關西本線（P.140）。由於快速三重號會停靠津站、松阪站，請事先確認要在哪一站轉乘。特急南紀號在多氣站以南的停靠站，有三瀨谷站、紀伊長島站、尾鷲站、熊野市站、紀伊勝浦站。從大阪方向前往三重縣的話搭近鐵最方便，可搭乘約每小時1班往賢島站方向的特急列車到松阪站，或是每小時1～2班近鐵名古屋站方向的特急列車到津站，再轉乘JR紀勢本線。JR阪和線的紀州路快速列車，途中於日根野站與前往關西國際機場的列車併結運行。行駛於和歌山縣內的特急黑潮號，沿線的停靠站有和歌山站、御坊站、紀伊田邊站、白濱站、串本站、紀伊勝浦站等。

路線指南

JR和歌山線
ジェイアール わかやません

連結奈良縣王寺站與和歌山站。列車在奈良縣內沿著金剛山地行駛，到了和歌山境內則是沿著紀之川前進。

沿線地區

湯淺 ●ゆあさ

以金山寺味噌及醬油釀造而繁榮，也是日本的醬油發源地。傳統建造物群保存地區林立著許多町家和土藏倉庫，可一窺當時的生活樣貌。

沿線地區

南部 ●みなべ

為最高級品種「南高梅」的發源地。每逢初春整片的梅林開滿了梅花，相當漂亮。除了梅干外，梅酒和甜點也很適合買來當伴手禮。

沿線地區

白濱 ●しらはま

有白砂海灘和溫泉，是一處充滿南國氛圍的度假勝地。園內有4隻大貓熊的冒險大世界遊樂園也是熱門景點之一。

京都駅
信樂高原鐵道 信樂線
→P.104‧112　信樂駅
草津駅
草津線
→P.146
名古屋駅
亀山駅 かめやま

路線指南

伊勢鐵道 伊勢線
いせてつどう いせせん
沿著伊勢灣行駛，連結四日市和津的鐵道路線。由於是從名古屋匯入紀勢本線的捷徑，因此特急南紀號和快速三重號不會經過龜山站，而是行走這條路線。

宇治駅
學研片都市線（學研奈良登美ヶ丘駅）
京都府
JR關西本線
→P.140
滋賀縣
伊賀上野駅
伊賀線
伊賀鐵道
伊賀神戶駅
近鐵大阪線
名阪國道
木津駅
奈良駅
天理駅
櫻井線
（万葉まほろば線）
王寺駅
桜井駅
吉野口駅
吉野駅
奈良縣
吉野山
大台ヶ原山
三重縣
下庄駅 しものしょう
一身田駅 いしんでん
津駅 つ
阿漕駅 あこぎ
高茶屋駅 たかちゃや
六軒駅 ろっけん
松阪 松阪駅→P.179 まつさか
JR名松線
→P.106
徳和駅 とくわ
相可駅 おうか
多気駅 たき
佐奈駅 さな
伊勢奧津駅
栃原駅 とちはら
伊勢市駅
近鐵山田線
鳥羽駅
近鐵鳥羽線
志摩半島
參宮線
伊勢神宮 外宮
宮川
三瀬谷駅 みせだに
川添駅 かわぞえ
三瀬谷橋梁
滝原駅 たきはら
阿曽駅 あそ

沿線地區
熊野 ●くまの
熊野古道、鬼城、獅子岩等都已登錄為世界遺產，每年一到8月17日，還會在七里御濱舉行熊野大煙火大會。

沿線地區
那智勝浦 ●なちかつうら
熊野三山之一的熊野那智大社鎮座在此。由於海岸線錯綜複雜，又以南紀首屈一指的良港、鮪魚捕獲量位居日本之冠而聞名。

沿線地區
松阪 ●まつさか
以和牛品牌「松阪牛」、條紋圖案的棉織物「松阪木棉」廣為人知的城下町，也曾是繁榮興盛的商人之城。

沿線地區
尾鷲 ●おわせ
擁有岬角與海灣相間的谷灣海岸，海灣的深處有九鬼等港町散布其間。在貧瘠土地上培育而成的尾鷲檜木也很有名。

伊勢柏崎駅 いせかしわざき
大內山駅 おおうちやま
梅ケ谷駅 うめがだに
紀伊長島駅 きいながしま
三野瀨駅 みのせ
JR紀勢本線
道瀨海岸
船津駅 ふなつ
相賀駅 あいが
大曽根浦駅 おおそねうら
尾鷲駅 尾鷲 おわせ
三木里駅 みきさと
九鬼駅 くき
賀田駅 かた
二木島駅 にぎしま
新鹿駅 あたしか
新鹿海岸
大泊駅 おおどまり
波田須駅 はだす
熊野
有井駅 ありい
熊野市駅
獅子岩
鬼城
紀伊市木駅 きいいちき
神志山駅 こうしやま
阿田和駅 あたわ
御浜七里
七里御濱
紀伊井田駅 きいいだ
紀伊田原駅 きいたはら
熊野速玉大社
熊野灘
熊野川
新宮駅 しんぐう
鵜殿駅 うどの
三輪崎駅 みわさき
三輪崎海岸
紀伊佐野駅 きいさの
宇久井駅 うくい
紀伊勝浦駅 きいかつうら
太地駅 たいじ
玉ノ浦
下里駅 しもさと
湯川駅 ゆかわ
紀伊天滿駅 きいてんま
田並駅 たなみ
紀伊有田駅 きいありだ
紀伊浦神駅 きいうらがみ
紀伊田原駅
古座駅 こざ
紀伊姬駅 きいひめ

沿線地區
串本 ●くしもと
潮岬為本州最南端海岬，串本市區就位於連結潮岬所在的島嶼和本土的沙洲上。當地的鰹魚漁獲量很高，而且也已品牌化。

本州最南端

那智勝浦
那智瀑布
熊野那智大社
紀伊大島
串本駅
本串駅
潮岬

百前森山
熊野本宮大社

途中下車範例行程
造訪世界遺產的瀑布和美麗巨岩

第1天
上午＊到壽喜燒老店大啖美味的松阪牛
11:16從龜山站搭乘往鳥羽站方向的列車，12:05抵達松阪站。挑間車站周邊的店家品嘗松阪牛料理。
下午＊前往面向大海咆哮的熊野地標「獅子岩」
搭乘14:16發車的特急南紀號，16:04在熊野市站下車。從車站步行15分，即可抵熊野的代表名勝「獅子岩」，25公尺高的奇岩氣勢驚人。於熊野市留宿一晚。

第2天
上午＊到世界遺產那智瀑布感受療癒氛圍
從熊野市站搭乘8:23出發的普通列車，於終點新宮站轉乘，9:59抵達那智站。搭20分左右的路線巴士前往熊野三山之一的熊野那智大社、那智瀑布。
下午＊近距離欣賞高達50公尺的斷崖絕壁
午餐後搭12:29的巴士出發前往紀伊勝浦站，轉乘13:46發車的特急黑潮號，約1小時30分後抵達白濱站。搭巴士造訪峭壁綿延的三段壁後，找間有海景的旅館住一晚。

第3天
上午＊前往白濱最具代表性的奇岩和沙灘
搭巴士繞行白良濱、圓月島等白濱的絕景景點，邊往白濱站的方向前進。
下午＊在Toretore市場飽嘗和歌山的海鮮
到西日本最大規模的海鮮市場「Toretore市場」吃完午餐後，搭巴士返回白濱站。搭乘13:26發車的特急黑潮號，14:48抵達和歌山站。

⬆熊貓黑潮號內的座椅頭套還有車廂間的通道門等處，也都看得到熊貓圖案

JR日南線

◆ジェイアールにちなんせん

南宮崎站（宮崎縣）～**志布志站**（鹿兒島縣）88.9km

日本國鐵製造的柴油車
奔馳在灑落著南國陽光的海邊

⚓行經小內海站～內海站時可俯瞰日向灘的風光。運行於九州的Kiha40系車輛多以白底藍橫條為主，但JR日南線也能看到黃色塗裝的車身

1 照片：東迫和孝　@kapibara41 on Instagram

南國宮崎的魅力無所不在
眺望湛藍耀眼的日向灘和奇岩

沿著日南海岸和鰐塚山地行駛的JR日南線，一路上可見充滿南國氣息的景致。由已廢線的高千穗鐵道車輛改裝而成的觀光列車「海幸山幸號」也十分有名。

　　從南宮崎站出發，可在青島欣賞到鬼之洗衣板等海景。過了伊比井站後轉往內陸，穿越谷之城隧道後沿著廣渡川前進，到達有「九州小京都」之稱的飫肥。油津站～南鄉站間最吸睛的車窗風景，就是熠熠閃耀的日向灘及被稱為「七ツ八重」的岩礁群。行經南鄉站後，眼前是一大片的田園風景，過了串間站可於左側見到志布志灣，最後抵達終點志布志站。

1 日南海岸的名景「鬼之洗衣板」，為隆起的海底地層受到海浪沖刷侵蝕後所殘留下的硬岩層　2 由1615年前佇立於大堂津站附近山丘上的南鄉城城跡，從這眺望正通過細田川橋梁的列車　3 從隈谷川河口的河岸所望見的隈谷川橋梁與奇岩群「七ツ八重」　4 配合日出的時間搭車，透過車窗眺望由朝陽、大海、奇岩群交織而成的日南海岸也別有一番樂趣　5 位於谷之口站往東步行3分處的松尾神社鳥居，沿著階梯而上的參道會橫穿過鐵道　6 行經夏天會施放煙火舉辦祭典的油津港

路線指南

JR吉都線
ジェイアールきっとせん
被暱稱為蝦野高原線，沿途能眺望遼闊的霧島連山和隨著四季更迭的田園風景，區間內完全沒有隧道。

延岡駅・大分駅

日豐本線
宮崎駅 →P.179

沿線地區

青島 ●あおしま
周長約1.5公里的小島上生長著許多亞熱帶植物，彌漫著南國氛圍。青島神社據説祈求結緣十分靈驗，因此享有高人氣。

鬼之洗衣板
青島神社
青島亜熱帶植物園

沿線地區

油津 ●あぶらつ
廣島東洋鯉魚隊的集訓地「天福球場」就在此地，外裝塗上紅色的站舍又以「鯉魚油津站」之稱為人熟知。

沿線地區

串間 ●くしま
有以野生馬繁衍棲息地聞名的宮崎縣最南端海岬「都井岬」，及棲息著日本獼猴的無人島「幸島」等景點。

沿線地區

飫肥 ●おび
到明治初期為止共280年間，因作為飫肥藩伊東氏的城下町而繁榮一時。又被稱為九州的小京都，還保留著江戶時代的武家屋敷和商人町。

沿線地區

志布志 ●しぶし
由於是莊園「島津莊」唯一的港口而蓬勃發展。市內有展示舊國鐵大隅線、志布志線的車輛和站舍的公園等景點。

0　　　　5km
N

途中下車範例行程

一覽湛藍的大海、充滿歷史氣息的觀光地

第1天

上午＊從宮崎站沿著海岸線前進，中途在青島下車
搭乘9:10由宮崎站出發的普通列車前往青島站，造訪能量景點「青島神社」與青島亞熱帶植物園。

下午＊到有九州小京都之稱的飫肥城下町悠閒漫步
15:09從青島站出發前往飫肥站。遊逛白牆建築林立的武家屋敷街、布滿青苔的石垣城牆、悠游於溝渠的鯉魚等還保留濃厚江戶風情的老街後，到附近的旅館住一晚。

第2天

上午＊前往車站外觀以職棒廣島東洋鯉魚隊為主題的油津
10:21從飫肥站出發前往油津站。這裡有廣島東洋鯉魚隊的集訓地，因此油津商店街也隨處可見鯉魚隊的代表色「紅色」。

下午＊中途先在南鄉站下車再前往終點志布志站
11:54從油津站出發前往南鄉站。換搭巴士約12分鐘抵達外之浦港，搭乘南鄉水中觀光船潛入海底欣賞美麗的珊瑚礁和五顏六色的熱帶魚。返回車站後再繼續往志布志站前進。

路線&乘車資訊

油津站・南鄉站～志布志站間須留意白天的運行時刻

下行列車皆由宮崎站出發。到志布志站可搭乘普通列車或一天1班往返的快速列車，車程約2小時30分～3小時。從宮崎站發車一天7班，從志布志站發車一天8班（部分需在油津站轉乘）。白天的發車間隔可能多達3～4小時。宮崎站到油津站・南鄉站的區間，早、午、傍晚各有1～2班普通列車往返，連結宮崎站～南鄉站的特急列車「海幸山幸號」為每天1班往返（週六日、假日有時為2班往返）。宮崎站～油津站・南鄉站的所需時間約1小時30分。

洽詢處 JR九州諮詢中心
☎0570-04-1717

前往始發站的交通方式

大分站 → 搭JR日豐本線特急日輪號約3小時20分 → 宮崎站

鹿兒島中央站 → 搭JR日豐本線特急霧島號約2小時10分 → 宮崎站

目前臺灣僅華航直飛宮崎，從宮崎機場站搭JR宮崎機場線到宮崎站，車程約10分。特急霧島號每1～2小時1班。若從大分站出發，可轉乘由福岡縣小倉站過來的特急列車，如果是從小倉站出發則搭九州新幹線到鹿兒島中央站會比較快。此外，從鹿兒島中央站搭約20分的巴士到鴨池港，搭渡輪前往垂水港後，再搭1小時45分的巴士即可抵達志布志站。

三陸鐵道谷灣線

◆さんりくてつどう リアスせん

盛站~久慈站（岩手縣）163.0km

正行經大澤橋梁的列車。可由離堀內站步行約15分的堀內大橋往下俯瞰，是很受歡迎的拍照景點

そで　はま
袖が浜
SODE GA HAMA
← 磯野　北三陸 →
ISONO　KITASANRIKU

日本最長的第三部門鐵道
亦為當地復興的象徵

三陸鐵道又被暱稱為「三鐵」。全線雖然有很多隧道，但駛出隧道就能眺望絕美的遼闊海景。尤以堀內站～白井海岸站間的大澤橋梁和唐丹站～吉濱站間的吉濱灣，更是美不勝收。

　　以前曾分為北谷灣線與南谷灣線兩條線路，但皆於東日本大地震（2011年）時遭受嚴重損壞，直到2019年才全線重新開通。同時將兩條線路的JR山田線宮古站～釜石站間移交給三陸鐵道經營，貫通成為全長共163公里的谷灣線。沿線的每個車站都有專屬的暱稱，呈現出各站的獨特個性。2013年播出的NHK晨間劇《小海女》就曾在三陸鐵道取景，讓此地知名度大增。

▌路線&乘車資訊

也可從與JR路線交會的宮古站和釜石站上下車

久慈站、盛站再加上宮古站和釜石站，總計有4個轉運站。除了久慈站～盛站全線運行的列車外，也有只運行至宮古站或釜石站的區間列車，若搭全線運行的列車會在宮古站和釜石站停靠數十分鐘，且需要轉乘。各區間的所需時間如下，久慈站～宮古站約1小時40分、宮古站～釜石站約1小時20分、釜石站～盛站約1小時內。每個區間都是每1～2小時（白天有部分時段為3小時）1班車。可於全線區間內不限次數搭乘的周遊券為6100円，有效期限2天。另有1天內在指定區間內不限次數搭乘的票券1500～2600円，但僅限於週六日、假日、黃金週、夏季休假期間、過年期間使用。

▌洽詢處　三陸鐵道　☎0193-62-7000（旅客營業部）

1 唐丹站到吉濱站間的景色也很漂亮，眼前即遼闊的吉濱灣　2 設在高台上的無人車站「堀內站」，站在月台上就能眺望太平洋　3 堀內站還留著連續劇拍攝時使用過的袖が浜看板　4 行駛於皚皚白雪中，自1984年開業以來運行至今的36型車輛。由於地處太平洋沿岸，積雪並不常見　5 彩繪列車36-700型車輛（右）和以「三陸潮騷」之名廣為人知的36-R型車輛（左）　6 田野畑站的建築物外觀有櫻花圖案的裝飾　7 戀濱站內的扇貝繪馬十分吸睛，月台上還有一座「幸福之鐘」

路線指南
JR八戶線
ジェイアールはちのへせん
這條為連結八戶站～久慈站的路線。有許多區間緊鄰著三陸復興國家公園，能眺望海岸線等景致。

久慈站的知名「海膽便當」1670円，一天只限量20個（可預約）。☎0194-52-7310（三陸リアス亭）⏰7時～16時30分　每月各2次不定休

前往始發站的交通方式

八戶站	搭JR八戶線 普通列車 約1小時45分 →	久慈站
盛岡站	搭JR山田線 快速谷灣號 約2小時20分 →	宮古站
新花卷站	搭JR釜石線 快速濱百合號 約1小時40分 →	釜石站
一之關站	搭JR大船渡線 快速‧BRT約3小時 →	盛站

可選擇東北新幹線的4個停靠站作為起點。JR八戶線每2～3小時1班，建議搭乘9:29或12:25的列車從八戶站出發。JR山田線的快速谷灣號於11:09和13:13會從盛岡站準備出發。行駛於JR釜石線（P.174）的快速濱百合號以盛岡站為起訖站，每天有3班往返。盛岡站的發車時間為8:42、11:33、17:18，到新花卷站約40～50分，到釜石站約2小時15分。也可由新花卷站或與JR東北本線接續的花卷站搭乘普通列車，約2小時就能抵達釜石站。從一之關站搭乘約1小時30分的列車，在氣仙沼站下車後換搭BRT，到盛站約需1小時20分；若搭乘一之關站於10:17或12:46出發的列車，則可縮短在氣仙沼站的停留時間。

📎 途中下車範例行程
享受谷灣海岸的絕景與三陸美食

第1天

上午＊在久慈站買好鐵路便當　朝著田野畑站前進
買好著名的海膽便當後，搭乘10:39從久慈站出發的列車。海膽便當最好於前一天先行預訂。

下午＊飽覽美麗的自然景觀後　前往宮古站住一晚
於田野畑站下車，搭觀光共乘計程車前往北山崎。欣賞完絕景後返回田野畑站，繼續往宮古站移動。住宿可選擇在車站或淨土之濱附近。

第2天

上午＊遊逛景勝地「淨土之濱」和宮古市
搭乘岩手縣北巴士，前往淨土之濱觀光。午餐在宮古市內享用「瓶丼」。

下午＊搭乘火車　一路往南到盛站
邊眺望吉濱灣的景色邊往盛站移動，也很推薦途中在鵜住居站、釜石站、戀濱站下車逛逛。若從盛站要前往氣仙沼站方向，則可選擇搭乘大船渡線BRT。

地圖區域

八戶線
八戶駅↑
久慈川
久慈駅
くじ
久慈
久慈灣

陸中宇部駅
りくちゅううべ
陸中野田駅
りくちゅうのだ
十府ヶ浦海岸駅
とふがうらかいがん
野田玉川駅
のだたまがわ
野田灣
堀內駅
ほりない
大澤橋梁
堀內大橋
白井海岸駅
しらいかいがん
普代駅
ふだい

沿線地區
久慈 ●くじ
全市約95%的面積都是山林，擁有全日本規模最大的白樺林。也以日本數一數二的琥珀產地著稱，「北限海女」也很有名。

北山崎
田野畑駅
たのはた
島越駅
しまのこし
鵜之巢斷崖
岩泉小本駅
いわいずみおもと
攝待駅
せったい

太平洋

遠島山

黑森山

岩手縣

龍泉洞
小本川

三陸自動車道

三陸鐵道谷灣線

沿線地區
田野畑 ●たのはた
田野畑村還保留著原始的大自然景觀，能欣賞到天然形成的鵜之巢斷崖和北山崎等絕美景色。

峠ノ神山

田老駅
たろう
新田老駅
しんたろう
佐羽根駅
さばね
一の渡駅
いちのわたり
崎山的潮吹穴
淨土之濱
山口團地駅
やまぐちだんち
宮古駅
みやこ
磯雞駅
そけい
八木澤‧宮古短大駅
やぎさわ‧みやこたんだい
津輕石駅
つがるいし
宮古
払川駅
はらいがわ

盛岡駅

山田線

宮古盛岡橫斷道路

閉伊川

沿線地區
宮古 ●みやこ
宮古市位於本州的最東端。除了三陸海岸最具代表性的景勝地「淨土之濱」外，裝在牛奶瓶內的最新美食「瓶丼」也絕不可錯過。

路線指南
JR山田線
ジェイアールやまだせん
連結盛岡站～宮古站的路線，每天有4班往返的直通列車運行。途中會行經區界等地，能欣賞到深山祕境的風景。

高滝森

豐間根駅
とよまね
陸中山田駅
りくちゅうやまだ
山田灣
織笠駅
おりかさ
岩手船越駅
いわてふなこし
浪板海岸駅
なみいたかいがん
船越灣
大槌駅
おおつち
吉里吉里駅
きりきり
鵜住居駅
うのすまい
大槌灣
兩石駅
りょういし
兩石灣

白見山

沿線地區
釜石 ●かまいし
→P.175

六角牛山

JR釜石線
→P.174

新花卷駅

釜石自動車道
五葉山

洞泉駅
釜石
かまいし
釜石駅
釜石灣
平田駅
へいた
釜石JCT
唐丹駅
とうに
唐丹灣

吉濱駅
よしはま
吉濱灣
陸前赤崎駅
りくぜんあかさき
三陸駅
さんりく
甫嶺駅
ほれい
戀し濱駅
こいしはま
盛駅
さかり
大船渡
大船渡線BRT
氣仙沼駅‧一ノ關駅
綾里灣
綾里駅
あやさと
大船渡灣

私心推薦！
三陸鐵道會依季節推出多款不同的主題列車，沿線還能品嘗當季的海鮮，一定要來體驗看看。
三陸鐵道 公關負責人

0　　8km
N

JR牟岐線
◆ジェイアールむぎせん

德島站~阿波海南站（德島縣）77.8km

越過市區和群山後
眼前的砂濱和大海格外令人感動

⬆正行經田井之濱海水浴場的1200型柴油車，由於位於海灣內所以海象平穩。每逢夏季會有部分班次臨時增停此站

當鄰近縣南部多個小海灣時
最美的車窗風景就在眼前

　　雖然被暱稱為阿波室戶海岸線，但從車窗望見大海的機會其實不多。主要有兩個區間可以眺望到太平洋，分別是行經多條河川與市區的德島市～阿南市間，與行走在縣南部山谷間田園地帶的美波町～海陽町間。由岐站附近的田井之濱海水浴場，以緊鄰著鐵道的白砂海岸與高透明度的海水成為熱門景點。興建於高架的鯖瀬站周邊，有由海岬和海灣交織而成的景勝地「八坂八濱」，可在隧道與隧道之間從車窗一覽海景。

　　從德島行經沿岸各城市一路往高知縣室戶岬方向運行的這條鐵道，原本也有經由室戶岬延伸至高知縣的計畫，但至今仍未完成。

1 行駛於中田站～地藏橋站間的列車。Kiha40系柴油車的塗裝顏色會依地方而異，例如四國的車身上有水藍色橫條　**2** 行經架設於河口處的橋樑，地處小松島港附近的阿波赤石站周邊　**3** 列車剛駛離位於牟岐町山間聚落的邊川站

路線&乘車資訊

阿南站以南的發車間隔最長可到2～3小時

除了每天1班往返（德島站～牟岐站）的特急室戶號外，其餘皆為普通列車。連結全線的列車一天有6～7班（包含在阿南站轉乘的班次），所需約2小時10分。此外，也有只行駛於德島站與阿南站、桑野站、牟岐站等各區間的列車。到阿南站為止的班次較多，約每30分～1小時1班。

洽詢處 JR四國電話諮詢中心 ☎0570-00-4592

前往始發站的交通方式

| 高松站 | 搭JR高德線 特急渦潮號約1小時10分 | → 德島站 |

| 高知站 | 搭土佐黑潮鐵道後免・奈半利線普通列車、高知東部交通巴士、阿佐海岸鐵道阿佐東線等約4小時30分 | → 阿波海南站 |

特急渦潮號每小時1班。搭普通列車的話約需3小時。若要前往德島站，可由JR土讚線（P.184）的阿波池田站搭JR德島線特急劍山號約1小時15分，搭普通列車則每2小時10分。從高知到阿波海南站的列車會行經四國東南部的室戶岬，請參照阿佐海岸鐵道 阿佐東線（P.38）和土佐黑潮鐵道 後免・奈半利線（P.39）。

途中下車範例行程
造訪四國靈場的札所和赤蠵龜小鎮

第1天
上午＊從德島站出發，前往四國遍路的札所
搭乘10:00的列車到阿南站，換搭11:10的德島巴士丹生谷線，約40分後和和食東巴士站下車，再步行20分前往太龍寺的纜車站。
下午＊參拜被稱為「西之高野」的山上古剎
四國靈場第21番札所「太龍寺」，相傳是弘法大師修行虛空藏求聞持法之地。先搭乘15:40的巴士原路返回阿南站，再搭乘16:28出發的列車到日和佐站並留宿一晚。

第2天
上午＊遊逛赤蠵龜小鎮後，前往能搭乘DMV的終點站
先到日和佐海龜博物館Caretta、四國靈場第23番札所「藥王寺」等地參觀，再到日和佐的市區觀光。接著搭乘11:03或13:03出發的列車前往阿波海南站，有機會的話也不妨體驗一下阿佐海岸鐵道 阿佐東線的DMV列車（P.38）。

沿線地區
阿南 ●あなん
為開發出全世界第一個藍光LED的地方，又被稱為「光之城」。位於市區東南邊的椿泊地區曾是阿波水軍的根據地，也是海鰻的主要產地之一。

四國靈場第21番札所 太龍寺卍
太龍寺纜車

沿線地區
牟岐 ●むぎ
擁有以美麗海岸線聞名的八坂八濱。漂浮在近海的大島與三木島嶼的周邊為熱帶魚的棲息地。

四國靈場第23番札所 藥王寺卍

沿線地區
美波町日和佐
●みなみちょうひわさ
以每年5月中旬～8月中旬到大濱海岸產卵的赤蠵龜而聞名，屆時還會舉辦保護龜卵等各種觀察活動。

0　5km
N

14 石川縣

能登鐵道 七尾線

◆のとてつどう ななおせん

七尾站~穴水站（石川縣）33.1km

風平浪靜的七尾灣與
光澤耀眼的能登瓦屋頂住家

1 每逢春天，能登鹿島站的月台旁就宛如櫻花隧道般　**2** 西岸站是動畫作品《花開物語》的背景舞台　**3** 能登中島站放置了一台退役的鐵道郵務列車，全日本也只有兩台　**4** 穴水站的牡蠣炭烤店「あつあつ亭」只有冬天才營業

彷彿將能登島整個環繞其中的七尾灣。照片後方的能登雙子橋，是為了方便往來能登島水族館等觀光景點所架設的橋

平穩的大海和山村風景接連映入車窗
一路朝著「Maimon」的寶庫奔馳

鐵道路線以七尾站為起點，行經北陸屈指可數的溫泉地「和倉溫泉」，沿著能登島所在的七尾灣一路北上能登半島。全線由8個車站構成，有些車站還被取了暱稱，例如賞櫻勝地的能登鹿島站又有「能登櫻花站」之稱。

從車窗能望見宛如平靜湖面般的七尾灣、鋪著黑色厚重「能登瓦」的住屋等，已被登錄為世界農業遺產的「能登里山里海」美景。終點的穴水以擁有豐富多樣的當令食材著稱，在能登方言中被稱為「Maimon」，意指美味的寶庫。

沿線地區
穴水町 ●あなみずまち
春天的素魚（いさざ）、夏天的蠑螺、秋天的能登牛、冬天的牡蠣，一整年都能吃到當季盛產的美味。每個季節還會舉辦美食祭典，相當值得一訪。

沿線地區
田鶴濱町 ●たつるはままち
已傳承300多年歷史的「門窗隔扇之町」。「組子」為當地著名的傳統工藝，也運用在田鶴濱站的站舍中。

私心推薦！
本人在2020年時從橫濱移居到能登。從能登鐵道的車窗就能看到傳統的「烏魚捕撈設施」，天氣晴朗時甚至能遙望大海另一端的立山連峰，景色超棒！
穴水町地域振興協力隊
澁谷 憲

路線&乘車資訊

普通列車約每小時1班

七尾站～穴水站的車程約40分。從穴水站可搭乘往能登半島的輪島、珠洲方向的路線巴士。附沿線觀光設施折價券，一日內可不限次數搭乘的「つこうてくだしフリーきっぷ」1000円，僅限於週六日、假日、過年期間使用。
洽詢處 能登鐵道 ☎0768-52-4422

前往始發站的交通方式

金澤站 搭JR七尾線 普通列車約1小時30分 → **七尾站**

富山站 搭愛之風富山鐵道・JR七尾線 普通列車約2小時30分 → **七尾站**

特急能簧火號的起點為金澤站，終點為七尾站的下一站「和倉溫泉站」，車程約1小時。津幡站與JR七尾線、IR石川鐵道（與愛之風富山鐵道直通）相連結，若從富山方向過來可於此站轉乘。津幡站只有普通列車會停靠。

途中下車範例行程

盡享七尾灣的絕景和能登文化

上午＊以七尾站為起點，往能登島前進
搭乘9:31往穴水方向的普通列車，於和倉溫泉站下車。轉搭9:40從和倉溫泉站前發車的巴士，前往能登島水族館，體驗與海豚互動的樂趣、觀賞棲息於能登半島近海的魚類後，再到附設的海豚餐廳邊眺望七尾灣邊享用午餐。

下午＊到穴水的街上走走，認識能登的歷史文化
搭乘14:00從能登島臨海公園發車的巴士，14:34抵達和倉溫泉站前。轉乘14:42出發的列車，15:22抵達穴水站。漫步於沿途有9座寺社的「頓悟之道」，造訪被指定為町天然紀念物的「羅漢松」所在的地福院，或是梅雨時節綻放美麗繡球花的明王院。

越後心動鐵道 日本海翡翠線

◆えちごトキめきてつどう にほんかいひすいライン

市振站~直江津站（新潟縣）59.3km

在列車駛出隧道的少數區間

陽光閃耀在清澈湛藍的日本海上

⬆日本海翡翠線的沿途隧道多，少有能見到日本海的區間。從有間川站附近的谷濱公園能眺望到日本海的絕景與奔馳而過的列車

因北陸新幹線延伸而誕生
沿用舊JR北陸本線的路線

路線名稱的由來是取自糸魚川的特產「翡翠」。原本是JR北陸本線的一部分，隨著北陸新幹線的延伸，便移交給第三部門鐵道接手經營。雖行駛於海岸線但隧道很多，甚至筒石站（P.64）的月台就設置在隧道內，只有谷濱站～有間川站的區間和青海站周邊等地能從車窗望見日本海。沿線還會行經號稱天下之險的「親不知・子不知海岸」斷崖，不妨中途下車欣賞一下這段既美麗又險峻的海岸線。

越後心動鐵道還有另外一條路線，即起點為直江津站，終點為妙高高原站的妙高躍馬線。

1 列車行駛於往直江津方向的親不知站附近，穿過隧道快到青海站時，就能看到日本海　**2** 僅於週六日、假日時運行的「觀光急行列車」，舊國鐵的車輛充滿懷舊氣息　**3** 列車正橫越架設在糸魚川站姬川上的橋樑　**4** 一路往山村前進的妙高躍馬線也是充滿魅力的路線，沿線會經過名列日本百名山的妙高山

路線&乘車資訊

西側的起訖站為糸魚川站或富山縣的泊站

除了幾個班次只運行至糸魚川站的區間外，其餘的普通列車皆行駛於直江津站與愛之風富山鐵道的泊站間。運行全線的列車，上行下行約每1～2小時1班，所需時間1小時20分。直江津站～糸魚川站間的車程約45分。包含特急和急行列車在內，1日內不限次數搭乘的周遊券為2000円（週六日、假日為3000円）。

[洽詢處] 越後心動鐵道 ☎025-543-3160（直江津站）

前往始發站的交通方式

	搭越後心動鐵道	
上越妙高站	妙高躍馬線 普通列車約15分	直江津站
長野站	搭JR北陸新幹線白鷹號約35分	糸魚川站
富山站	搭愛之風富山鐵道 普通列車約50分	泊站

直江津站是JR信越本線、北越急行北北線（P.230）也會匯入的轉運站，也可從上越新幹線的停靠站長岡站或越後湯澤站過來。北陸新幹線白鷹號從長野站出發後，中間會停靠上越妙高站、糸魚川站等，再一路往富山站、金澤站前進。愛之風富山鐵道只有普通列車運行，每小時約1～2班。

📎 途中下車範例行程

享受日本海的絕景與美味海鮮

上午＊於直江津站購買鐵路便當，搭車前往名立站
在直江津站購買知名的鐵路便當「鱈魚飯（P.178）」，搭上9:45出發往泊站方向的列車，沿途邊欣賞日本海的景色邊享用便當。10:01抵達名立站，步行約15分前往公路休息站 うみてらす名立，品嘗以日本海捕獲新鮮海味製成的著名美食。
下午＊在糸魚川站下車，欣賞車站自豪的展示
搭乘12:31的列車從名立站出發，13:11抵達糸魚川站，到該站1樓的「GeoPal」參觀退役列車等鐵道相關展示。接著搭乘13:46的列車，13:58在親不知站下車，前往親不知・子不知海岸眺望日本海的絕景。從親不知站搭火車到終點泊站約需20分。

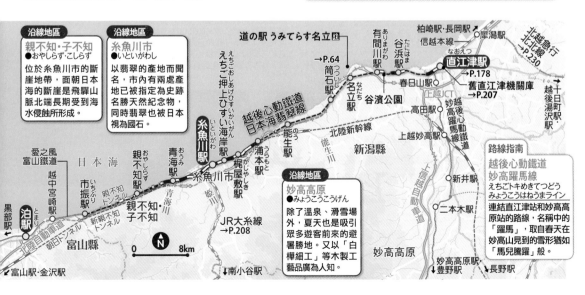

沿線地區
親不知・子不知
●おやしらず・こしらず
位於糸魚川市的斷崖地帶，面朝日本海的斷崖是飛驒山脈北端長期受到海水侵蝕所形成。

沿線地區
糸魚川市
●いといがわし
以翡翠的產地而聞名，市內有兩處產地並指定為史跡名勝天然紀念物，同時翡翠也被日本視為國石。

沿線地區
妙高高原
●みょうこうこうげん
除了溫泉、滑雪場外，夏天也是吸引眾多遊客前來的避暑勝地。又以「白樺細工」等木製工藝品廣為人知。

路線指南
越後心動鐵道 妙高躍馬線
えちごトキめきてつどう みょうこうはねうまライン
連結直江津站和妙高高原站的路線，名稱中的「躍馬」，取自春天在妙高山眺望的雪形猶如「馬兒騰躍」般。

補充資訊 觀光列車「越後心動度假列車雪月花號」的最大賣點，就是能透過超大的車窗眺望絕景，並品嘗以當地食材製成的豪華美饌。

高松琴平電氣鐵道 志度線

◇たかまつことひらでんきてつどう しどせん

瓦町站~琴電志度站（香川縣）12.5km

沿著房前公園行駛的區間是志度線最吸睛的風景，東側是志度灣、西側有五劍山、正面是小豆島
照片提供：高松琴平電氣鐵道株式會社

可造訪古社名剎、歷史遺跡
沿途風光明媚又豐富有趣

被當地居民暱稱為「琴電」的除了志度線外，還有琴平線（高松築港站~琴電琴平站）和長尾線（高松築港站~長尾站），總共有三條路線。琴平線主要是為了載運參拜客前往金比羅宮，而長尾線是為了參拜長尾寺而規劃的路線。車身上的色帶顏色依各區間而異，志度線為紅色、琴平線為黃色、長尾線為綠色。

志度線是一條獨立路線，與其他路線沒有直通。起點的瓦町站位於高松的市中心，沿線會經過源平合戰的舞台「屋島」、座落於五劍山的八栗寺、志度的平賀源內舊邸等多個充滿歷史感的觀光景點。鹽屋站~原站的區間，則能在行進間一覽風平浪靜的瀨戶內海絕景。

1 五劍山在當地又被稱為八栗山，也是四國八十八所靈場中八栗寺的山號
2 展示在房前公園內的3000型車輛，為1926年製造，服役已逾80年　**3** 聳立於志度線沿線的屋島是高松市的象徵，為擁有豐富歷史與自然景觀的熔岩台地

沿途可一窺香川的歷史

欣賞波光粼粼的瀬戶內海

私心推薦！

鹽屋站到房前站間會沿著志度灣的海岸線行駛。在搖搖晃晃的車廂中，欣賞夕陽緩緩沉入瀬戶內海是最棒的享受！
高松琴平電氣鐵道
地區開發本部 小堀 哲貴

路線&乘車資訊

志度線約每隔24分1班，途中下車也很方便

全線只有普通列車運行。志度線約40分鐘可走完全程，瓦町站～琴電屋島站間約需15分。琴平線和長尾線每小時2～3班，從高松築港站到琴電琴平站約1小時，到長尾站約40分。包含琴平線和長尾線在內，可全線1日內不限次數搭乘的周遊券為1250円，連琴電路線周邊的JR線也能搭乘的「琴電‧JR周遊券」為2000円。

洽詢處 高松琴平電氣鐵道 ☎087-831-6008

前往始發站的交通方式

| 岡山站 | 搭JR予讚線直通 快速MARINE LINER號約55分，高松站下車步行5分 | → | 高松築港站 |

| 高松站 | 搭JR高德線 普通列車約30分，志度站下車步行3分 | → | 琴電志度站 |

快速MARINE LINER號每小時1～2班。高松築港站並無與志度直通的列車，因此必須在瓦町站轉乘，加上高松築港站～瓦町站間不到15分就有1班車，在銜接上完全沒問題。JR高德線為連結高松和德島站的路線。若從德島站出發，搭乘連結兩站的特急渦潮號較為方便，約1小時即可抵達。從高松站發車的普通列車約每小時1～2班。

📎 途中下車範例行程

探訪高松歷史的一日遊

上午＊先前往高松代表性的觀光名勝
到日本三大水城之一的高松城跡走走，品嘗香川的著名特產「讚岐烏龍麵」，接著從高松築港站搭乘列車到瓦町站轉乘。若時間還有餘裕，也可在琴平線的栗林公園站下車，參觀栗林公園內腹地遼闊的日本庭園後返回瓦町站。

下午＊從瓦町站出發，前往琴電屋島站
搭乘13:41由瓦町站出發行駛志度線的列車，15分後抵達建築外觀復古時尚的琴電屋島站。改搭14:01發車的屋島山上接駁巴士，前往屋島山頂參拜屋島寺。從不遠處的獅子之靈巖展望台可以眺望瀬戶內海的絕美景色。搭乘15:42的巴士返回琴電屋島站後，繼續搭列車往琴電志度站的方向前進，中途切勿錯過從窗外的志度灣景色。

→ 琴平線和長尾線的列車會沿著高松城跡的護城河行駛

沿線地區
屋島 ●やしま
山上有充滿歷史氣息的屋島寺和寶物館等景點，從展望台可將高松市區和瀬戶內海的群島一覽無遺。

沿線地區
志度 ●しど
因作為四國八十八所靈場第86番札所「志度寺」的門前町而繁榮，也以本草學家平賀源內的故鄉而知名。

為當地注入活力、吸引觀光客前來的幸福企劃

在車站月台祈求幸福

島原鐵道的「幸福黃色手帕」、智頭急行的「戀站項目」，都是為了振興當地的發展所推出的企劃，目的是將幸福傳遞給觀光客，同時也為當地居民帶來了希望。

⬆將寫上心願的手帕繫在靠海側的月台欄杆（左）。眼前即有明海，據說是全日本離海最近的車站（右）

設有欄杆的大三東站並無屋頂，視野開闊。隨風飛揚的黃色手帕十分吸睛

17 長崎縣 | 集結眾人的祈求和願望 載運幸福的黃色列車

島原鐵道
●しまばらてつどう

諫早站~島原港站（長崎縣）43.2km

在黃色列車一路沿著島原半島的海岸線、雲仙岳山麓行駛的島原鐵道中，又以能眺望到有明海的大三東站最有人氣。隨海風飄揚的「幸福黃色手帕」，與碧海藍天交織而成的風景宛如電影畫面般唯美。手帕可自行從扭蛋機購買，寫上心願並繫在在月台上的欄杆，就能祈求願望實現。

路線&乘車資訊

從諫早站到大三東站的車程約1小時
約每小時1班，沿著有明海、雲仙普賢岳的周圍行駛，諫早站～島原港站間約需1小時20分。僅週六日、假日限定的「島原半島周遊券（1日券2500円、2日券3500円）」，可自由搭乘由島原鐵道營運的列車、巴士、渡輪。
洽詢處 島原鐵道綜合諮詢處 ☎0957-62-4705（島原站）

前往始發站的交通方式

●從博多站搭JR長崎本線・西九州新幹線海鷗號到諫早站約1小時30分
●從長崎站搭西九州新幹線海鷗號到諫早站約10分
2022年9月23日，西九州新幹線（武雄溫泉站～長崎站）通車，博多站～武雄溫泉站間有特急接力海鷗號運行（可於武雄溫泉站轉乘新幹線）。新幹線約每小時1班。新幹線開通前從博多站搭特急海鷗號到諫早站約1小時45分，到長崎站約為20分。

⬆雲仙岳是矗立於島原半島中心的活火山，有溫泉街、雲仙地獄等觀光名勝

18
兵庫縣‧岡山縣‧鳥取縣

因「戀站項目」企劃而一舉成名 ——戀之站「戀山形站」

智頭急行 智頭線
●ちずきゅうこう ちずせん

上郡站(兵庫縣)～**智頭站**(鳥取縣) 56.1km

在南北縱斷中國山地的智頭線中，拍照最上鏡的車站就是戀山形站。2012年由日本國內4個名稱中帶有「戀」字車站※的鐵路公司，共同發起「戀站項目」的企劃，戀山形站因此進行全面翻修，將車站打造成了「戀之站」。站舍和候車椅全被漆成了粉紅色，還有描繪心型圖案的外牆、粉紅色的戀愛郵筒等，成為極具人氣的打卡景點。

前往始發站的交通方式

●從京都站搭JR東海新幹線‧山陽本線 特急超級白兔號到上郡站約2小時
●從岡山站搭JR山陽本線 特急超級因幡號到上郡站約35分
●從鳥取站搭JR因美線 特急列車到智頭站約30分

有兩種特急列車運行其間。超級白兔號（一天6班往返，週五～日、假日有7班往返）行駛於京都站～倉吉站間，約3小時40分，途中行經大阪站、姬路站、鳥取站等。特急超級因幡號（一天6班往返）行駛於岡山站～鳥取站間，約2小時。

路線&乘車資訊

戀山形站只有普通列車停靠

上行從智頭站過來約6分，下行從特急列車的停靠站「大原站」過來約25分。整條路線的運行班次，兩種特急列車皆為每小時1班，而全線運行的普通列車為每2小時1班，上郡站～大原站間大多會在早晚時段增加班次。搭乘全部區間的所需時間，普通列車約1小時30分、特急列車約40分。

洽詢處 智頭急行 ☎0858-75-6600

↑佐用站～平福站間每逢春天滿開的芝櫻十分漂亮，也是熱門的拍照景點（左）。岡山縣美作市的今岡地區是劍聖宮本武藏的出生地，因此車站也以他命名（右）。

◐到「戀愛候車室」內的自動販賣機購買心形繪馬，寫上心願之後再輕輕搖響「戀愛之鐘」誠心祈求

戀山形站的站名標示和導覽看板也都設計成心形，完全被可愛的粉紅色徹底包圍

※另外三個是東京都國分寺市的西武鐵道「戀窪站」、岩手縣三陸町的三陸鐵道「戀濱站」，以及北海道母戀北町的JR北海道「母戀站」。

地理位置或外觀別具特色的停靠站，值得親身造訪！

不禁想中途下車逛逛的車站

座落在意想不到之處的車站、建築設計有趣的車站⋯⋯。
以下精選20個讓人想中途下車的車站，這次就從這裡挑個地點出發吧！

長崎縣
古部站
●こべえき

島原鐵道→P.62

地處雲仙市，能一望海景的車站。諫早灣就近在眼前，前方還能看到稜線平緩的多良岳。

德島縣
坪尻站
●つぼじりえき

JR土讚線→P.184

得走一段山路才能抵達的人氣祕境車站。為四國兩個之字形折返軌道車站之一，深受鐵道迷喜愛。

這樣的地方竟然有車站

設在鐵橋上、隧道內等特別的場所，
令人想逐一造訪的祕境車站。

北海道
糠南站
JR宗谷本線→P.226
●ぬかなんえき

為單一月台的無人車站。由倉庫改造成的候車室大受歡迎，還可坐在以塑膠酒瓶箱做成的椅子等候列車到來。

長野縣
為栗站
JR飯田線→P.130
●してぐりえき

必須走過吊橋「天龍橋」才能到達的車站，從吊橋上眺望的天龍川沿岸景色十分壯觀。

秋田縣
吉澤站
由利高原鐵道 鳥海山麓線→P.220
●よしざわえき

遠離村落的無人站，就孤零零地座落在田園廣布的由利本莊市吉澤。

高知縣
土佐北川站
●とさきたがわえき

JR土讚線→P.184

設在鐵橋上的車站，在日本也十分罕見。車站下方有穴內川流經，被群山圍繞的月台，祕境感十足。

長野縣
佐久廣瀨站
●さくひろせえき

JR小海線→P.216

海拔1073公尺的日本最高祕境車站，就座落於四周農田環繞，恬靜的日本原始風景之中。

福島縣
早戶站
●はやとえき

JR只見線→P.180

車站雖位於國道沿線，但車道的另一側就是只見川，離「霧幻峽渡船」的碼頭也很近。

新潟縣
筒石站 ●つついしえき

越後心動鐵道
日本海翡翠線→P.58

車站設在地下40公尺處，得走280個階梯而下的隧道內。也被稱為土撥鼠車站。

福岡縣

田主丸站
●たぬしまるえき

JR久大本線→P.122

於2018年重新改建。由於久留米市田主丸町流傳著河童傳說，因此將車站外觀設計成河童的造型。

島根縣

出雲横田站
●いずもよこたえき

JR木次線→P.126

為社殿造型的車站，巨大的注連繩很引人注目。與擊退八岐大蛇的傳說有關，因此又有「奇稻田姬」的暱稱。

外觀有趣的特色車站

河童、SL列車、兔子、注連繩、Marimekko，為當地注入活力，讓人印象深刻的車站大集合！

北海道

尾幌站 ●おぼろえき

JR根室本線→P.26

由退役貨物列車的守車Yo3500型改裝而成的車站，上面的插圖也很特別。

新潟縣

くびき駅 ●くびきえき

北越急行 北北線→P.230

以雞蛋為造型，閃耀著金屬光澤的車站，看起來就像一般太空船。矗立於一片自然景觀中十分顯眼，為上越市頸城區的知名地標。

靜岡縣

都田站 天龍濱名湖鐵道→P.238
●みやこだえき

牆面點綴著北歐織品品牌Marimekko的圖案，曾獲得「優良設計獎」肯定的無人車站，可在充滿時尚氛圍的車站咖啡廳度過悠閒時光。

長野縣

飯田站
●いいだえき

JR飯田線→P.130

以蘋果樹作為行道樹的飯田市，連車站也塗上了蘋果色。近幾年才剛重新粉刷過，鮮豔的紅色外觀也期許能活絡當地的發展。

白兔站 ●しろうさぎえき

山形鐵道 花長井線→P.87

佇立於田園風景中，繪有可愛兔子耳朵圖案的候車室，也曾作為電影的取景地。

山形縣

青森縣

木造站
●きづくりえき

JR五能線→P.152

以車站前面龜岡石器時代遺跡出土的遮光器土偶為設計主題，張力十足。眼睛在夜晚還會發出七彩光芒。

宮崎縣

油津站 ●あぶらつえき

JR日南線→P.46

離廣島東洋鯉魚隊秋季集訓地的天福球場最近的車站，2018年將外裝塗上了鯉魚隊的代表色「紅色」。

栃木縣

真岡站 ●もおかえき

真岡鐵道 真岡線→P.78

巨大的SL造型車站極具存在感，旁邊還設有展示蒸汽列車的設施，能近距離地仔細觀賞。

千葉縣

觀音站
●かんのんえき

銚子電氣鐵道→P.110

擁有粉色調的牆面、三角屋頂等，以瑞士登山鐵道為意象所打造的車站很有特色。

19 群馬縣·栃木縣

渡良瀨溪谷鐵道

◆わたらせけいこくてつどう

桐生站（群馬縣）~**間藤站**（栃木縣）**44.1km**

渡良瀨溪谷鐵道

春天嬌豔綻放的花桃

點綴著溪谷沿岸的鐵道和車站

3月下旬到4月中迎來最佳觀賞時期的神戶站與周邊的花桃。紅、白、粉等各色花朵滿天盛開，形成一條美麗的隧道

搭乘曾用來運送銅礦的鐵道
享受悠閑恬靜的溪谷美景

　　正如其名，為沿著渡良瀨川行駛的路線。不只溪谷的景色極具魅力，四季繁花盛開、紅葉季節期間更是美不勝收。

　　每逢春天的3月下旬到4月中旬，神戶站內就有300多棵花桃繽紛綻放，若運氣好，還能同時見到櫻花翩翩飄落的景致。離大間間站很近的高津戶峽又被譽為「關東的耶馬溪」，以紅葉美景著稱。

　　鐵道原本是明治末年為了從足尾銅山運出礦石而建，但隨著1973年停止開採後，礦山鐵道也宣告退役。目前這條路被視為是鐵道遺產的寶庫，包括上神梅站在內，共有38個設施皆已被登錄為國家有形文化財。

1 緊鄰著溪流行駛的列車，從澤入站附近的橋上能眺望河川和列車　2 小火車WASSHI號由一節觀光小火車與一節設有玻璃窗的普通列車連結而成，正在沿著被紅葉渲染上色的溪谷旁前進　3 架設在原向站和通洞站間的第二渡良瀨川橋梁，藍色的桁架橋與一旁的綠意山林相互映襯　4 7月上旬～中旬時，澤入站的月台、河床斜坡的繡球花正值盛開　5 建於1912年的上神梅站，當初是作為足尾鐵道的車站啟用　6 只要到了12月，全線各車站都會點燈裝飾，若搭配上皚皚白雪則更加夢幻　7 從神戶站的月台就能見到列車餐廳「清流」的車廂，由已退役的東武鐵道特急列車改裝而成

↑列車餐廳清流內販售的大和豬便當1100円，將帶有優雅鮮味與特殊風味的「大和豬」淋上特製醬油燒烤製成。可於前一天15:00前預約。

私心推薦！
沿著渡良瀬川行駛的列車，四季各有不同的風情。著名的小火車為窗戶沒有玻璃的開放式車廂，能在微風輕拂下盡情享受溪谷景色。
渡良瀬溪谷鐵道
吉祥物
渡鐵WASSHI

沿線地區
足尾 ●あしお
支撐日本近代化的足尾銅山就在這裡。行政區屬於以中禪寺湖、日光東照宮聞名的栃木縣日光市，班次雖然不多，但有市營巴士運行於足尾站和JR日光站間，車程約50分。

沿線地區
綠市 ●みどりし
地形呈南北縱長，渡良瀬溪谷鐵道的大部分路段都在市境內。群馬縣與栃木縣的縣界就位於澤入站和原向站之間。

沿線地區
桐生 ●きりゅう
曾因紡織業而繁榮，洋房、倉庫等傳統建築隨處可見。當地最有名的美食為麵條又寬又薄的「繩川烏龍麵」。

↑被紅葉覆蓋的高津戶峽，每年的11月上旬～下旬是最佳觀賞時節。溪谷沿岸也設有整備完善的步道

路線指南
上毛電氣鐵道
じょうもうでんきてつどう
行駛於赤城山南麓，線路呈東西走向。連結中央前橋站～西桐生站，也可作為赤城山觀光的起點。

路線&乘車資訊

溪谷美景主要集中在大間間站～間藤站

桐生站～間藤站的車程約1小時20分～1小時40分左右，從桐生站到花桃名勝神戶站約50分。由桐生站出發的列車一天有18班，其中7班只行駛到大間間站、1班只行駛到足尾站。小火車主要於週六、假日運行（除了車票外還需要事先購買整理券），由於會視季節增減運行的天數，搭乘前請先上官網查詢發車資訊和空位狀況。一日內可不限次數搭乘的周遊券為1880円，桐生站、相老站、大間間站等處皆有販售。
治詢處
渡良瀬溪谷鐵道☎0277-73-2110

前往始發站的交通方式

| 高崎站 | 搭JR上越線・兩毛線 普通列車約50分 → | 桐生站 |
| 小山站 | 搭JR兩毛線 普通列車約1小時 → | 桐生站 |

以有新幹線停靠的高崎站和栃木縣的小山站為起點。JR兩毛線從小山站出發，到了群馬縣境內會繼續駛入上越線的高崎站。選擇與東武桐生線相連的相老站，或是步行約15分至能轉乘東武伊勢崎線的JR兩毛線足利站等，都可作為前往桐生站的起點。

途中下車範例行程

造訪溪谷沿岸的觀光景點

第1天
下午＊車餐廳享用午餐後，前往湖畔悠閒散步
10:05從桐生站出發，11:00抵達神戶站，到由退役東武鐵道車廂打造而成的列車餐廳「清流」準備享用午餐。若為花桃盛開的季節，不妨在車站周邊漫步欣賞。從神戶站經草木湖畔至富弘美術館，是一條步行時間約1小時的健行路線。從富弘美術館搭14:49的東町路線巴士，15:09抵達澤入站。15:56再從澤入站出發，16:11抵達通洞站。在足尾溫泉的旅館住一晚。

第2天
上午＊一窺足尾銅山當年的繁榮景象
9:00出發前往足尾銅山觀光。曾因銅山興盛一時的小鎮上，有重現足尾銅山坑道的觀光設施。如果還有時間，也可到古河足尾歷史館參觀。
下午＊前往沿線的觀光景點
12:30從通洞站上車，13:05於花輪站下車，順路到舊花輪小學紀念館逛逛。14:12從花輪站出發，約6分後抵達水沼站，到水沼站溫泉中心小歇片刻。15:57從水沼站出發，16:13在大間間站下車，前往以紅葉聞名的高津戶峽。返回大間間站後搭乘17:41出發的列車，17:57抵達桐生站。

補充資訊 足尾站、間藤站的周邊也有多處足尾銅山的相關史跡。間藤站再往前可以看到已經廢線沒有在使用的鐵軌。

夷隅鐵道 夷隅線

◆いすみてつどう いすみせん

大原站~上總中野站（千葉縣）26.8km

　照片提供 ： 夷隅鐵道株式會社

單節編組的黃色車廂
穿梭在油菜花鋪成的繽紛地毯

↑正行經大野築堤的台灣天燈列車「祈福」。為了慶祝與台鐵集集線締結姊妹鐵路7周年，因此在車廂內裝飾從台灣運來的天燈

從瀕臨廢線的虧損路線
轉為千葉線引以為傲的「油菜花鐵道」

這條路線被當地人暱稱為「夷鐵」，行駛在油菜花田中的黃色車廂讓人印象深刻。原本由日本國鐵營運管轄，移交給地方經營時處於嚴重赤字的狀態，後來在公開招募社長、增設新站等積極的改革下才讓業績逐步回升。同時也因導入曾在JR大糸線（P.208）服役的國鐵車輛「Kiha52型」，成為一條擁有珍貴車輛運行的路線而廣受矚目。

　　從大原站出發後不久，就與JR外房線分岔繼續往內陸行駛。位於國吉站～上總中川站間的大野築堤，即沿線最著名的油菜花田景點，每逢春天就能欣賞到一大片的黃色地毯，東總元站附近還有櫻花隧道迎接著列車的到來。列車邊行駛在悠閒的山林間，邊一路朝著與小湊鐵道（P.80）的交會站「上總中野站」前進。

路線&乘車資訊

行駛全線的列車約1～2小時有1班運行

除了全線運行的班次外，起點站～大多喜站的區間大多僅於清晨和夜間時段行駛數個班次。大原站到大多喜站約30分，到上總中野站約1小時，只有普通列車運行。也有販售一日周遊券1200円（週六日、假日為1500円）。

洽詢處 夷隅鐵道 ☎0470-82-2161

前往始發站的交通方式

1櫻花、油菜花和列車同時倒映在水面上的新田野櫻地街道 2從橫跨夷隅川的鐵橋眺望到大多喜城的重建天守，正行經橋面的列車為國鐵Kiha52型車輛 3小谷松站旁栽種著繡球花，6月上旬左右是最佳觀賞期 4從久我原站往東總元站的途中會行經一處彎道，眼前就是櫻花隧道 5立有「停看聽」標誌牌的第二五之町平交道，也是著名的拍照景點 6佇立於大多喜站～小谷松站間的銀杏樹和小祠 7國鐵Kiha28型車輛已於2022年11月27日結束定期運行

| 東京站 | 搭JR外房號直通 特急若潮號約1小時10分 | 大原站 |

| 五井站 | 搭小湊鐵道 普通列車約1小時20分 | 上總中野站 |

特急若潮號每1～2小時1班。普通列車的話，除了東京站外也可從橫濱站、品川站上車（必須在千葉站或上總一之宮站轉乘）。從橫濱站過來約需2小時40分。五井站為與JR內房線的交會站，可從東京站、橫濱站或品川站搭普通列車過來（部分班次須在千葉站轉乘），往上總中野站方向的小湊鐵道列車，每天有6班（週六日、假日為5班）。

📎 途中下車範例行程 ● ● ● ● ● ●

欣賞沿線遍布的春之花

第1天

下午＊造訪油菜花和櫻花的景點，在城下町留宿一晚

13:01從大原站上車，13:18在國吉站下車。租輛自行車巡訪沿線的賞花名勝，斜坡上滿布著油菜花的大野築堤、沿著國道465號線櫻花樹林立的新田野櫻地街道，都是必遊景點。還可前往夷隅POPPO之丘，參觀在戶外區展示的寢台藍色列車等鐵道車輛。搭上15:27的列車，15:39抵達大多喜站。遊逛有「房總小江戶」之稱的老街和大多喜城後，在大多喜市區住一晚。

第2天

上午＊漫步於綠意盎然的瀑布和古剎

9:58從大多喜站上車，10:10在總元站下車，造訪長約100公尺的階梯狀瀑布「黑原不動瀑布」。搭乘11:30出發的列車，一路坐到終點上總中野站。前往光善寺參觀，境內有會響起莊嚴鐘聲的鐘樓堂及可眺望到街景的七面堂。返回大原站需54分，也可由上總中野站搭乘小湊鐵道（P.80）。

※範例行程中的班次時間是以平日時刻表為準

沿線地區

大多喜 ●おおたき

以大多喜城為象徵地標的城下町，德川四天王之一的本多忠勝曾擔任城主。如今還保留著充滿江戶風情的建築物，形成一幅美麗的街道景觀。

上総鶴舞駅
城見ヶ丘駅 しろみがおか
大多喜 大多喜駅 おおたき
大多喜城跡
房総中央鉄道
夷隅川
いすみ鐵道 いすみ線
第二五之町平交道
小谷松駅 こやまつ
東總元駅 ひがしふさもと
久我原駅 くがはら
総元駅 ふさもと
五井駅
小湊鐵道 →P.80・146
卍光善寺
西畑駅 にしはた
上総中野駅 かずさなかの
西畑川
黑原不動瀑布

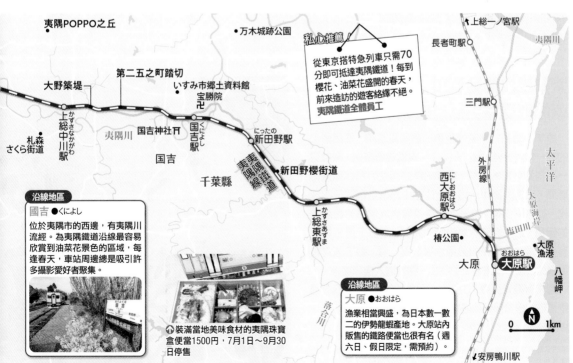

夷隅POPPO之丘

万木城跡公園

第二五之町踏切

大野築堤

いすみ市鄉土資料館
宝勝院卍

上総一ノ宮駅

長者町駅

夷隅川

三門駅

私心推薦！
從東京搭特急列車只需70
分即可抵達夷隅鐵道！每到
櫻花、油菜花盛開的春天，
前來造訪的遊客絡繹不絕。
夷隅鐵道全體員工

かずさなかがわ
上総中川駅

札森
さくら街道

国吉神社卍
国吉駅
くによし

夷隅川

国吉

千葉縣

にったの
新田野駅

夷隅線
夷隅總鐵道

新田野櫻街道

かずさあずま
上総東駅

にしおおはら
西大原駅

外房線

太平洋

大原海岸

沿線地區
國吉 ●くによし
位於夷隅市的西邊，有夷隅川
流經。為夷隅鐵道沿線最容易
欣賞到油菜花景色的區域，每
逢春天，車站周邊總是吸引許
多攝影愛好者聚集。

↑裝滿當地美味食材的夷隅珠寶
盒便當1500円，7月1日～9月30
日停售

椿公園●

おおはら
大原駅

塩田川

大原
漁港

八幡岬

沿線地區
大原 ●おおはら
漁業相當興盛，為日本數一數
二的伊勢龍蝦產地。大原站內
販售的鐵路便當也很有名（週
六日、假日限定，需預約）。

落合川

↘安房鴨川駅

N
0 1km

21 福島縣

會津鐵道 會津線

あいづてつどう あいづせん

西若松站~會津高原尾瀬口站（福島縣）57.4km

沿著貫穿會津的阿賀川

欣賞滿開的櫻花

湯野上溫泉站被選為東北地區鐵路車站百選。四月中旬至下旬，站周圍的染井吉野櫻花和花橘會綻放，宣告著春天的到來

緊鄰雄偉的阿賀川，穿梭在山村間朝能感受歷史氣息的城下町前進

原本為昭和初期開業通車的舊國鐵路線，於民營化的前一年與野岩鐵道（P.142）、東武鐵道直通，最遠可一路搭到東京的淺草。會津田島再往前為非電氣化區間，沿著阿賀川一路北上的途中盡是恬靜的田園風光。從深澤橋梁、第三大川橋梁等處能居高俯瞰溪谷的景色，是整條路線最吸睛的亮點。湯野上溫泉站擁有茅草屋頂，櫻花的美景也很值得一看。過了蘆之牧溫泉站後右手邊會看到磐梯山，開始進入會津盆地。

週末有觀光列車「Oza-Toro展望列車」運行，行經絕景景點時還會停車讓遊客能好好飽覽風光。

1 曾擔任蘆之牧溫泉站名譽站長的貓咪「Love」 **2** 第三大川橋梁的紅色橋身與初夏的新綠相互輝映 **3** 湯野上溫泉站內備有地爐，藉由燻煙可以預防茅草屋頂受到蟲蛀。也設有足湯區 **4** 高60公尺的深澤橋梁架設在深澤溪谷上，位於蘆之牧溫泉南站附近。每逢山野間樹葉逐漸變色的秋天，景緻更是美不勝收

私心推薦！

會津鐵道沿途會行經峽谷，最引以為傲的當然就是從車窗望出去的美麗風景，尤其從橋梁上能盡情飽覽四季風情各異的景色！
會津鐵道乘務員 小島亞希

路線&乘車資訊

到了會津田島站必須轉乘其他列車

每1～2小時1班車，有普通、快速、特急等列車運行，大多數都得在會津田島站轉乘。會津尾瀬高原口站～會津田島站間的車程約20分，特急和從會津若松站出發的快速列車在此區間內沒有中途停靠站。會津田島站～會津若松站間需要1小時10分，無特急列車運行。觀光列車「Oza-Toro展望列車」也行駛於這段區間。若從東京方向過來，則不妨利用包含來回乘車券在內的「YUTTARI會津東武FREE PASS」。

洽詢處 會津鐵道 0242-28-5886

前往始發站的交通方式

| 淺草站 | 搭東武鬼怒川鐵道直通 特急 Revaty會津號約2小時50分 | 會津高原尾瀬口站 |
| 郡山站 | 搭JR磐越西線 普通列車約1小時15分 | 會津若松站 |

經由野岩鐵道 會津鬼怒川線（P.142）可以前往會津高原尾瀬口站，但普通・快速列車每天只有6班往返（約需35分）。每天4班往返的特急Revaty會津號是以東京的淺草站為起點，行經栃木站、日光市的下今市站，直通野岩鐵道 會津鬼怒川線、會津鐵道 會津線，到會津田島站約需3小時10分。此外，會津鐵道會津線的行駛區間只有到西松站，但全部列車皆以JR會津若松站為起訖站。從郡山站出發的列車每小時1班。

→內餡夾著酥炸虹鱒魚肉的鱒魚漢堡，會津下鄉站內的咖啡廳「しもごう」就吃得到

JR只見線 →P.180

沿線地區
蘆之牧溫泉
●あしのまきおんせん
相傳是1300年前由行基上人所發現的古老溫泉。在可俯瞰溪流的高台上，有許多以美景為傲的旅館。

沿線地區
湯野上溫泉
●ゆのかみおんせん
以湧泉量豐富著稱的溫泉地，幾乎所有的旅館都能享受直接從源頭湧出的溫泉水。到大內宿搭巴士約需20分。

沿線地域
南會津●みなみあいづ
為尾瀨的玄關口，座落於栃木縣交界處。周圍被海拔2060公尺的帝釋山等群山環繞，特有的高原景色極具魅力。

途中下車範例行程

造訪美麗溪谷與別有風情的古老街

第1天
上午＊感受鬼斧神工、震撼人心的大自然景觀
搭特急Revaty會津號於12:37抵達會津田島站，轉乘12:56出發的普通列車。在塔之弒下車，前往步行距離約5分鐘的奇岩峭壁參觀。返回原車站後，搭車到湯野上溫泉站入住溫泉旅館。

第2天
上午＊漫步於大內宿，感受江戶時代的氛圍
搭乘巴士猿遊號，前往茅葺屋頂的傳統家屋並排而立的大內宿。這裡曾經是繁華一時的宿場町，可悠閒散步其間邊遙想過去的盛況，還能享受品嘗鄉土美食和挑選民藝品的樂趣。
下午＊逛完七日町通後，前往會津若松站
13:29從湯野上溫泉站上車，前往七日町站。遊逛古老倉庫、洋館等建築物林立的七日町通周邊。

平成筑豐鐵道
田川線·伊田線·糸田線

◆へいせいちくほうてつどう たかわせん・いたせん・いどたせん

| 田川線:行橋站～田川伊田站 (福岡縣) 26.3km |
| 伊田線:直方站～田川伊田站 (福岡縣) 16.1km |
| 糸田線:金田站～田川後藤寺站 (福岡縣) 6.8km |

從赤站往行橋站的方向
前進,山谷的斜坡上種
了整排櫻花樹,黃色的
車輛是「Nanohana
號」,還有其他許多不
同顏色的車輛行駛著。

前往九州北部的田園地帶
一覽沿線煤炭產業的繁榮遺跡

這條鐵道又被暱稱為「平筑」,會行經因日本最大煤炭產區「筑豐煤田」而蓬勃發展的筑豐地區。從擁有地方線中罕見複線區間的伊田線、油須原站內的廣大腹地、考量複線化而興建的磚造內田三連橋梁、九州最古老的隧道「石坂隧道」等,都可一窺當年在這個地區的煤炭運量之大及其繁榮景象。

自從煤炭產業衰退後,就搖身一變成了能悠閒欣賞田園風光的魅力鐵道路線。例如赤站附近的整排櫻花樹、插秧時期的崎山地區、東犀川三四郎站旁的波斯菊、皚皚白雪等,一年四季都有不同的風景特色。

1 油須原站的木造建築物於2022年2月曾進行修復工程 2 列車正行經京都町崎山地區的林龍平酒造場附近 3 沿著油菜花田行駛的Super Happy號,車廂設計是出自畫家宮崎健介及福智町小朋友們的共同創作 4 目前仍在使用中的石坂隧道建於1895年,至今已有100餘年 5 橫跨在今川上的第二今川橋梁,還保留著前身豐州鐵道營運時的橋墩

照片：2 4 新具重信 5 大塚保博／@jf6ery on Instagram

在緩緩穿越櫻花林蔭道的列車
遙想煤炭產業蓬勃發展的過往歷史

私心推薦！

若要搭乘「平筑」旅行，絕對要選春天前往！除了赤站附近的櫻花林蔭道外，還有油菜花和櫻花繽紛點綴的鐵道沿線、源氏の森站月台盛開綻放的櫻花和桃花等多個絕美景點。
平成筑豐鐵道吉祥物 Chikumaru

路線&乘車資訊

伊田線和田川線

以約1小時40分連結直方站和行橋站的列車每小時1班，從直方站到田川伊田站約35分。糸田線在通勤、通學的時段是以金田站為起訖站，但白天的其餘班次皆會匯入伊田線，以約40分連結直方站和田川後藤寺站的列車每小時1班。從行橋站過來的話必須在金田站轉乘。可於一日內不限次數搭乘的周遊券「Chikumaru Pass」為1000円，還提供沿線溫泉設施的入湯費優惠，請在列車內向乘務員購買。

洽詢處 平成筑豐鐵道 ☎0947-22-1000

前往始發站的交通方式

| 小倉站 | 搭JR日豐本線 普通列車約30分 | 行橋站 |

搭乘連結博多站～小倉站～大分站的特急音速號也能前往行橋站。每小時就有1班車十分方便，從博多站出發只需1小時就能抵達行橋站。

| 博多站 | 搭JR篠栗線・筑豐本線 普通列車約1小時10分 | 直方站 |

從博多站往直方站方向的路線又被稱為「福北豐線」，可連結至JR鹿兒島本線的折尾站。博多站～直方站間約每小時有2班車。

途中下車範例行程

欣賞車窗外的油菜花或櫻花盛宴並認識當地的歷史

上午＊飽覽沿線的春天花卉

由行橋站出發，往田川伊田站方向前進。到櫻花樹綿延林立的赤站前約需40分。途中在犀川站與崎山站間沿線，能欣賞到櫻花和油菜花同時綻放的美景。

下午＊造訪能了解煤礦歷史的紀念公園

於田川伊田站下車，前往還留著兩根大煙囪與竪坑櫓的煤炭紀念公園及毗鄰的歷史博物館。設置在田川市內各地的幻視藝術也很有意思。

折尾站
のおがた 直方站
筑豐直方站
みなみなおがたごてんぐち
南直方御殿口站
あかぢ站
ふじたな なかいずみ
藤棚站 中泉站
ながいずみ
市場站
いちば
ふれあいしょうりき
ふれあい生力站
あかいけ ひとみ
赤池站 人見站
かなだ
金田站
ぶぜんおおくま かみかなだ
豐前大熊站 上金田站
まつやま ほしい
松山站 糀站
たがわしりつびょういん
田川市立病院站
いとだ しもいた
糸田站 下伊田站
おおやぶ
大藪站 かみいた
上伊田站
まがりかね
勾金站
田川 たがわいた
後藤寺 田川伊田站
たがわごとうじ 田川伊田
田川市煤炭・歷史博物館
煤炭記念公園
後藤寺線
添田站

鷹取山 福智山

小倉站

由三座山所組成的香春岳，因開採被削平山頭的是一之岳

福岡縣

香春岳

平成筑豐鐵道
伊田線

うちだ
內田站
げんじいのもり
源じいの森站
ゆすばる
油須原站
あか 赤站
內田
三連橋梁
第二今川橋梁
石坂隧道

かきしたおんせんぐち
柿下溫泉口站

さきやま
崎山站

さいがわ
犀川站

小倉站
行橋 ゆくはし
行橋站
れいわコスタゆくはし
令和コスタ行橋站
いまがわかっぱ
今川河童站
みやこいずみ
美夜古泉站
八景山
とよつ
豐津站
しんとよつ
新豐津站
ひがしさいがわさんしろう
東犀川三四郎站
日豐本線
大分站
九州自動車道

沿線地區
田川伊田 ●たがわいた
曾為規模最大的煤礦產區，目前在遺址處設有歷史博物館。在2019年重新改建成的復古時尚車站大樓內也規劃了飯店區。

沿線地區
行橋 ●ゆくはし
自古以來就因地處交通要衝而繁榮。除了能在豐前海捕獲的牡蠣、海苔外，還有無花果等特產。添加味噌醬汁的關東煮也是當地的著名美食。

平成筑豐鐵道
糸田線

新飯塚站
飯塚站
桂川站・博多站
遠賀川
（筑北豐本線）

0　3km　N

真岡鐵道 真岡線

◆もおかてつどう もおかせん

下館站（茨城縣）～茂木站（栃木縣）41.9km

塗裝成兩種色系的單節車廂

穿梭在白色地毯般的蕎麥花海

1 綿延於北真岡站東側的櫻花、油菜花街道，能欣賞到兩種花同時齊放的時間相當短暫　**2** 在一片恬靜的八木岡地區能見到美麗的大樹和水鏡風景　**3** 列車正行經公路休息站 もてぎ附近的小水車小屋旁　**4** 附設於真岡站的「SL96館」。內部展示著9600型蒸汽機關車等多輛列車，能近距離觀賞實體的車廂

真岡市八木岡地區到處都是蕎麥田。每當蕎麥開花的秋天，就能見到列車彷彿行駛在白色花海間的光景

西瓜色的可愛列車
穿梭在風光明媚的景色中

茨城縣和栃木縣的交界處是一片幽靜的田園地帶，行駛其間的列車由於獨特的配色，又被暱稱為「西瓜列車」。週六日、假日還會有蒸汽機關車運行。

　沿線有多個熱門的拍照景點，春天時真岡站～北真岡站間的鐵道兩旁會同時綻放油菜花和櫻花，秋天時也可在寺內站附近欣賞白色蕎麥花海等等，都吸引許多鐵道迷前來捕捉列車與四季繁花盛開的美麗風景一起入鏡的瞬間。

路線&乘車資訊

全線以約需1小時～1小時20分的普通列車為主

約每小時1班，但有部分時段的發車間隔為30分或1小時30分。此外，還有數個班次只區間運行到真岡站。SL真岡號於週六、日運行，每天1班往返，除了車票外還需要購買SL的整理券（預約制）。可自由搭乘真岡鐵道 真岡線和關東鐵道 常總線的一日乘車券為2300円，使用期間為4、5、7、8、11～1月的全天及其他月份的週六日、假日。

洽詢處 真岡鐵道 ☎0285-84-2911

途中下車範例行程

前往參觀震撼力十足的蒸汽機關車

上午＊認識真岡鐵道的歷史
搭乘9:42從下館站出發的列車，途中能欣賞到八木岡地區的田園風景，約25分鐘後於真岡站下車，到車站附設的「SL96館」近距離觀賞實體的車廂。若逢春天來訪可順便到隔一站的北真岡站，漫步於美麗的櫻花‧油菜花街道。

下午＊前往益子町尋訪傳統工藝品
14:11從真岡站出發，約15分鐘抵達益子站。從車站前一路延伸的城內坂通上，有許多民藝品店比鄰而立，不妨選個益子燒陶器當作伴手禮。搭乘傍晚的列車坐到終點茂木站，或是原路折返回下館站。

前往始發站的交通方式

小山站	搭JR水戶線 普通列車約20分	→ 下館站
友部站	搭JR水戶線 普通列車約40分	→ 下館站

下館站也是與關東鐵道常總線交會的車站，從與JR常磐線接續的取手站過來約需1小時25分。連結小山站～友部站的JR水戶線約每30分～1小時1班，部分列車會繼續駛入水戶站。小山站與JR東北新幹線和JR東北本線（宇都宮線）互通，友部站可接續JR常磐線。此外，搭乘從JR宇都宮站發車，每小時1班的路線巴士也很方便，到益子站約需1小時20分。

沿線地區
茂木町 ●もてぎちょう
真岡線的終點站所在地。擁有日本最大規模的賽車場，也會舉辦各種大型比賽。

沿線地區
益子町 ●ましこちょう
以陶器聞名的小鎮，每年於春秋兩季舉辦的「益子陶器市集」總吸引許多收藏家前來朝聖。

路線指南
關東鐵道 常總線
かんとうてつどう じょうそうせん
為連結茨城縣取手站～下館站的路線，沿著南北走向的鬼怒川一路行駛，並行經筑波山的西側。

茂木町　天矢場駅　茂木駅
市塙駅　道の駅もてぎ
多田羅駅　笹原田駅
七井駅
櫻花‧油菜花街道　濱田庄司記念益子參考館
西田井駅　北山駅　城內坂通
北真岡駅　益子駅　益子町
久保記念觀光文化交流館
真岡鐵道 真岡線　栃木縣
真岡駅
SLキューロク館
真岡市八木岡地區
寺內駅
久下田駅
ひぐち駅
おりもと折本駅　新治駅　岩瀬駅　羽黒駅　友部駅　水戶駅　福原駅
下館二高前駅
小山駅　しもだてにこうまえ　大和駅　水戶線
下館駅　しもだて
取手駅

24 千葉縣

小湊鐵道

◇こみなとてつどう

五井站~上總中野站(千葉縣) 39.1km

1 滿地盛開的石神油菜花田，3月中旬~4月中旬是最佳賞花期　2 飯給站前種植著櫻花樹，若條件符合的話還能拍到水田反射的美景　3 每年11月中旬，上總久保站前高聳直立的大銀杏樹會被染成一片金黃　4 2021年從JR導入的Kiha40型，為全日本所剩無幾的國鐵時代車輛

從鄉間的木造車站出發
穿梭在油菜花海間的古老列車

由當地居民負責維護景觀的石神油菜花田，每當8月向日葵盛開時又是整片的黃色花海

離東京僅1小時的車程
能感受濃濃昭和氣息的路線

　　一路行駛於丘陵地間並橫斷整個房總半島，終點站與夷隅鐵道 夷隅線（P.70）互相銜接。充滿古意的木造車站、昭和時期製造的Kiha200型柴油車（P.146）仍在運行中，都讓人感受到一股懷舊的氛圍。

　　從五井站發車後，會先經過一段通勤通學的區間因此班次較多，過了上總牛久站，展現在眼前的是廣闊的田園風光，車班也開始銳減。矗立著大銀杏樹的上總久保站、櫻花和油菜花繽紛綻放的飯給站等，四季景色各有風采。其中綿延在養老溪谷站到上總大久保站間的石神油菜花田，如黃色地毯般的花海更是美不勝收。

路線＆乘車資訊

全線運行的列車從清晨到傍晚約2〜3小時1班

五井站〜上總牛久站只有普通列車運行，每小時有1班車。不過，到上總中野站的列車每天僅6班（週六日、假日為5班）而已，車程約1小時20分。前往養老溪谷站的列車一天有5班（週六日、假日為3班）。除了划算的一日乘車券1840円外，還有也可搭乘夷隅鐵道 夷隅線（P.70）的一日乘車券（只限單程）1730円。

途中下車範例行程

漫步湖畔和溪谷，讓身心煥然一新

上午＊飽覽高瀧湖畔的風景與藝術作品
搭乘8:52從五井站出發的列車，9:34在高瀧站下車。前往高瀧湖散步、市原湖畔美術館欣賞藝術，再到美術館內的小餐館小憩＆享用午餐。
下午＊造訪養老溪谷首屈一指的名勝「粟又瀑布」
12:02從高瀧站出發，12:30抵達養老溪谷站。轉乘14分鐘車程的巴士前往粟又瀑布，沿著長約4公里的瀑布路線一路漫步。當晚住在養老溪谷的旅館，隔天再搭乘夷隅鐵道（P.70）繼續旅程。

前往始發站的交通方式

| 東京站 | 搭JR內房線直通 普通列車約1小時 | → | 五井站 |
| 大原站 | 搭夷隅鐵道 夷隅線約1小時 | → | 上總中野站 |

如果是搭普通列車前往五井站，除了東京站外也可在橫濱站、品川站上車（有時需在千葉站轉乘）。從橫濱站過來約1小時40分，從品川站過來約1小時20分。也可搭乘每1〜2小時1班的夷隅鐵道（P.70），來趟橫斷房總半島的旅程。

沿線地區
高瀧湖
●たかたきこ
因1990年完工的高瀧水壩而形成的人造湖。除了設有美術館、紀念館外，10〜2月左右還能體驗釣公魚的樂趣。

沿線地區
養老溪谷
●ようろうけいこく
千葉縣數一數二的紅葉名勝。以養老溪谷站為據點，有中瀨步道、可巡遊瀑布的粟又瀑布自然步道等景點，還有溫泉旅館散落在其間。

五井駅
ごい
千葉駅・東京駅
内房線
木更津駅
かずさむらかみ 上総村上駅
あまありき 海士有木駅
かずさみつまた 上総三又駅
かずさやまだ 上総山田駅
こうふうだい 光風台駅
うまたて 馬立駅
館山自動車道
木更津駅
千葉縣
久留里線
かずさうしく 上総牛久駅
かずさかわま 上総川間駅
かずさつるまい 上総鶴舞駅
かずさくぼ 上総久保駅
たかたき 高滝駅 高瀧湖
さとみ 里見駅 市原湖畔美術館
いたぶ 飯給駅
つきざき 月崎駅
久留里駅
かずさおおくぼ 上総大久保駅
石神油菜花田
大多喜駅
養老川
養老溪谷駅
養老温泉
養老溪谷
粟又瀑布
石尊山
上総中野駅 かずさなかの
夷隅鐵道 夷隅線
→P.70・113・146
圏央道
大原駅
0　N　4km

補充資訊　房總里山小火車亦運行其間，並以柴油機關車重現過去曾行駛於小湊鐵道的蒸汽機關車。

25 京都府·福井縣

JR小濱線
◇ジェイアールおばません

東舞鶴站（京都府）～**敦賀站**（福井縣）84.3km

從海邊小鎮到港口城市
盡享四季美景和新鮮海味

沿著若峽灣的谷灣海岸複雜地形行駛，是充滿旅行氣氛的一條路線，夏天前來享受海水浴的遊客絡繹不絕。

　　起點為京都府北部的東舞鶴站，穿越過松尾寺站前方的隧道後就是福井縣的高濱町，春天能欣賞到芝櫻和絳紅三葉草綻放的美景。沿途可眺望有若狹富士之稱的青葉山，而過了若狹高濱站後湛藍耀眼的大海就在眼前。若狹地區在古代曾是將海鮮等食材送往都城的「御食國」而繁榮一時，海鮮美味、若狹塗漆筷等傳統工藝也很有名。行經路線名稱的小濱站後，會沿著延伸至京都的若狹街道（鯖街道）。當看到名為三方五湖的風景勝地，只需再20分鐘即可抵達。北陸新幹線預計在2023年要將路線延伸至福井縣敦賀站。

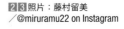

1 勢濱站～小濱站是最能欣賞小濱灣景致的區間，車身上的的翡翠綠色帶也讓人聯想到大海　2 粟野站～西敦賀站間會行經磚造的黑河川橋梁，矗立在背後的是野坂岳　3 高濱町橫津海地區的芝櫻花期為4月中旬～5月上旬，從青鄉站走過來約10分鐘

2 3 照片：藤村留美
／@miruramu22 on Instagram

綿延於面若狹灣的山林地帶

宛如草莓般的紅色花毯

盛開於福井縣高濱町中津梅地區的絳紅三葉草，又被稱為草莓蠟燭，5月上旬是最佳觀賞期，能見到列車彷彿穿梭在花毯間的風景
照片：藤村留美／@miruramu22 on Instagram

路線&乘車資訊

東舞鶴站～敦賀站間搭普通列車約2小時

發車間隔幾乎都是1～2小時，但其中東舞鶴站與敦賀站於11:00～11:59期間出發的班次與前後一班的間距特別長。全線運行的列車一天有10班往返，另外還有數個班次只運行到小濱站，東舞鶴站～小濱站間的車程約1小時。此外，全線皆已電氣化。

洽詢處 JR西日本客服中心 ☎0570-00-2486

前往始發站的交通方式

京都站	搭JR舞鶴線直通 特急舞鶴號約1小時35分	東舞鶴站
米原站	搭JR北陸本線 普通列車約50分	敦賀站
福井站	搭JR北陸本線 普通列車約55分	敦賀站

特急舞鶴號約每2小時1班。前往東舞鶴站的普通列車會以特急停靠的綾部站和福知山站為起訖站，所需約30～45分。米原與東海道新幹線、JR東海道本線交會，也可以搭乘連結名古屋～金澤站的特急白鷺號。沿路經由新大阪站、京都站、琵琶湖西岸、敦賀站、福井站等，連結大阪與金澤站的特急雷鳥號也很方便（部分車次不停靠敦賀站）。

途中下車範例行程

享受歷史觀光和湖泊景點

第1天

下午＊在別具風情的海邊小鎮悠閒度過

11:06從東舞鶴站發車，45分鐘後抵達小濱站。到緊臨日本海的城下町「小濱」巡訪歷史景點，品嘗小濱鯖魚等海鮮，當天在這裡住一晚。如果是春天則不妨提早從東舞鶴站出發，在若狹高濱站下車欣賞美麗的花景。

第2天

上午＊租輛自行車恣意漫遊湖畔

9:34從小濱站出發，途中於三方站或美濱站下車。在車站前租輛自行車，前往三方五湖周邊觀光。
下午＊抵達若狹灣東端的敦賀

午餐就享用三方五湖特產的鰻魚。15:03從三方站上車，15:33抵達終點敦賀站。若時間還有餘裕，也可到這座港口城市逛逛。

沿線地區 高濱町
●たかはまちょう
福井縣最西端的小鎮，擁有透明度超高的若狹和田海水浴場等諸多美麗海灘。青葉山為高濱町的象徵地標。

沿線地區 小濱市
●おばまし
鯖街道的起點。自古就與奈良和京都有很深的淵源，市內各處的古寺內收藏有許多已被指定為重要文化財的佛像等寶物。

沿線地區 三方五湖
●みかたごこ
由日向湖、久久子湖、水月湖、菅湖、三方湖等五個湖泊組成。因各自的不同特性，湖泊的顏色也都不一樣，又被稱為「五色之湖」。

JR富良野線

◆ジェイアールふらのせん

旭川站~富良野站（北海道）54.8km

美麗的丘陵景觀和紅色屋頂之家

彷彿置身於童話世界般

1 觀光農園「富田農場」的薰衣草花田。園內不只有薰衣草，從初春到秋天皆能欣賞到種類豐富的花卉 **2** 美瑛站~美馬牛站間的著名坡道，鐵道會依著美瑛的丘陵地形上下起伏 **3** 列車正橫跨上游有風景勝地「白金青池」的美瑛川 **4** 從穿梭在中富良野町的列車能眺望到遠方的十勝岳連峰，為組成大雪山國家公園的山域之一

當行經美瑛站～美馬牛站間的遼闊農地，即可看到東側山丘上的紅色屋頂之家。這幅景色也常常出現在電視廣告或海報上

縱貫美瑛和富良野的田園 感受大自然的繽紛多彩

JR富良野線和沿線有許多賞花名所的國道237號平行，車體的色帶被設計成薰衣草色的Kiha150型柴油車與周圍的自然景觀相互映襯。路線的東側是遼闊的大雪山國家公園，美馬牛站前方則是「紅色屋頂之家」，上富良野站～中富良野站間有初夏時能欣賞美麗薰衣草田的日出公園、富田農場，一路上北海道的特有景觀會陸續映入眼簾。

富良野・美瑛Norokko號僅於每年的6～8月運行，期間會停靠臨時增設的「薰衣草花田站」。

路線&乘車資訊

皆以旭川站為起訖站，往富良野站的班次較少

旭川站～美瑛站間（所需約35分）每小時有1班，但美瑛站～富良野站間（所需約40分）的班次較少，有時白天的發車間隔甚至長達2小時。其中一部分列車會有幾站直接通過不停靠。富良野・美瑛Norokko號在美瑛站～富良野站有2班往返、旭川站～富良野站有1班往返，運行日請事先確認。若要搭乘對號座，除了車票外還必須支付指定席費用。

〔洽詢處〕JR北海道電話諮詢中心 ☎011-222-7111

途中下車範例行程

在童話般的景色中享受非日常的片刻時光

上午＊爬上山丘近距離感受大自然

9:38從旭川站出發前往美瑛站。參加由美瑛町觀光協會舉辦的體驗行程，漫步在平常無法進入的美瑛山丘上，體會收割農作物的樂趣。5月中旬～6月底是蘆筍的收成期，8月上旬～9月中旬為玉米。

下午＊在中富良野站下車，參觀薰衣草花田

14:19從美瑛站出發前往中富良野站。約走10～20分鐘左右就有北星山薰衣草園、中富良野花卉公園、富田農場等景點，能近距離欣賞薰衣草。薰衣草的最佳觀賞期為6月下旬～8月上旬，新綠季節和秋天來訪也很漂亮。

前往始發站的交通方式

| 札幌站 | 搭JR函館本線 特急神威號等約1小時30分 | 旭川站 |
| 札幌站 | 搭JR函館本線 特急列車・根室本線 普通列車 約2小時10分 | 富良野站 |

札幌站～旭川站每30分～1小時有1班特急運行。普通列車一天約7班，包含在岩見澤站的轉乘時間在內，約需2小時30分。從北見、網走方向搭JR石北本線特急列車（1天4班）約需3～4小時。要前往富良野站得在瀧川站轉乘，但白天時段只有3個班次。夏季期間還有限定運行的富良野薰衣草特急，若早上從札幌站出發，便可以不須轉車直達富良野站。

地圖標示：

道央自動車道
函館本線
JR宗谷本線→P.226・146
→名寄駅 →遠輕駅
あさひかわ 新旭川駅
JR石北本線→P.134・146
旭川駅
深川駅 札幌駅
かぐらおか 神楽岡駅
みどりがおか 緑が丘駅
にしごりょう 西御料駅
にしみずほ 西瑞穂駅
にしかぐら 西神楽駅
にしせいわ 西聖和駅
旭川機場
ちよがおか 千代ケ岡駅
きたびえい 北美瑛駅
拼布之路
びえい 美瑛駅
美瑛
全景之路
新栄の丘展望公園 ・紅色屋頂之家
かんのファーム びばうし 美馬牛駅
四季彩の丘
かみふらの 上富良野駅
日出公園
にしなか 西中駅
富田農場 富良野
JR富良野線
ラベンダーばたけ ラベンダー畑駅（臨時）
なかふらの 中富良野駅 北星山薰衣草園
しかうち 鹿討駅 中富良野花卉公園
JR根室本線→P.26・146
滝里湖
滝川駅
かぐでん 学田駅
ふらの 富良野駅
→新得駅
白金青池
美瑛白金溫泉
大雪山國家公園
北海道

沿線地區 美瑛 ●びえい
沿著國道237號的丘陵上有各種顏色的花田，擁有源泉放流的美瑛白金溫泉也很值得一訪。

沿線地區 富良野 ●ふらの
有中富良野花卉公園等多處可以欣賞薰衣草的景點，富良野的乳酪和葡萄酒也很推薦。

↑距離美馬牛站2公里左右的「四季彩之丘」

0 5km N

TOPICS

外觀可愛的列車&從車窗風景感受花海之美
印有當地花卉圖案的彩繪列車

日本各地的地方鐵道中，也有些以當地所盛開的花卉為設計主題的列車。不妨來搭看看既可體驗旅行氣氛，又能擁有視覺享受的獨特列車吧。

Flower2000-3號的車身側面，印有加西市的吉祥物「Neppi」和小野市市花「向日葵」

↑網引站有棵偌大的銀杏樹，能欣賞到整片的黃色地毯

---

27 兵庫縣
車身彷彿融入在四季繁花或蔥蘢綠意中

北條鐵道 北條線
●ほうじょうてつどう ほうじょうせん

粟生站~北條町站(兵庫縣) **13.6km**

屬於第三部門鐵道的路線，連結兵庫縣南部的小野市與加西市。透過一人列車的車窗能欣賞到恬靜的田園地帶，和由整排樹林所形成的綠色隧道，而又有「龍貓隧道」之稱的美麗風景，能讓人感受到地方鐵道的醍醐味。車輛型式名稱的「Flower」是取自「縣立花卉中心」，目前共有3輛列車運行中，其中1號車的彩繪主題為一串紅。

↑Flower2000-1號的車身以一串紅為設計主題，主色為粉紅色（左）；Flower2000-2號則是彩繪上如夜空般的紫色，再加上幾顆閃爍的星星（右）

路線&乘車資訊

早晚的列車時刻，平日和週六日、假日都各不相同

全線為非電氣化路段，僅普通列車運行，全線車程約23分鐘。上行下行基本上皆每小時1班，但於平日通勤通學的尖峰時段班次則變多（早上3班，傍晚1班）。此外，該時段在平日和週六日、假日的時刻表會有若干變動。可於一日內全線自由上下車的周遊券為840円，於北條町站或車內販售。

洽詢處 北條鐵道 ☎0790-42-0036

前往始發站的交通方式

●從加古川站搭JR加古川線 普通列車到粟生站約25分
●從神戶三宮站搭阪神電車神戶高速線，神戶電鐵粟生線到粟生站約1小時20分

加古川站與JR山陽本線交會，從神戶站搭新快速列車過來約30分，從姬路站過來約10分。往粟生站方向的JR加古川線每小時1班。若搭阪神電車從神戶三宮站過來，可於途中的新開地站轉乘神戶電鐵。往粟生站方向的列車每小時1班。

28 山形縣

豐富多彩的車身設計
讓人不禁煩惱該選哪一輛才好

山形鐵道
花長井線

● やまがたてつどう フラワーながいせん

↑隨處可見幾何圖案設計的羽前成田站

赤湯站～荒砥站 (山形縣) 30.5km

行駛於山形縣南部置賜地方的鐵道路線。沿線有100萬株菖蒲花盛放的長井菖蒲公園、3000棵杜鵑群生的白杜鵑公園等賞花景點。路線名稱中的「花」，就是取自長井市等沿線的花卉名勝而來。又以「花卉路線」的暱稱而廣為人知的列車外觀，也彩繪著櫻花、大理花、紅花、菖蒲等當地花卉的圖案。

路線&乘車資訊

可以在赤湯站輕鬆轉乘JR線

一天有12班往返，每1～2小時1班。赤湯站～荒砥站的車程約需1小時，途中的今泉站與JR米坂線（P.138）接續。可於一日內自由搭乘全線的乘車券1張1000円，1名大人最多能攜同2名小學生以下的幼兒。若在週六日、假日使用（週六・假日周遊車票）可適用於1名大人，但平日使用（親子・祖孫周遊車票）的話則不適用，請特別留意。

洽詢處 山形鐵道 ☎0238-88-2002

前往始發站的交通方式

●從福島站搭JR山形新幹線翼號到赤湯站約50分
●從山形站搭JR山形新幹線翼號到赤湯站約20分

東京站～赤湯站間搭乘山形新幹線約2小時20分。從山形站過來的話也可搭乘在來線，每1～2小時1班，車程約30分鐘。

↑以南陽市的烏帽子山公園為意象的櫻花彩繪列車（左）；以白鷹町的名產「紅花」為設計主題的鮮豔紅色十分顯眼（右）

↑車身上開滿色彩繽紛的川西町代表花卉「大理花」

外觀印著長井市市花「菖蒲」的彩繪列車，會行經最上川橋梁的附近，與鐵軌旁的櫻花、還留有殘雪的山頭交織出絕美景色

松浦鐵道 西九州線

◆まつうらてつどう にしきゅうしゅうせん

有田站（佐賀縣）〜**佐世保站**（長崎縣）93.8km

穿越粉紅櫻花隧道

朝著「櫻之站」前進

攝於擁有「櫻之站」暱稱的浦之崎站附近。黃色車身上彩繪著沿線名物的HAPPY TRAIN號，是只有一節車廂的特色列車

路線環繞著谷灣海岸的半島
沿線仍殘留許多與外國交流的歷史

原本是為了輸運陶瓷器、煤炭而建造的路線，一路沿著突出於九州西北端的北松浦半島外圍行駛，為日本最西邊的雙軌普通鐵道。

沿線為複雜的谷灣地形，除了有多個風景名勝散布其間外，還有海軍基地所在地的佐世保、曾因歐洲貿易而繁榮的平戶、以陶瓷器聞名的有田和伊萬里等具有多重歷史要素的景點。另外，此地的漁業也十分興盛，たびら平戶口站附近的平戶瀨戶市場、調川站附近的松浦魚市場等地，都能品嘗到新鮮的海味。

部分車站還會以周邊的景點等特徵另取副站名，例如たびら平戶口站就寫著「日本最西端車站」，沿線觀察這些站名標記也很有樂趣。

1 たびら平戶口站內設有介紹松浦鐵道歷史的展示區，和販賣海鮮強棒麵的小吃店 **2** 從佐世保市的本山站眺望愛宕山 **3** 行經油菜花景點「久原站」的MR-500型車輛，以復古風的設計為特色 **4** 座落於志佐川河口處的松浦市內有多家飯店，很適合作為旅途中的下榻地 **5** 在車站內設有咖啡廳的江迎鹿町站，與不同顏色的MR-600車輛擦肩而過 **6** 列車在鷹島口站～前濱站間沿著海岸線行駛，迎面的景勝地伊萬里灣內有被稱為「伊呂波島」的大大小小島嶼

路線&乘車資訊

浦之崎站位於路線內運行班次較少的區間

伊萬里站～たびら平戶口站（所需約1小時）是班次最少的區間，上行下行皆約每小時1班。從伊萬里站搭到浦之崎站約需20分。以有田站為起訖站的列車雖然都只運行到伊萬里站，但從伊萬里站能輕鬆轉乘前往佐世保方向的列車。有田站～伊萬里站間（所需約30分）和たびら平戶口站～佐世保站間（所需約1小時20分），在早上和傍晚會增加班次。佐佐站～佐世保站間（所需約40分）每20～30分1班。全線可自由上下車的一日乘車券為2500円。

洽詢處 松浦鐵道 ☎0956-25-2229（佐世保站）

前往始發站的交通方式

新鳥栖站	搭JR長崎本線‧佐世保線 特急綠號 約50分	有田站
唐津站	搭JR筑肥線 普通列車約50分	伊萬里站
新鳥栖站	搭JR長崎本線‧佐世保線 特急綠號 約1小時25分	佐世保站

每小時會有1班特急綠號從博多站發車，行駛至佐世保站約2小時。途中停靠站的新鳥栖站可與九州新幹線銜接。JR筑肥線每2小時1班車，從博多站搭福岡市營地下鐵‧JR筑肥線到唐津站約1小時30分。

📎 途中下車範例行程

飽覽春花爛漫時的 北松浦半島風景

第1天

上午＊享受映滿車窗的粉紅色花海

從伊萬里站搭乘前往佐世保方向的列車，約20分鐘即可抵達能觀賞到櫻花隧道的浦之崎站。

下午＊造訪瀰漫著異國氛圍的市區

沿途可透過車窗眺望遼闊的大海，當行經不停靠的今福站和松浦站時，也能看到長長的櫻花林蔭道。中午過後抵達たびら平戶口站，到平戶瀬戶市場大啖海鮮。接著搭巴士到平戶市中心，遊逛深受歐洲文化影響的街道，平戶城附近的龜岡公園也是著名的賞櫻景點。晚上在平戶周邊住一晚。

第2天

上午＊旅程的最後一站「海軍之城」

返回車站，搭乘列車繼續旅程。隔壁站的西田平站附近已列入世界遺產的田平天主堂（欲參觀內部須事先聯絡）。抵達佐世保站後，到海軍之城的街上走走逛逛、品嘗佐世保漢堡等知名美食，也可將行程拉遠一些前往九十九島觀光。

沿線地區

平戶 ●ひらど

位於九州本土的最西端，平戶島和周邊的島嶼也包含在內。曾作為與西洋貿易的據點，平戶藩的城下町也而蓬勃發展。

沿線地區

伊萬里 ●いまり

與有田同列為最具代表性的陶瓷產地。主要多聚集在大川內山，從佐賀鍋島藩時代傳承至今的窯場四處林立。

沿線地區

松浦 ●まつうら

以水軍著稱的松浦黨起源地，也是蒙古元軍來襲時的戰場。還保留許多史跡和古老的梯田，也是日本數一數二竹筴魚產量最多的地方。

沿線地區

佐世保 ●させぼ

可以享受佐世保漢堡、爵士酒吧等海軍之城特有的文化氛圍。若再走遠一點，還能欣賞九十九島的絕景。

沿線地區

有田 ●ありた

日本瓷器的發源地。有多間窯場和陶瓷器店，還能欣賞到使用各式窯磚砌成的「TONBAI牆」等充滿獨特風情的街景。

路線指南

JR大村線
ジェイアールおおむらせん
行駛於大村灣東岸，連結早岐站～諫早站間。也是前往人氣主題樂園豪斯登堡時會利用的路線。

平戶島　平戶瀬戶市場　平戶　たびら平戶口駅　中田平駅　東田平駅　西田平駅　平戶大橋　田平天主堂　平戶城　龜岡公園　御厨駅　みくりや　ひがしたびら　なかたびら　にしたびら　たびらひらどぐち　西木場駅　にしこば　大岳　志佐川橋梁　松浦發電所前駅　まつうらはつでんしょまえ　前浜駅　まえはま　松浦魚市場　鷹島口駅　たかしまぐち　調川駅　つきのかわ　松浦駅　まつうら　今福駅　いまぶく　不老山総合公園　浦ノ崎駅　うらのさき　福島口駅　ふくしまぐち　波瀬駅　はぜ　久原駅　くばら　鳴石駅　なるいし　楠久駅　くすく　里駅　さと　東山代駅　ひがしやましろ　伊萬里駅　いまり　上伊万里駅　かみいまり　唐津駅　川東駅　かわひがし　筑肥線　金武駅　かなたけ　夫婦石駅　めおといし　山谷駅　やまや　大木駅　おおぎ　大川內山　武雄溫泉駅‧新鳥栖駅→　西有田駅　にしありた　蔵宿駅　ぞうしゅく　黑川駅　くろごう　有田駅　ありた　三代橋駅　みだいばし　有田　すえたちばな駅　江迎鹿町駅　えむかえしかまち　高岩駅　たかいわ　潜竜ヶ滝駅　せんりゅうがたき　いのつき駅　福井川橋梁　吉井川橋梁　吉井駅　よしい　神田駅　こうだ　五蔵岳　長串山公園　金比羅岳　清峰高校前駅　せいほうこうこうまえ　佐々駅　さざ　冷水岳公園　小浦駅　こうら　皆瀬駅　かいせ　中里駅　なかさと　野中駅　のなか　左石駅　ひだりいし　泉福寺駅　せんぷくじ　真申駅　まさる　本山駅　もとやま　棚方駅　たながた　上相浦駅　かみあいのうら　山の田駅　やまのた　北佐世保駅　きたさせほ　相浦駅　あいのうら　大学駅　だいがく　佐世保中央駅　させぼちゅうおう　中佐世保駅　なかさせぼ　佐世保駅　させぼ　佐世保　佐世保線　日宇駅　ひう　三河內駅　鳥帽子岳　隱居岳　早岐駅　はいき　大村線　豪斯登堡駅　ハウステンボス駅　南風崎駅　はえのさき　長崎駅

平戶島　御厨川　志佐川　北松浦半島　國見岳　伊万里灣　福島　伊万里港　佐賀縣　長崎縣　國見山　八天岳　大塔駅　大村灣　九十九島　九十九島灣　佐世保港　展海峰　佐世保灣

補充資訊 松浦市自封為「炸竹筴魚聖地」，並以此作為觀光宣傳。松浦鐵道還推出了在手拉吊環上附竹筴魚裝飾的電車。

JR姫新線

◆ジェイアールきしんせん

姫路站（兵庫縣）〜**新見站**（岡山縣）158.1km

繪有蜻蜓圖案的列車
穿梭在美麗的田園風景中

↑千本站～西栗栖站間的景色清幽恬靜，行經出雲街道旁的農田時會看到大川稻荷神社的鳥居

從都市到山間各有不同的景色變化 享受被大自然環繞的旅程

從兵庫縣第二大城的姬路市出發，越過中國地方的山谷和河川，一路行駛到岡山縣的北部。途中會行經知名素麵品牌「揖保乃糸」所在的揖保川流域，以及津山盆地等區域。沿線也有多個觀光景點，例如以向日葵花田聞名的佐用町、保留著城下町老街的真庭市勝山地區。還能欣賞到矗立於揖保川橋梁北側、觜崎屏風岩的紅葉，佇立在佐用站附近的大銀杏樹等豐沛的自然景觀。

龍野市為沿線的觀光地之一，也是童謠《紅蜻蜓》作詞者三木露風的故鄉，而運行於上月站以東的Kiha122・127系車輛還繪有可愛的紅蜻蜓圖案。

路線&乘車資訊

佐用站～新見站間班次較少，轉乘時須注意

全線以佐用站・上月站（於其中任一站轉乘）和津山站為界劃分成3個區間，運行狀況各不相同。姬路站～佐用站・上月站間每1～2小時1班，約需1小時10分（途中於播磨新宮站轉乘）。姬路站～播磨新宮站間的班次增加，為每小時2～3班。佐用站・上月站～津山站間的車程約1小時，但白天的發車間隔卻長達2～3小時。津山站～新見站間約需1小時40分，運行此區間的列車每2～4小時1班。此外，連結津山站和中國勝山站間的列車一天有6班。全線早晚時段的列車有的會在週六日、假日停駛，有的則是由快速列車運行。

洽詢處 JR西日本客服中心 ☎0570-00-2486

沿線地區
勝山・久世 ●かつやま・くせ
曾經是連結姬路和出雲的「出雲街道」宿場町。如今仍保留著老街和諸多歷史建築物，也是溫泉、住宿設施完善的熱門觀光地。

沿線地區
湯鄉溫泉 ●ゆのごうおんせん
為中國地方最有名的溫泉地，相傳是1200年前由圓仁法師所發現。當地除了有多家旅館，也有能輕鬆享受溫泉樂趣的足湯設施。

路線指南
井原鐵道 井原線 いばらてつどういばらせん
總長40公里的路線橫跨了岡山縣和廣島縣，復古造型的主題列車、彩繪藝術作品的藝術列車都很受歡迎。

照片：藤村好美／hana.hana.877 on Instagram

照片：藤村好美／hana.hana.877 on Instagram

↑鳥取駅
JR因美線 →P.145

津山駅
つやま

↑鳥取駅

久米川　中國自動車道

美作千代駅
みまさかせんだい

院庄駅
いんのしょう

東津山駅
ひがしつやま

美作大崎駅
みまさかおおさき

勝間田駅
かつまだ

林野駅
はやしの

楢原駅
ならはら

美作江見駅
みまさかえみ

美作土居駅
みまさかどい

上月駅
こうづき

鳥取自動車道

勝央
JCT

西播磨
天文台

佐用的
大銀杏樹

JR姬新線

佐用駅
さよ

南光
向日葵花田

林崎向日葵花田

西栗栖駅
にしくりす

大川稲荷
神社鳥居

龍野市龍野

沿線地區
龍野市龍野 ●たつのしたつの
有「播磨小京都」之
稱的城下町，同時也
是童謠《紅蜻蜓》作
詞者三木露風的出生
地，充滿著歷史文化
氣息。

0　　10km
N

亀甲駅

西勝間田駅
にしかつまだ

湯郷溫泉

美作土居駅

播磨徳久駅
はりまとくさ

三日月駅
みかつき

千本駅
せんぼん

鵤崎屏風岩
はりましんぐう

播磨新宮駅

揖保乃糸資料館
素麺之鄉

太市駅
おおいち

和田山駅↑

舊津山
山扇形機關車庫
→P.207

柵原交流礦山公園
→P.236

智頭急行
智頭線
→P.63

佐用町
さよう

鵤崎橋

東鵤崎駅
ひがしはしさき

龍野城跡

余部
駅
よべ

播
但
線

中國自動車道

誕生寺駅

亀甲駅

福渡駅

沿線地區
佐用町 ●さようちょう
在此能親近豐饒大自然，夏天可
以欣賞盛開齊放的向日葵花海，
並擁有日本最大望遠鏡的西播磨
天文台等人氣景點。

上郡
駅

本竜野駅
ほんたつの

播磨高岡駅
はりまたかおか

播磨JCT

播
但
線

山陽姬路駅

新新
大神阪
神戶駅
駅駅

姬路駅
ひめじ

金川駅

川崎駅

山陽本線

兵庫縣

山陽自動車道

揖保川

引山桃太郎機場

赤穗線

上郡駅
相生駅

山陽新幹線

日生
駅

鹿久居島

路線指南
JR津山線
ジェイアールつやません
從岡山市北上，一路朝著津
山站行駛。沿線諸如誕生寺
站等具吉祥意義的站名，因
此行駛其間的快速列車被取
名為「壽」。

岡山駅

宇野線（宇野港線）·
瀨戶大橋線

後楽園

4

5

6

7

1 推薦在秋天蕎麥花盛開之
際造訪佐用町。每年的狀況
不一，也可能沒有栽種 2
每到夏天，佐用町的向日葵
開成滿滿一片，但也不是所
有農田都會種植向日葵 3
從鵤崎橋眺望正越過揖保川
的列車 4 新見市附近的城
山公園是賞櫻勝地。當列車
行經橋上，其背後的大片櫻
花林十分吸睛。運行於佐用
站·上月站～新見站之間的車
輛為Kiha120型柴油車 5 岡
山縣勝央町據說是坂田金時
（金太郎）的終焉地。列車
正行駛於勝間田站～西勝間
田站間多個貯水池散布的區
域 6 美作千代站的建築物
外觀，還保留著1923年建造
的樣貌 7 過了美作千代站
後，會一路沿著久米川旁的
田園地帶往津山方向前進

途中下車範例行程
尋訪佐用町的花田與中國地方的歷史

第1天
上午＊欣賞一望無際的向日葵花海
9:46從姬路站出發往佐用站前進，途中須於播磨新宮站轉
乘。若於夏天來訪，佐用町內的向日葵花田正值盛開期，
可慢慢散步觀賞。
下午＊造訪約1200年歷史的溫泉地
搭乘16:03從佐用站出發的列車，前往離岡山縣美作三湯
之一「湯鄉溫泉」最近的車站「林野站」。在溫泉旅館住
一晚。

第2天
上午＊參觀全日本也很罕見的扇形機關車庫
9:07從林野站出發，約25分鐘抵達津山站。到車站附近的
「津山學習鐵道館」，參觀扇形機關車庫（P.207）和收
藏車輛。返回車站，搭乘12:49出發的列車。
下午＊遊逛因宿場町而繁榮的「暖簾」老街
從津山站往中國勝山站移動。勝山過去曾是出雲街道的宿
場町及勝山藩的城下町，可悠閒地漫步在老街上。搭乘傍
晚的列車前往新見站，結束JR姬新線的旅程。

前往始發站的交通方式

新大阪站	搭JR山陽本線直通 新快速列車約1小時10分	姬路站
京都站	搭智頭急行 智頭線直通 特急超級白兔號約2小時10分	佐用站
岡山站	搭JR津山線約1小時10分～1小時40分	津山站
岡山站	搭JR伯備線直通 特急八雲號約1小時	新見站

往姬路站方向的新快速為關西圈運輸的主要車輛，會行經滋賀
縣米原站、京都站、神戶站等。特急超級白兔號（一天6～7班
往返）行駛於京都站～倉吉站間，途中經由大阪站、姬路站、
鳥取站等。此外，往佐用站方向可搭乘行駛於岡山站～鳥取站
的特急超級因幡號（一天6班往返），中間與JR山陽本線·智
頭急行 智頭線（P.63）直通，車程約50分。從鳥取可搭約1
小時的特急列車到佐用站，也可搭JR因美線（P.145）前往津
山站。JR津山線每隔30分～1小時會有普通列車或快速列車
「壽」運行。特急八雲號每小時1班，中途停靠倉敷站、米子
站、松江站、出雲市站，從米子過來約1小時10分。

JR大湊線

◆ジェイアールおおみなとせん

野邊地站~大湊站（青森縣）58.4km

近距離欣賞海水碧綠的陸奧灣及

在海風吹拂下隨處搖曳的油菜花海

1 在夕陽餘暉下，沿著陸奧灣行駛的Kiha100系車輛，還可遠眺到陸奧灣另一端的夏泊半島　**2** 附近為強風地區，因此設置了許多巨大的風力發電機　**3** 從吹越站~有戶站間眺望下北半島最高峰「釜臥山」的方向，天氣好的話就能看到山景　**4** 越接近下北站‧大湊站，原本隔著陸奧灣看起來很小的釜臥山，也變得巨大許多

1 2 3 照片：中川龍也／@tatsumax2nd on Instagram

橫濱町有全日本播種面積最大的油菜花田，5月中旬左右還會舉辦活動

2021年9月邁入100週年
深受當地居民愛戴的本州最北路線

從野邊地町沿著陸奧灣北上，一路行駛到下北半島的陸奧市，為本州最北端的鐵道路線，又有「玫瑰海灣大湊線」的暱稱。

從野邊地站出發行經有戶站～吹越站時，可在列車行進方向的左側眺望陸奧灣。進入橫濱町後眼前是一片幽靜的田園風景，每年5月還能欣賞到廣達120公頃的油菜花海。宛如「金黃地毯」般的滿開盛況相當值得一看，也很推薦搭乘設有展望室的「翌檜觀光列車下北號」。

路線&乘車資訊

白天以快速列車為主，普通列車只有1班往返

全線運行的普通列車一天有6班往返，與從野邊地站晚上發車的1班而已。分別為5～9時2班往返、13～15時1班往返、17～20時3班往返。沒有普通列車的時段則是由快速「下北號」負責運行，沿途停靠野邊地站、陸奧橫濱站、近川站（僅有1班往返會停靠）、下北站、大湊站。從野邊地站出發的班次只有上午和傍晚各1班，列車會從八戶站匯入；從大湊站出發的班次上午有3班（其中2班會繼續駛入八戶站）。翌檜觀光列車下北號也是從八戶站匯入，除了車票外還必須加付指定席費用。每個月只有運行幾天而已，有時甚至完全沒有。

洽詢處 JR東日本諮詢中心 ☎050-2016-1600

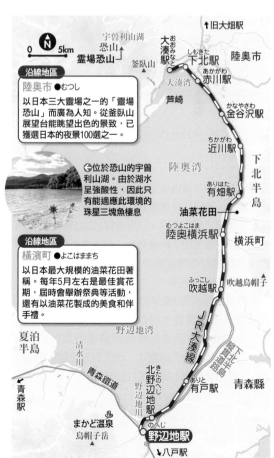

沿線地區
陸奧市 ●むつし
以日本三大靈場之一的「靈場恐山」而廣為人知。從釜臥山展望台眺望出色的景致，已獲選日本的夜景100選之一。

●位於恐山的宇曾利山湖。由於湖水呈強酸性，因此只有能適應此環境的珠星三塊魚棲息。

沿線地區
橫濱町 ●よこはままち
以日本最大規模的油菜花田著稱。每年5月左右是最佳賞花期，屆時會舉辦祭典等活動，還有以油菜花製成的美食和伴手禮。

📎 途中下車範例行程

尋訪陸奧灣的春天美景

上午＊飽覽陸奧灣的景色，參觀油菜花田
從野邊地站搭乘10:22出發的快速「下北號」，沿路眺望陸奧灣的海景，約25分鐘後在陸奧橫濱站下車。再搭15分鐘的車，前往油菜花田欣賞盛開的美景。

下午＊到靈驗之地祈求願望
返回陸奧橫濱站，搭乘13:30出發的普通列車前往下北站。從下北搭14:05發車的巴士到恐山，前往靈場逛逛。坐上15:50從恐山發車的巴士回到下北站，搭乘16:48的列車前往大湊站。可繼續搭傍晚的列車返回野邊地站，或是住一晚再到下北半島觀光。

前往始發站的交通方式

青森站	搭青森鐵道 普通列車約45分	**野邊地站**
八戶站	搭青森鐵道 普通列車約45分	**野邊地站**

行經野邊地站的青森鐵道是一條連接青森站和八戶站的路線，上行下行每隔1小時～1小時30分就有1班車。此外，在八戶站和大湊站間直通運轉的快速「下北號」於早午晚各有1班往返（其中晚上的往返班次在JR大湊線內會每站皆停）。由於JR大湊線、青森鐵道、IGR岩手銀河鐵道（在往盛岡方向的目時站銜接青森鐵道）各為不同的鐵道公司，有關車資、途中下車、青春18車票等周遊券的使用限制一定要事前確認。

補充資訊 目前本州最北的車站是下北站。原本在2001年前是下北交通大畑線的大畑站，但廢線後站舍已改為巴士的辦事處使用。

三岐鐵道 三岐線·北勢線

◆さんぎてつどう さんぎせん・ほくせいせん

| 三岐線:近鐵富田站~西藤原站（三重縣）26.6km |
| 北勢線:西桑名站~阿下喜站（三重縣）20.4km |

繼承懷舊的列車與窄軌路線
四季繁花陸續映入車窗

三岐線不只用來載運旅客，也是一條具有貨運功能的罕見路線，現在仍負責運送位在東藤原站附近，太平洋水泥藤原工廠的水泥。從車窗能欣賞到鈴鹿山脈和名列「花之百名山」的藤原岳、秋天的蕎麥花海等景致。這條線所有的車輛都是沿用原本就在西武鐵道（p.146）服役的列車。

北勢線是軌距762毫米的窄軌鐵道，會在楚原站附近越過以鋼筋混凝土砌造的美麗三連拱橋「眼鏡橋」，還有將水泥塊以螺旋狀堆疊而成的「螺旋橋」。春天能欣賞到粉蝶花，秋天有波斯菊和石蒜花等，一年四季都有不同的花卉綻放。

1 為了採掘石灰岩而山壁裸露的藤原岳 2 三岐線的列車正行經員辨市大安町的蕎麥花田，秋天為最佳觀賞期 3 架設在北勢線沿線六把野井水上的螺旋橋，為以鋼筋混凝土建造的罕見橋梁 4 2022年在當地居民的嘗試下，讓北勢線的沿線開滿了粉蝶花

9～10月正值盛開的波斯菊花田，是能將行經明智川拱橋（通稱為眼鏡橋）的北勢線列車一起入鏡的熱門拍照景點

越過眼鏡橋便可望見秋天滿開的波斯菊花海

私心推薦！

三岐鐵道不只能載運旅客，沿線的貨物輸送和北勢線的窄軌都極具特色。黃色和橘色車身的列車奔馳在田園之間，從車窗就能欣賞到美麗的四季風景。

三岐鐵道全體員工

前往始發站的交通方式

| 名古屋站 | 搭JR關西本線快速列車約25分，桑名站下車步行7分 | 西桑名站 |
| 近鐵名古屋站 | 搭近鐵名古屋線急行列車約30分 | 近鐵富田站 |

要前往三岐線的起點「近鐵富田站」，由津站搭近鐵名古屋線的急行列車約40分。走路5分可到JR富田站，也可從名古屋或津站搭JR關西本線過來。北勢線的起點為「西桑名站」，與JR關西本線和近鐵名古屋線皆有停靠的桑名站鄰接，因此也可由近鐵名古屋站或津站過來。

路線&乘車資訊

一日遊也能走完兩條路線

只有普通列車運行。三岐線全程約45分，每小時1～2班。行駛於近鐵富田站～保保站間的列車，一天有3.5班往返。北勢線以西桑名站為起點的列車約每小時2～3班，其中行駛到終點「阿下喜站」的班次每小時1～2班，其餘的班次只到東員站或楚原站。西桑名站～阿下喜站的車程約1小時。可於一天內不限次數搭乘三岐鐵道的周遊券為1200円，兩條路線皆能自由上下車。

洽詢處
三岐鐵道 ☎059-364-2143

途中下車範例行程

坐上稀有列車一路搖晃享受探索鐵道歷史和溫泉的樂趣

上午＊以三岐線為起點站，造訪鐵道的展示設施

從近鐵富田站搭乘9:28的列車往丹生川站前進，到車站前的貨物鐵道博物館參觀貨物鐵道的相關展示。搭乘11:04出發的列車，11:17抵達終點「西藤原站」，前往站前公園參觀蒸汽列車（SL）和電力火車（EL）的展示。

下午＊從西藤原站出發，展開北勢線的旅程

12:08再次從西藤原站上車，12:18抵達伊勢治田站，步行約30分鐘到阿下喜溫泉あじさいの里泡溫泉。14:29從阿下喜站出發，14:42在楚原站下車，沿途還能拍到眼鏡橋、波斯菊花田等美景照片。搭乘15:46出發的列車，16:27於西桑名站下車。

沿線地區

桑名市 ●くわなし
有六華苑、多度大社、長島溫泉等景點，為三重縣屈指可數的觀光都市。又以烤蛤蜊的飲食文化而廣為人知。

沿線地區

員辨市 ●いなべし
擁有龍岳、藤原岳、員辨川等豐富的自然環境，能體驗露營、登山、釣魚等戶外活動的樂趣。

33 北海道
道南漁火鐵道
◆ どうなんいさりびてつどう

木古內站~五稜郭站（北海道）**37.8km**

從與大海並行的列車欣賞滿開的花海
為旅程增添不少繽紛色彩

沿著渡島半島的南部、津輕海峽、函館灣一路行駛的道南漁火鐵道，沿線有札苅村上芝櫻園、設有鬱金香園的更木岬等多個能欣賞美麗花海的景點。每年的夏天到秋天正值捕撈渡島半島名產「真烏賊」的季節，夜色中的漁船搖曳著點點漁火十分夢幻，也是路線名稱的由來。

隨著2016年北海道新幹線開通，原為JR江差線的木古內站~五稜郭站路段也改由第三部門鐵道管理。目前運行的車輛是從舊江差線接收的Kiha40型柴油車，全部共7種顏色。

1 離札苅站步行約10分鐘的札苅村上芝櫻園，5月上旬可迎來滿開景致
2 渡島當別站~上磯站間，可以從靠海側的車窗望見函館灣對面的函館山
3 外觀塗裝成藏青色的「NAGAMARE海峽號」也是觀光列車之一，「NAGAMARE」在道南地區的方言中有「緩慢、悠閒」的意思

突出於津輕海峽的更木岬近海，為荷蘭建造的蒸汽軍艦「咸臨丸」沉沒之地，為了紀念這層淵源，種植了許多荷蘭的國花鬱金香

搭乘鮮豔的朱紅色列車・尋訪沿海的繽紛花海

路線&乘車資訊

以木古內站為起訖站的班次 只有以函館站為起訖站的一半

僅普通列車運行，行駛至五稜郭站的列車皆會繼續駛入函館站。全線運行的列車除了傍晚前的時段以外，發車間隔都是2～3小時。不過上磯站～函館站間的班次會變多，約每小時1班。物超所值的乘車券則有可於一日內自由上下車的「漁火一日票（700円）」、也可搭乘路線巴士和JR線的周遊券等，不妨配合觀光目的來選擇。

洽詢處
道南漁火鐵道 ☎0138-83-1977

前往始發站的交通方式

| 新函館北斗站 | 搭JR函館本線 約15～25分 | → | 函館站 |

| 新青森站 | 搭北海道新幹線 隼號約50分 | → | 木古內站 |

JR北海道新幹線從木古內站出發後，只需10餘分鐘就能抵達新函館北斗站。部分班次不會停靠木古內站。清晨時段有「疾風號」運行。從新函館北斗站出發的列車有特急、快速、普通等種類且班次很多，從新幹線要轉乘也相當方便。所有列車皆會停靠五稜郭站，可以馬上轉乘道南漁火鐵道或是繼續搭到函館站。

📎 途中下車範例行程

搭乘由繽紛花草點綴的路線 造訪道南的觀光名勝

上午＊邊眺望絕美花景 邊朝著古老修道院前進

搭乘9:13從木古內站出發的列車，沿途有更木岬、札苅村上芝櫻園等賞花景點，透過車窗就能飽覽遼闊的大海與五顏六色的花海。約20分鐘後在渡島當別站下車，再步行20分鐘後，抵達莊嚴氛圍的特拉普派修道院。修道院內的參觀採事前預約制（僅限男性），但販賣部任何人都能進入，其中的特拉普派修道院餅乾是必買的熱門商品。返回渡島當別站，搭乘13:12出發的列車到只隔一站的茂邊地站。

下午＊與備受北海道居民喜愛的 藍色列車相遇

13:19抵達茂邊地站。車站附近的北斗星廣場展示著已於2015年退役的寢台特急列車「北斗星號」。內部設有住宿設施，至今仍吸引不少鐵道迷來朝聖。參觀完後，搭乘15:48從茂邊地站往函館方向的列車到五稜郭站。若還有時間，也可到五稜郭等觀光地走走。

沿線地區
木古內町
●きこないちょう
北海道新幹線的停靠站，亦為北海道的玄關口。每年1月會舉辦在嚴寒的津輕海峽中清洗御神體的「寒中禊祭」。

沿線地區
北斗市茂邊地
●ほくとしもへじ
秋天在流入函館灣的茂邊地川能見到鮭魚逆流而上的風景，還會舉辦「北斗市茂邊地鮭魚祭」。

新函館北斗駅　桔梗駅
JR函館本線 →P.170・146
上磯駅 東久根別駅 五稜郭駅
ひがしくねべつ 五稜郭
久根別駅 ごりょうかく
くねべつ
清川口駅 七重浜駅
きよかわぐち ななえはま
函館駅
函館湾 はこだて
北海道 函館港
鏡山 函館山
茂辺地川 茂辺地駅 北斗星廣場 立待岬
もへじ 茂辺地 北斗市茂辺地
道南漁火鐵道
渡島半島 渡島当別駅
おしまとうべつ
渡島当別トンネル 丸山
特拉普派修道院
泉沢駅
いずみさわ
釜谷駅
かまや
札苅駅 更木岬
さつかり
木古内町 札苅村上芝櫻園 津輕海峽
江差 木古内駅
きこない N 0 3km
新青森駅 道南トロッコ鉄道 鶴岡公園駅

JR八高線

ジェイアールはちこうせん

八王子站（東京都）～**倉賀野站**（群馬縣）92.0km

越過千本櫻綻放的河川
悠閒地行駛在埼玉的丘陵地間

↑圖為埼玉縣本庄市兒玉町的「兒玉千本櫻」，及正行經橫跨小山川的身馴川橋梁上的Kiha110系車輛。還會配合花期舉辦「兒玉千本櫻祭」

縱貫關東平原的西端
埼玉縣內唯一的非電氣化路線

路線連結了八王子與群馬縣的高崎，因此各取其第一個字命名為八高線。一開始是為了繞過都心，將北關東的鐵道與中央線相連的軍事目的而興建。

八王子站～高麗川站間使用近郊型列車運行；東福生站～箱根崎站間甚至會經過美軍橫田基地內，相當罕見。進入埼玉縣越過狹山丘陵、入間川後，高麗川站就在眼前。以此車站為界往北即非電氣化區間，地方線的色彩也變得濃厚。沿線的自然生態豐富，如流經明覺站北邊的都幾川清流、寄居站周邊的田園地段等，遠方還能眺望赤城山的雄姿。駛入群馬縣後，行經藤岡市的市區與JR高崎線匯合，抵達終點高崎站。

1 流經越生站附近和毛呂山町的越邊川沿岸有一大片的櫻花林　**2** 明覺站的小木屋樣式站舍，彷彿完全融入在四周的里山風景中　**3** 列車駛離用土站後會行經一段長下坡，繼續朝著寄居站前進

寄居町 ▸よりいまち
以前曾是往來秩父主要道路上的宿場町，現在則是衛接東武上線和秩父鐵道的交通要衝。

小川町 ▸おがわまち
曾為古代連結江戶和秩父間的街道而興建一時，擁有1300年歷史的傳統工藝「小川和紙」也廣為人知。

路線指南
秩父鐵道
ちちぶてつどう
起點為埼玉縣的羽生站，終點為秩父市的三峰口站，暱稱「秩鐵」。自1988年起的觀光列車「SL PALEO Express」很受歡迎。

路線&乘車資訊

在JR八高線中，沒有比高麗川車站更遠的列車
只有普通列車運行，群馬縣側的所有列車皆會繼續駛入高崎站。運行型態分成兩個區間，分別為八王子站～高麗川站（所需約50分）和高麗川站～高崎站（所需約1小時30分），列車也分成電車和柴油車兩種。以八王子站為起訖站的列車，會經由高麗川站匯入JR川越線。白天約每隔30分1班，早上及傍晚以後班次會增加。高麗川站～高崎站的區間，除了小川町站～兒玉站路段的白天運行間隔較長約每1～2小時1班（全線運行的列車）外，幾乎都是每小時1班。

洽詢處 JR東日本諮詢中心 ☎050-2016-1600

前往始發站的交通方式

東京站	搭JR中央本線 特快列車約55分	八王子站
大宮站	搭JR川越線 普通列車約50分	高麗川站
東京站	搭JR高崎線 普通列車約2小時	高崎站

前往八王子站的方式，可由新宿站、甲府站等搭JR中央本線特急梓號，或是從橫濱站搭JR橫濱線，若搭JR川越線必須在川越站轉乘。大宮站～川越站的列車，會與從新宿、池袋方向過來的JR埼京線匯合。此外，八王子站、寄居站、小川町站、越生站、東飯能站也都有從池袋站，新宿站過來的私鐵路線行經。也可利用JR北陸·上越新幹線前往高崎站，從東京站過來約50分。高崎站也與JR兩毛線、JR上越線互相銜接。

📎 途中下車範例行程
一天之內造訪兩個櫻花景點

上午 ∗由古民宅和枝垂櫻相互交織的美景
從八王子站搭乘往川越站方向的列車，約50分鐘後在高麗川站下車。步行20分鐘左右到國家指定重要文化財的高麗家住宅，若於3月下旬～4月上旬來訪還能欣賞到美麗的枝垂櫻。也別忘了前往高麗神社參拜，4月頒布的一般御朱印會印上櫻花的圖案。

下午∗近1100株櫻花繽紛綻放的春季絕景
從高麗川站上車約1小時後在兒玉站下車。步行16分鐘左右就能見到兒玉千本櫻，整排的櫻花樹沿著河畔綿延近5公里。回程途中可順道前往和菓子くろさわ，購買當地的特產「酒饅頭」。返回兒玉站繼續搭車，約25分鐘即可抵達高崎站。

35 滋賀縣

信樂高原鐵道 信樂線

◆しがらきこうげんてつどう しがらきせん

貴生川站~信樂站（滋賀縣）14.7km

私心推薦！

信樂高原鐵道一路行駛在坡度陡峭的地形，能欣賞隨著季節更迭而變化的風景。老街和已被列為日本遺產的信樂燒都很值得一訪。

信樂高原鐵道
神山敬介

各站月台都置有信樂名物的
狸貓擺飾來迎接旅客

以JR草津線、近江鐵道本線（水口・蒲生野線）也會行經的貴生川站為起點，一路朝著信樂燒的故鄉前進，是一條到終點信樂站為止只有5站的路線。從貴生川站發車後馬上會經過甲賀市水口町，每逢秋天田間小道就開滿了石蒜花，透過車窗即可眺望鮮豔的紅花，花期約在9月中旬~10月上旬左右。

到下一站的紫香樂宮跡站為止，列車會穿梭在約9公里長的山間地帶。紫香樂宮跡是奈良時代聖武天皇所興建的都城遺跡，建築目前還保存在地下。信樂曾是NHK晨間劇《緋紅》的故事舞台，也是著名的陶藝之鄉。不妨在街上隨意漫步，造訪滋賀縣立陶藝之森或到各家窯場參觀。

1 離雲井站步行約10分鐘的日雲神社，可以見到列車橫越參道的畫面 **2** 各站都立有狸貓信樂燒擺飾迎接來訪旅客，甚至還有裝扮成聖誕老人的狸貓 **3** 從架設在鐵軌和河川上的保良之宮橋眺望玉桂寺站 **4** 第一大戶川橋梁對於鋼筋混凝土橋梁的發展有極大的貢獻，已被指定為國家重要文化財

行經貴生川站附近、水口町田園地帶的SKR501號。在一片幽靜的風景中，又名為曼珠沙華的石蒜花顯得鮮豔無比

大肆綻放的鮮紅石蒜花

就像在宣告陶藝之鄉的秋天來訪

路線&乘車資訊

從貴生川到信樂共有6站

約每小時1班，一天有15班往返。貴生川站的首班車是6:48，末班車是22:41，貴生川站～信樂站的車程約24分。除了可於一日內自由搭乘的周遊券940円外，還有週六日和假日限定，也能搭乘近江鐵道全線的一日周遊券1050円。全線皆為單線非電氣化，有座位類型不同的兩款列車運行。

洽詢處 信樂高原鐵道
☎0748-82-0129(信樂駅)

⬆以忍者之鄉聞名的甲賀，還能搭乘彩繪列車「SHINOBI TRAIN」

前往始發站的交通方式

草津站	搭JR草津線普通列車約25分 →	貴生川站
柘植站	搭JR草津線普通列車約20分 →	貴生川站

從草津站到貴生川站的運行班次，5時至12時期間為每小時1～3班。週六日、假日會稍微增加幾班。從大阪、京都、大津、米原等站前往草津站，可以搭乘JR東海道本線的新快速列車。柘植站與JR關西本線（P.140）接續，從名古屋過來約1小時40分。

📎 途中下車範例行程

尋訪陶藝和藝術一日遊

上午＊從貴生川站的周邊展開旅程

貴生川站周邊的田間小道一到秋天就有滿天盛開的石蒜花，可以邊散步邊欣賞。搭乘9:14從貴生川站出發的列車，9:38抵達終點站信樂站。乘坐甲賀市社區聯絡巴士或是步行20分鐘前往滋賀縣立陶藝之森。

下午＊從滋賀縣立陶藝之森到MIHO MUSEUM

返回信樂站，搭乘13:50發車的甲賀市社區聯絡巴士到MIHO MUSEUM（14:06抵達）。MIHO MUSEUM以日本美術和古代東方文明的珍貴收藏而著稱，每年都會舉辦各式各樣的特展（入館須事前預約）。從MIHO MUSEUM搭帝產巴士前往JR東海道本線的石山站。16:07從MIHO MUSEUM出發，16:57抵達石山站。由石山站搭JR東海道本線的快速列車到大津站約5分。

↖佇立於信樂站前、高達5公尺的巨大狸貓信樂燒，身上還設有公共電話

草津駅↗ 水口駅↗ 近江鐵道水口・蒲生野線

飯道山

貴生川駅
↗草津線→P.146
柘植駅↗

信樂高原鐵道衝突事故慰靈碑

宮町遺跡

信樂高原鐵道信樂線

広徳寺卍

甲南駅

甲賀流忍者屋敷

石山駅←

新名神高速道路

大戶川

甲賀寺跡紫香樂宮跡

信樂陶苑たぬき村

紫香楽宮跡駅

しがらきぐうし

卍日雲神社

雲井駅
くもい

滋賀縣

甲賀市

●MIHO MUSEUM

第一大戶川橋梁

勅旨駅
ちょくし

玉桂寺前駅
ぎょけいじまえ

滋賀縣立陶藝之森●

卍玉桂寺

岩尾山

信樂伝統產業会館

信樂駅
しがらき

三重縣

滝谷池

沿線地區

甲賀市●こうかし

以信樂燒、甲賀忍者名聞遐邇，也以土山茶、朝宮茶等茶葉產地廣為人知。

0　　2km
N

36 三重縣

JR名松線

◆ジェイアールめいしょうせん

松阪站~伊勢奧津站（三重縣）43.5km

穿梭在河川沿岸的聚落和茶園

交織而成的山林風景間

1 行經家城站的南側、被紅葉妝點得繽紛多彩的溪谷「家城線」
2 矗立於伊勢奧津站的舊加水塔。在蒸汽列車運行的時代，就是從這座加水塔將水導入火車頭　3 於伊勢竹原站~伊勢鎌倉站間，越過架設在八手俣川和雲出川匯流處的橋樑　4 在3月下旬的比津站，會有一大片盛開的結香迎接列車的到來

伊勢竹原站～伊勢鎌倉站間，列車會沿著美杉町竹原地區的茶園行駛。津市美杉町栽種的茶葉味道甘醇，又被稱為「天然的冠茶」

由三重縣數一數二的都市沿著河川一直到縣界附近的伊勢內地

從棉織物、品牌和牛為人熟知的松阪市，一路朝著雲出川的上游、津市南部的白山·美杉町前進。終點的伊勢奧津站位於伊勢本街道沿線，曾因是奈良通往伊勢的參拜路而繁榮興盛。從車窗欣賞沿途風景時，新綠和紅葉時期的雲出川、綿延於美杉町的茶園都很吸睛。

　　原本預計要連結到三重縣的名張市，路線名稱也以名張和松阪的第一個字來命名，但後來計畫被取消。如今成了一條無法接續其他路線，只能通往端點車站的「盲腸線」。行走該路線的Kiha11型柴油車，主要營運於東海地方的鐵道路線。

路線&乘車資訊

僅普通列車運行，全線車程約1小時25分

上行下行一天各有8班（松阪站的末班車只行駛到家城站），發車間隔約2小時。由於列車交會的緣故，在家城站得停車10餘分鐘（清晨的列車須轉乘）。

洽詢處 JR東海電話服務中心 ☎050-3772-3910（依語音指示按「2」，6～24時）

前往始發站的交通方式

名古屋站	搭JR紀勢本線直通 快速三重號約1小時15分	→松阪站
大阪難波站	經由近鐵大阪線 搭特急列車約1小時30分	→松阪站

從名古屋站除了每小時1班往伊勢市站方向的快速三重號外，也可搭乘特急南紀號。兩者都會停靠津站、四日市站等三重縣的主要車站。JR伊勢本線請參照P.40。從大阪方向過來的話搭近鐵較方便，約每小時有1班往賢島站方向的特急列車。此外，搭乘往近鐵名古屋站方向的特急列車，於津站轉乘JR線也是一個方法。

地圖標示（由左至右、由上至下）：
新青山トンネル ←名張駅・大阪難波駅 近鐵大阪線 青山高原 東青山駅 関ノ宮駅 ◆猪之倉溫泉 榊原溫泉口駅 雲出川 いせはた 伊勢八太駅 ←名張駅・大阪難波駅 家城線 いせきかまくら 伊勢鎌倉駅 いせきかち 伊勢八知駅 ひつ 比津駅 津市美杉町 いせおくつ 伊勢奧津駅 國道の駅 美杉 三多気の桜 いせたけはら 伊勢竹原駅 いえき 家城駅 家城線 いせかわぐち 伊勢川口駅 津市白山町 いせせきやち 伊勢大井駅 いせおおい 伊勢大井駅 いせき 井関駅 いちし 一志駅 いちし 一志駅 ごんげんまえ 権現前駅 JR紀勢本線 →P.40 かみのしょう 上ノ庄駅 まつさか 松阪駅 →P.179 松阪 名古屋駅 ←近鐵 伊勢中川駅 伊勢湾 0　5km N 多気駅 伊勢自動車道 新宮駅 自伊勢自動車道 伊勢市駅

沿線地區
津市白山町 ●つしはくさんちょう
為品牌米「一志米」和藍莓的產地，北邊還有具美肌效果的豬之倉溫泉和風車林立的青山高原。

沿線地區
津市美杉町 ●つしみすぎちょう
擁有豐富的森林資源，也是電影的取景地和森林療法的場地。在伊勢本街道上還保留著宿場町的舊貌，可一窺過往時光。

沿線地區
松阪 ●まつさか
→P.45

📎 途中下車範例行程

到山谷中的美杉町感受大自然與歷史

上午＊以松阪站為起點，途中在家城站下車
搭乘9:38出發的列車，約35分後抵達家城站。趁著2個小時左右的候車空檔，沿著「家城線」漫步欣賞雲出川的溪谷美景。或是先在松阪這座城下町恣意閒逛，再搭乘11:33出發的列車。

下午＊抵達伊勢奧津站騎自行車尋訪美山町
12:57在伊勢奧津站下車，到車站前的觀光諮詢處租借自行車。造訪雲出川沿岸的咖啡廳、伊勢本街道的老街、公路休息站等地後，搭乘17:15的列車返回松阪站。

補充資訊 2009年因颱風災害，家城站～伊勢奧津站間長達6年半都處於停駛的狀態，最後在縣市政府的努力下才通車恢復營運。

JR磐越東線

◆ジェイアールばんえつとうせん

いわき站~郡山站（福島縣）85.6km

搭乘連結濱通區和中通區的路線

尋訪阿武隈的櫻花美景

朝著福島的中心都市「郡山」
一路橫貫迎來春天氣息的阿武隈高地

路線宛如貫穿整個阿武隈高地，能欣賞到農村風景和美麗溪谷，又被暱稱為「悠悠阿武隈線」。為福島縣的JR線中唯一完全位於縣內的路線，連結磐城和郡山兩大城市，是當地居民移動時的便利交通工具。

　　由濱通地區的玄關口「いわき站」出發後，車窗外的市區風景逐漸轉變成蔥蔥綠意，往夏井川溪谷的方向行駛。快到夏井站前，左手邊會看到綿延的櫻花林蔭道。當眼前出現山間的田園地帶，就抵達了以日本三大名櫻著稱的三春站。過了被櫻花整個籠罩的舞木站後，終點郡山站就在不遠處。

1 夏井站周邊的夏井川兩岸，種植了長達5公里的染井吉野櫻，又有夏井千本櫻之稱　**2** 江田站步行約30分可到籠場瀑布，水流在奇岩間四處飛濺　**3** 列車正駛於川前站~江田站間，透過車窗就能飽覽夏井川在不同季節中呈現的溪谷美景

　3 照片：中川龍也／@tatsumax2nd on Instagram

↑夏井站月台對面有整排櫻花樹

境內有近30株櫻花樹的舞木站。每當盛開時還會上演燈光秀，從車窗就能欣賞到如夢似幻的景色

路線&乘車資訊

いわき站～小野新町站間
要注意列車的班次和發車時刻

只有普通列車運行，車輛型式為東北地方常見的Kiha110型。小野新町站～郡山站間的列車約每小時1班，很方便搭乘。不過いわき站～郡山站全線運行的列車一天只有5班，且いわき站8:30及郡山站7:59的列車出發後，要再等約5小時才有下一班車，可考慮轉乘其他路線或是安排到夏井川溪谷遊逛。

洽詢處 JR東日本諮詢中心
☎050-2016-1600

前往始發站的交通方式

| 水戶站 | 搭JR常磐線特急常陸號約1小時10分 | → いわき站 |
| 宇都宮站 | 搭JR東北新幹線山彥號約35分 | → 郡山站 |

特急常陸號從品川站發車，經由東京・上野站，約2小時30分抵達いわき站，部分班次會延伸至仙台站。搭乘東北新幹線那須野號或山彥號到郡山站，從東京站出發約1小時30分，從仙台站出發約45分。

途中下車範例行程

造訪各個櫻花名所
享受春意盎然的時光

上午＊漫步在櫻花林蔭道間
　　　眺望如夫妻般
　　　緊緊依偎的老杉

8:30從いわき站上車，於夏井站下車。邊欣賞綿延於夏井川沿岸的櫻花，邊漫步遊步道。前往車站北側的諏訪神社參拜，參觀樹齡高達1200年的兩棵杉樹。

下午＊一睹三春瀧櫻的壯觀景象後
　　　到三春水壩周邊觀光

14:11從夏井站上車，在三春站下車。搭乘只在賞櫻期間運行的臨時巴士瀧櫻號前往三春瀧櫻。欣賞完瀧櫻的風采後，到三春水壩周邊走走。返回三春站繼續搭車往郡山站前進，沿途可從車窗眺望舞木站的櫻花美景。

沿線地區

三春町 ●みはるまち
以賞櫻名勝廣為人知的舊城下町。三春瀧櫻被列為日本三大名櫻之一，並且推估樹齡已逾千年。

沿線地區

小野町 ●おのまち
相傳是小野小町的出生地。小野新町站周邊還有莉卡娃娃城堡，為日本唯一能參觀莉卡娃娃製造過程的地方。

福島駅
三春駅
みはる
船引駅
ふねひき
相馬駅
会津若松駅
磐越西線
郡山駅
→P.179
こおりやま
安積永盛駅
那須塩原駅
東北新幹線
舞木駅
もうぎ
三春瀧櫻
三春水壩
要田駅
かなめた
いわき常葉駅
磐城常葉駅
大越駅
おおごえ
双葉駅
大野駅
阿武隈川
菅谷駅
すがや
入水鍾乳洞
神俣駅
かんまた
阿武隈洞
富岡駅
富岡川
莉卡娃娃城堡
小野町
夏井千本櫻
小野新町駅
おのにいまち
諏訪神社
福島縣
阿武隈高地
木戶川
常磐自動車道
JR水郡線
→P.118
阿武隈川
あぶくま
高原道路
夏井駅
なつい
JR磐越東線
川前駅
かわまえ
籠場瀑布
夏井川
えだ
江田駅
廣野駅
太平洋
宇都宮駅
おがわごう
小川鄉駅
→P.178
いわき駅
常陸大子駅
常磐線
赤井駅
あかい
水戶駅
四ツ倉駅
N 0　8km

↑三春瀧櫻是日本國內最大的枝垂櫻，賞櫻時期人潮絡繹不絕

在致力於解除危機的過程中有許多獨創的點子

守住鐵道路線的嶄新創意

從廢線危機到起死回生的關鍵在於採取了罕見的應變措施。
目前仍受到沿線居民的愛戴並持續運行中，這些有效的措施也廣傳至全日本的鐵道公司。

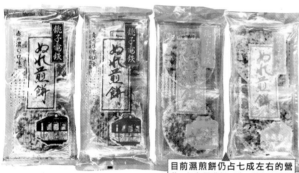

→ 在資金見底之際，用資金枯竭（Shikinkare）的日文諧音推出雞肉咖哩（Chikinkare）540円

目前濕煎餅仍占七成左右的營收。紅色是濃郁口味、藍色是清淡口味、綠色是甘甜口味、黃色是芝麻甘甜口味，每一款都很受歡迎。各5片裝500円（芝麻甘甜口味為5片裝600円）

→ 故意選在2018年8月3日（與破產的日文發音雷同）對外販售，為僅次於濕煎餅的熱門商品。除了略為清淡的起司口味外，還有明太子口味、濕煎餅口味等6種。10支裝378円或410円

↑↑ 紅色車身的銚子電鐵正穿梭在綠油油的高麗菜田間（上）。行經本銚子站周邊的蔥鬱樹林隧道（右）

↑ 外川站為復古的木造建築，車站內有販售濕煎餅等原創商品（僅週六日、假日營業）

38
千葉縣
以諧音來命名的商品和
直白的請求成功引起話題

銚子電氣鐵道
● ちょうしでんきてつどう

銚子站～外川駅（千葉縣）**6.4km**

　因當地人口外流、觀光客減少導致乘客人數下降而一度瀕臨廢線，拯救這個危機的就是1995年所推出的濕煎餅。在銚鐵對外發出「必須籌措維修車輛所需費用」的求救後，得到廣大迴響，許多人紛紛響應出錢購買該社生產的濕煎餅。之後又陸續開發出「難吃棒」等人氣商品，還將故事拍成了電影《別讓電車停駛》。如今列車依舊在關東最東端的城市繼續奔馳著，2023年也適逢開業100周年。

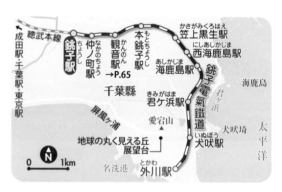

路線&乘車資訊

全線由普通列車運行，車程約20分鐘

白天上行下行皆每小時1班，於通勤通學的時段會增加班次。可於全線自由上下車的一日乘車券「弧迴手形」為700円，還附贈沿線設施的優惠折扣。
〔洽詢處〕銚子電氣鐵道 ☎0479-22-0316

前往始發站的交通方式

● 從東京站搭JR總武本線 特急潮騷號到銚子站約1小時50分
● 從成田站搭JR成田線 普通列車到銚子站約1小時20分

JR總武本線會經由九十九里濱。往銚子站方向的特急潮騷號一天有6班，但中午前後的運行間隔較長。搭乘普通列車的話從千葉站過來約2小時，每30分～1小時1班。JR成田線則是從成田機場旁的成田站，行經與茨城縣的縣界附近再到銚子站，約每小時1班。

↑三國蘆原線的西長田ゆりの里站～あわら湯のまち站間，每到5月下旬，隔著車窗就能看到金黃搖曳的麥田美景

↑→ 勝山永平寺線的終點站「勝山」有附設咖啡廳。站前廣場還立有恐龍的雕像，完全符合有恐龍之街稱號的勝山（上）。三國港站附近的眼鏡橋已經被登錄為國家有形文化財（右）

↑為顧及乘客感受，車內廣播的語調聽起來輕柔悅耳

工作內容包含了販售車票、提供轉乘諮詢、協助有需要幫忙的人等等

39 福井縣 | 列車員的溫暖關懷 彷彿無形的無障礙空間

越前鐵道 三國蘆原線·勝山永平寺線

●えちぜんてつどう みくにあわらせん・かつやまえいへいじせん

三國蘆原線：福井口站～三國港站（福井縣）**25.2km**

勝山永平寺線：福井站～勝山站（福井縣）**27.8km**

在歷經兩次相撞事故後停駛，2002年才成立了越前鐵道重啟營運，為了再次獲得民眾的信任，開始重視與乘客交流的乘務員服務。由於是針對在地居民的服務，基本上並不會對外公布乘務員的乘車日期。因在所有鐵道中率先開創了這項服務而受到矚目，甚至也曾出現在電影畫面中。

路線&乘車資訊

每小時有兩班普通列車

乘務員提供服務的班次，會避開早上、傍晚的尖峰時段和白天的部分時段。所有列車皆以福井站為起訖站，在福井口站分成兩條路線，都只有普通列車運行（不停靠部分車站）。從福井站到三國港站約50分，到勝山站約55分。可於一日內全線無限次搭乘的「一日周遊券」為1000円，僅於週六日、假日販售。

洽詢處 越前鐵道乘客諮詢室
☎0120-840-508（週日休）

前往始發站的交通方式

●從大阪站搭JR北陸本線直通 特急雷鳥號到福井站約2小時
●從名古屋站搭JR北陸本線直通 特急白鷺號到福井站約2小時10分
●從金澤站搭JR北陸本線 特急雷鳥號等到福井站約50分

特急雷鳥號每30分～1小時1班，從名古屋站發車的特急白鷺號每2小時1班，也有班次是以滋賀縣的米原站為始發站。所有列車皆經由福井站後再往金澤站前進。搭乘普通列車的話，從敦賀站過來約1小時，從金澤站過來約1小時30分，每小時1班。

※越前鐵道 三國蘆原線·勝山永平寺線上的部分車站已予以省略。

蒐集、採買、享受鐵道之旅

以下將介紹讓人忍不住想留作乘車紀念的鐵印、收到會很開心的原創商品，
風格多樣的鐵印、當地特有的伴手禮，不妨都帶回家細細品味旅行的餘韻吧。

反映路線特色的鐵印

自2020年推出御朱印的鐵道版「鐵印」後廣受乘客歡迎，可作為乘車的紀念。

山形縣
山形鐵道 花長井線
●やまがたてつどう フラワーながいせん
→P.87

鐵印上有綻放在沿線四個地區的櫻花、大理花、菖蒲、紅花，中央的「花結」則是以各地區間的緊密聯繫為意象，顏色相當繽紛。

領取場所	長井站
時 10～17時	休 過年期間

鳥取縣
若櫻鐵道 若櫻線
●わかさてつどうわかさせん
→P.144

櫻花的圖案令人印象深刻。左下方會蓋上車輛的名稱，分別為藍色車身的「昭和號」、茶褐色的「八頭號」、英國綠的「若櫻號」。

領取場所	若櫻站
時 6～20時	休 無休

滋賀縣
信樂高原鐵道 信樂線
●しがらきこうげんてつどう しがらきせん
→P.104

中央的信樂燒狸貓「鐵子站長」的紅印很顯眼，有時也會推出綠印、花木印等季節限定的款式。

領取場所	信樂站
時 9～17時	休 無休

岐阜縣
明知鐵道 明知線
●あけちてつどうあけちせん
→P.176

與硬式車票一樣的背景紋路和下方的線條皆以車輪為設計意象。右邊列出了全部11個車站的名稱，左上方則有明智家的家紋「桔梗」。

領取場所	惠那站‧明智站
時 惠那站7時30分～21時，明智站5～22時	休 無休

熊本縣
球磨川鐵道 湯前線
●くまがわてつどうゆのまえせん
→P.204

鐵印上強勁有力的墨筆出自藝術書道家左近溪雪之手，龍的圖案則是以國寶青井阿蘇神社的雕刻為創作靈感。

領取場所	人吉溫泉站、あさぎり站 時 視車站窗口而異（請上官網確認）　※球磨川鐵道線上商店也有販售

茨城縣‧栃木縣
真岡鐵道 真岡線
●もおかてつどうもおかせん
→P.78

以DL的紅色、SL的黑色、真岡14型的綠色、50系客車的褐色來呈現真岡鐵道的全貌。下層繪有開業當時運行的真岡63型車輛的圖案。

領取場所	真岡站
時 9～17時	休 無休

新潟縣
越後心動鐵道 日本海翡翠線
●えちごトキめきてつどう にほんかいひすいライン
→P.58

由於與臺灣台鐵的關山站締結為姊妹站，因此日文原名中的「トキめき」以中文的「心動」來呈現，金色的櫻吹雪下方還繪有鳥居和鐵道吉祥物。

領取場所	直江津站‧糸魚川站
時 7～20時（糸魚川站為～19時）	休 無休

※鐵印並無單獨販售。必須先在車站窗口等處購買好「鐵印帳」，出示乘車券和鐵印帳，並支付記帳費用（300円～）才能取得鐵印。

戴著內陸線制帽的秋田犬「Masaru」布偶 3600円

秋田內陸縱貫鐵道 秋田內陸線→P.166

以贈送給俄籍花式溜冰選手Alina Zagitova的秋田犬「Masaru」為原型所設計的布偶，制帽可以脫掉。

購入場所　鷹巢站、阿仁合站觀光諮詢窗口
HP nairikusen.shop-pro.jp

畑電君4款便利貼 660円

一畑電車 北松江線・大社線→P.242

捲筒型便條紙上印有繪本畑電君系列中的角色人物，最適合用來備註平日的小事。

購入場所　松江宍道湖溫泉站、出雲大社前站、雲州平田站
HP bataden.com

大井川鐵道限定設計 車票心意卡 各550円

大井川鐵道 大井川本線→P.200

以車票造型的留言卡片傳達感謝的心意，上面甚至還印有大井川鐵道社章的紋路。

購入場所　金谷站、新金谷站、PLAZA LOCO、千頭站 ※可能會遇到公休或售完　HP daitetsu.myshopify.com

竹子杯 1000円

明知鐵道 明知線→P.176

以質地輕、不易破裂的竹子製成，顏色則與「明知102型」車輛相同。由於堅固耐用，戶外活動時也很方便使用。

購入場所　惠那站、明智站
HP aketetshonpo.base.shop

鐵印帳袱紗 1250円

渡良瀨溪谷鐵道→P.66

以桐生織製作的渡鐵原創袱紗型鐵印帳袋，照片中為「小火車市松紋樣」。鐵印帳需另購。

購入場所　相老站、大間間站、通洞站、列車車內
HP store.shopping.yahoo.co.jp/watarase/

原創雜貨&食品

精選各鐵道公司費盡心思設計出的伴手禮，
也可以買來送給自己！

御朱印帳（金箔） 1630円

天龍濱名湖鐵道→P.238

封面押上金箔營造出高級感的御朱印帳，並印有彩繪列車Re+的圖案。

購入場所　天龍二俣站
HP shop.tenhama.co.jp

夷隅鐵道Kiha列車 集錦手巾 1600円

夷隅鐵道 夷隅線→P.70

會不禁想要攤開來看個仔細的手巾。除了照片中的Kiha28型外也有Kiha52型的款式，不妨找找看有哪裡不同。

購入場所　大原站、大多喜町觀光本陣（大多喜站前）　HP isumirail.thebase.in

琴電票卡夾 各1500円

高松琴平電氣鐵道 志度線→P.60

與高松市的雜貨屋聯名推出的票卡夾，若放入琴電發行的IC卡「IruCa」，吉祥物的圖案會剛好落在駕駛座的位置。

購入場所　瓦町站、高松築港站
HP www.kotoden-shop.com

絨布筆盒 3600円

銚子電氣鐵道→P.110

以2000型、3000型車輛的絨布座椅材質製成的罕見筆盒，觸感極佳。

購入場所　HP chodenshop.com/
※收到訂單生產

丹鐵珈琲濾掛咖啡組合 5包裝 900円

京都丹後鐵道 宮舞線・宮豐線・宮福線→P.18

由城崎珈琲焙煎所烘焙、調配出的咖啡，有清新銳利感的天橋立特調等五種風味。

購入場所　114km cafe（宮津站內）、觀光列車內　HP shop.trains.willer.co.jp

生薑糖漿 赤字deしょうが 250g 1200円

島原鐵道→P.62

商品名稱與鐵道營運出現赤字的狀態有關。糖漿也可以淋在優格上食用。

購入場所　諫早站、島原站等有人車站
HP store.shopping.yahoo.co.jp/srshop/

由利鐵咖哩 700円

由利高原鐵道 鳥海山麓線→P.220

內含大量秋田由利牛肉塊的奢華咖哩調理包，香草萃取物的清爽香氣能更加凸顯出料理的美味。

購入場所　矢島站
HP shop.obako5.com

40 宮城縣・山形縣

JR陸羽東線

シェイアールりくうとうせん

小牛田站（宮城縣）～**新庄站**（山形縣） 94.1km

出了隧道後前方就是
染上錦秋色彩的V字型「鳴子峽」

114

↑因大谷川經年累月侵蝕而形成的鳴子峽深約100公尺。10月下旬～11月上旬期間，列車行經紅葉繽紛的峽谷畫面是秋天鐵道的經典照片

橫手駅・秋田駅↑

杢蔵山

瀬見温泉駅
せみおんせん

大堀駅
おおほり

鵜杉駅
うすぎ

小柴山

江合川

鬼首温泉
おにこうべおんせん

余目駅↑

新庄駅
しんじょう

陸羽西線

第一小國川橋梁

小國川

瀬見温泉

最上駅
もがみ

赤倉温泉駅
あかくらおんせん

JR 陸羽東線

鳴子温泉郷
なるこおんせんきょう

鳴子温泉駅
なるこおんせん

東鳴子温泉

東北中央自動車道

南新庄駅
みなみしんじょう

長沢駅
ながさわ

東長沢駅
ひがしながさわ

立小路駅
たちこうじ

堺田駅
さかいだ

中山平温泉
なかやまだいらおんせん

鳴子峽

潟沼
かたぬま

鳴子御殿湯駅
なるこごてんゆ

川渡温泉駅
かわたびおんせん

アユパーク舟形

赤倉温泉

中山平温泉駅

川渡温泉

大谷川

路線指南
JR陸羽西線
ジェイアールりくうさいせん
依著最上川沿岸行駛，從新庄站朝著日本海側的城市前進。又被暱稱為「奥之細道最上川線」。由於受到道路工程的影響，至2024年為止全線停駛中。

山形新幹線

奥羽本線

奥羽山脈

みみずく山

山刀伐峠

翁山

山形縣

宮城縣

大石田駅↑

沿線地區
赤倉温泉 ●あかくらおんせん
相傳為創建立石寺的慈覺大師以錫杖敲擊河床時所湧出的藥湯。溫泉量豐富，各家旅館都擁有自家源泉。

沿線地區
瀬見温泉 ●せみおんせん
小國川沿岸的溫泉地作為新庄的後花園而興盛起來。據說是源義經一行人在前往平泉的途中所發現。

沿線地區
鳴子温泉郷
●なるこおんせんきょう
為鳴子、東鳴子、川渡、中山平、鬼首等5個溫泉區的總稱，溫泉郷的中心「鳴子溫泉」也是著名的木芥子之郷。

↑佇立於鳴子溫泉站外、湯巡迴廊上迎接觀光客到來的木芥子

0　　　5km
N

山形駅↓

116

照片：上杉雄敏 **5**

連結陸奧國和出羽國的鐵道沿線上
有名湯和松尾芭蕉的淵源之地

橫貫奧羽山脈的JR陸羽東線又有「奧之細道湯煙線」的暱稱，主要運行的Kiha110型車輛前頭也掛有奧之細道的標誌。正如多個以「溫泉」來命名的車站，沿線有許多溫泉區。赤倉溫泉、瀨見溫泉所在地的最上町曾是名馬的產地，有過一段飼育馬匹的歷史，松尾芭蕉也留有「蚤虱馬の尿する枕もと（跳蚤蝨子橫行，枕邊又有滴答馬尿聲）」的俳句。

從宮城縣孕育出「笹錦米」等米種的大崎平原，一路經由城下町的岩出山、東北屈指可數的溫泉地「鳴子溫泉鄉」，接著越過紅葉名勝鳴子峽進入山形縣。沿著最上川的支流，也是釣香魚勝地的小國川繼續行駛，最後抵達終點新庄站。

6

1新線時期的鳴子峽，相較於與紅葉季節遊人潮較少 **2**列車沿著小國川，朝著東長澤站的方向行駛中。小國川雖然是條內陸河，但卻有許多由海溯河而上的魚類 **3**行經鳴子溫泉鄉之一、擁有滑溜觸感水質的中山平溫泉 **4**列車正奔馳在大崎平原上，沿途可見環繞著農田、灌溉蓄水池和民宅的防風林「居久根」 **5**抵達縣界附近的小巧無人車站「堺田站」。北邊流入的水經過車站前的水渠後分成東西兩條，最終注入太平洋和日本海 **6**越過東長澤站～瀨見溫泉站間的第一小國川橋梁

路線&乘車資訊

以鳴子溫泉站為界，班次的數量會有變動

小牛田站～新庄站的車程約2小時，全線運行的列車一天4班，多數班次須在鳴子溫泉站轉乘。小牛田站～鳴子溫泉站每小時1班，但鳴子溫泉站～新庄站間的乘客量較少，因此隔2～3小時才有1班車。所需時間皆為1小時左右。

洽詢處 JR東日本諮詢中心 ☎050-2016-1600

前往始發站的交通方式

仙台站	搭JR東北本線 普通列車約45分 →	小牛田站
山形站	搭JR山形新幹線翼號約50分 →	新庄站

東北新幹線會停靠的古川站也很方便，從仙台站搭山彥號約10分，從東京站過來約2小時20分。從山形站搭普通列車到新庄站約1小時20分。也可從秋田站搭JR奧羽本線到新庄站約2小時40分，或是從靠日本海側的余目站搭JR陸羽西線（至2024年為止由替代巴士運行）到新庄站約1小時30分。

📎 途中下車範例行程

到東北的名湯小歇，欣賞峽谷的紅葉美景

第1天

上午＊搭東北新幹線前往宮城縣側的據點「古川站」
搭乘9:20或11:16往鳴子溫泉站方向的列車，在古川站下車。

下午＊到岩出山遊逛，往鳴子溫泉鄉的旅館移動
從古川站上車，約20分鐘後在岩出山站下車。造訪岩出山伊達家家臣子弟的學問所「舊有備館」等景點後，返回車站搭車。約25分鐘可抵達鳴子溫泉站，前往旅館享受泡湯的樂趣。

第2天

上午＊在鳴子溫泉街漫步閒逛，到鳴子峽觀賞絕景
除了選購木芥子娃娃當伴手禮外，還能參加上色彩繪的體驗。紅葉名勝的鳴子峽離溫泉街約10分鐘車程。

下午＊造訪山形縣最上町後再前往新庄站
返回鳴子溫泉站，搭乘往新庄方向的列車。約40分鐘後在瀨見溫泉站下車，找間日歸溫泉設施泡個湯。如果能再多留一晚，則不妨去住赤倉溫泉或瀨見溫泉的旅館。

沿線地區

岩出山 ●いわでやま
由被稱為獨眼龍的戰國武將「伊達政宗」所建造的城下町。後來成為穀倉地帶，留有灌溉用水設施等歷史遺產。

一ノ関駅↗

山湖

くりこま高原駅
梅ケ沢駅
伊豆沼
一ノ関駅
東北新幹線
東北自動車道
瀨峰駅
東北本線
いけづき
池月駅
ゆうびかん
有備館駅
いわてやま
岩出山駅
舊有備館
にしおおさき
西大崎駅
ひがしおおさき
東大崎駅
江合川
大崎平原
りくぜんやち
陸前谷地駅
きたうら
北浦駅
田尻駅
石巻駅
石巻線
にしふるかわ
西古川駅
つかのめ
塚目駅
ふるかわ
古川駅
こごた
小牛田駅
鳴瀬川
↓仙台駅　仙台駅↙

JR水郡線

ジェイアールすいぐんせん

41 茨城縣·福島縣

水戶站（茨城縣）~**安積永盛站**（福島縣）137.5km

上菅谷站·常陸太田站（茨城縣）9.5km

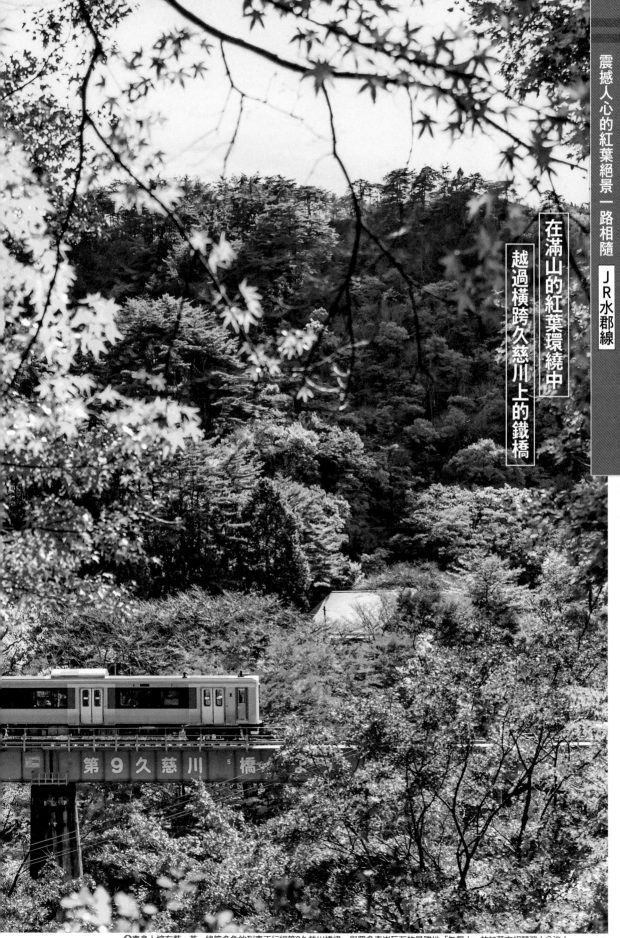

在滿山的紅葉環繞中
越過橫跨久慈川上的鐵橋

↑車身上擁有藍、黃、綠等多色的列車正行經第9久慈川橋梁，與眾多奇岩巨石的景勝地「矢祭山」的紅葉交相競演十分迷人

沿著流淌在八溝山地和阿武隈高地間的久慈川一路越過縣界

原先是計畫鋪設成馬車軌道，但在水戶站～常陸太田站的路線開通後，又往郡山方向逐漸延伸成現在的本線。以上菅谷站為分歧點，過了山方宿站後就如「奧久慈清流線」的暱稱般，開始與久慈川並行而走。途中會越過好幾座架設在河川上的鐵橋，從左右兩側車窗都能欣賞到清流的景致。行經離袋田瀑布最近的車站「袋田站」，穿過已從2021年颱風災害中復原的第6久慈川橋梁，跨越縣界後駛進福島縣。當經過擁有紅葉、櫻花美景的矢祭山，眼前的景色從田園風光慢慢轉為市區街景，就代表即將抵達終點郡山站。

另外還有不定期運行的觀光列車。坐在開放式車窗的小火車上，能沿路享受川林而過、聆聽清流潺潺水聲的樂趣。

1 穿越袋田站・鷲之巢隧道、第4久慈川橋梁後繼續往上小川站前進的列車 **2** 列車緊鄰高聳斷崖和久慈川行駛。沿途還有急彎和陡坡，搭乘起來別有一番樂趣 **3** 常陸大宮市、大子町等奧久慈地區有多處蕎麥花田，每逢初秋會開滿雪白色小花 **4** 列車正行經福島縣淺川町（磐城淺川站周邊），矢祭山以北是一整片被阿武隈高地的雄偉群山環繞的田園風景 **5** 後方是樹齡近600年的戶津邊櫻花，離矢祭町的磐城石井站步行約2公里 **6** 超過百棵以上的染井吉野櫻綻放，為矢祭山的春天增添了繽紛色彩。也是著名的杜鵑花勝地

路線&乘車資訊

有些列車班次必須確認運行狀況

這條路線只有普通列車運行，福島縣側的列車皆會繼續駛入郡山站。水戶站～郡山站的車程約3小時15分，約每2小時1班。必須要留意的是常陸大子站～郡山站間，中午過後有1班往返，但並非每天運行，若非運行日則發車間隔會長達4小時，行前規畫時請記得確認。除了全線運行的列車外，也有數班以常陸大宮站（僅水戶站發返）或常陸大子站為起訖站的列車。通往常陸太田站的列車每1～2小時1班，也可由水戶站上車。

洽詢處 JR東日本諮詢中心
☎050-2016-1600

前往始發站的交通方式

| 東京站 | 搭JR常磐線特急
常陸・常磐號
約1小時30分 | → | 水戶站 |

| 東京站 | 搭JR東北新幹線
山彥號
約1小時20分 | → | 郡山站 |

特急列車從品川站發車，經由東京・上野站。常陸號會行駛至いわき站或仙台站。從宇都宮站搭東北新幹線那須野號或山彥號到郡山站約30分，從仙台站則約45分。從新潟方向過來也可搭乘JR磐越西線到郡山站，車程約5小時。

📎 途中下車範例行程

盡享奧久慈的風景名勝和秋天當季美食

第1天

上午＊日本最大規模的吊橋
9:07從水戶站上車，搭乘往常陸太田站方向的列車，於終點站下車。換搭巴士到龍神大吊橋，在周邊的蕎麥麵店品嘗當季的常陸秋蕎麥風味。

下午＊到知名瀑布和溫泉療癒身心
到上菅谷站轉乘往郡山方向的列車，在袋田站下車。坐巴士前往袋田瀑布，欣賞落差高達120公尺、充滿震撼力的瀑布。購買名產蘋果派後，入住附近的溫泉旅館，享受袋田溫泉的泡湯之樂。

第2天

上午＊眺望奧久慈的美景
搭乘10:33從袋田站出發的列車，前往常陸大子站。參觀曾活躍於該路線的蒸汽機關車，感受懷舊的風情。從車站步行約15分鐘，造訪境內布滿紅葉和櫸樹、又被譽為「紅葉寺」的永源寺。再度搭上列車，透過車窗欣賞矢祭山的風景。

下午＊觀賞倒映在水面上的紅葉水鏡
於川東站下車，搭計程車前往須賀川牡丹園。漫步在紅葉美不勝收的日本庭園後，返回川東站繼續朝郡山站前進。

沿線地區

須賀川市 ●すかがわし
位於福島縣中通地區，為特攝導演圓谷英二的出身地，又以特效城市而廣為人知。須賀川牡丹園、乙字瀑布等風景名勝也很有人氣。

沿線地區

大子町 ●だいごまち
與福島縣和栃木縣毗鄰的奧久慈地區中心地帶。除了有日本三大名瀑之一的袋田瀑布、縣內最高峰的八溝山外，還有袋田溫泉、大子溫泉等溫泉區。

沿線地區

常陸太田市 ●ひたちおおたし
由久慈川等三條河流匯集而成的流域，境內有座以高空彈跳聞名的龍神大吊橋。也是知名品種「常陸秋蕎麥」的產地。

路線指南

常陸那珂海濱鐵道
ひたちなかかいひんてつどう
連結勝田站與阿字浦站的路線，全長14.3公里。也能見到從其他鐵道公司購入的老舊列車。已計畫將從阿字浦站繼續往西北延伸。

奧久慈也是知名的蘋果產地

JR久大本線

◆ジェイアールきゅうだいほんせん

久留米站（福岡縣）～**大分站**（大分縣）141.5km

越過人氣溫泉地和知名瀑布

沿著美麗秋景的河畔前行

照片：東迫和孝／@kapibara41 on Instagram

↑普通列車Kiha200系柴油車正在行經湯平站附近，還有被紅葉渲染的大分川沿岸，鮮紅的車身與周圍的自然景觀相互映襯

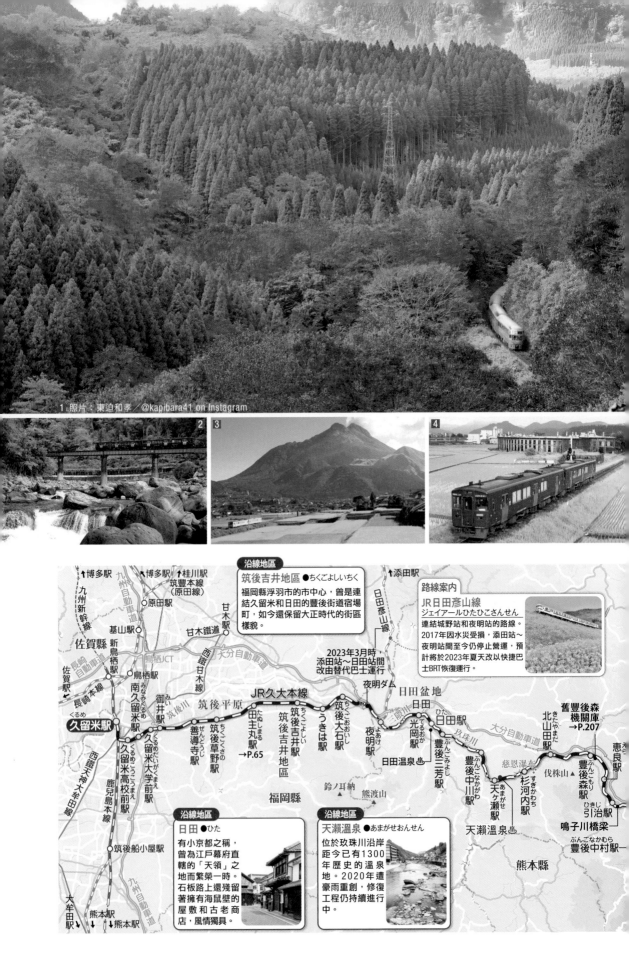

1 照片・東迫和孝／@kapibara41 on Instagram

依著綠意盎然的溪流沿岸行駛
橫貫北部九州的觀光路線

　以久留米站為起點，穿越筑後平原的田園地帶後，行經三隈川（筑後川）及其支流玖珠川，從水分峠往東沿著大分川一路穿梭在山間溪谷和盆地間，最後抵達終點大分站。沿線有曾為江戶幕府的直轄地「天領」而興盛的日田、由布院和天瀨等溫泉區，是一條又被暱稱為「由布高原線」的觀光路線。

　每逢秋天從車窗就能望見群山被紅葉渲染的景致，以及有兩段落差的慈恩瀑布、呈桌形的伐株山、有豐後富士之稱的由布院等眾多景勝地。 JR九州將觀光列車賦予了「D&S（Design & Story）列車」之名，其中營運至今已30餘年的「由布院之森號」廣受國內外遊客的喜愛，尤其推薦。

路線&乘車資訊

普通列車在中午前後的運行班次特別少

久留米站‧大分站附近的普通列車每小時至少會有1班。日田站～由布院間（所需約1小時10分）的普通列車白天只有3班往返，運行間隔最長為5小時以上，在該時段以特急列車居多。特急列車以博多站為起訖站。搭乘「由布院之森號」到由布院站約2小時10分，「由布號」也會停靠由布院站，到大分站約3小時10分，有些班次會延伸至別府站。

洽詢處 JR九州諮詢中心 ☎0570-04-1717

前往始發站的交通方式

| 博多站 | 搭JR鹿兒島本線 快速列車約40分 | → 久留米站 |
| 小倉 | 搭JR日豐本線 特急音速號約1小時30分 | → 大分站 |

九州新幹線燕子號及櫻花號會停靠久留米站。快速列車從小倉站出發後，經由博多站繼續往久留米站方向前進，約每30分1班。所有的新幹線皆會在小倉站停靠。從博多站往大分站方向的特急音速號，約每30分～1小時1班。

途中下車範例行程
以溪谷美景和名湯來療癒身心

第1天

上午＊從筑後平原往溪谷前進，到天領之地「日田」恣意閒逛
從久留米站搭乘9:07往日田方向的列車，朝著筑後平原奔馳而去。過了筑後大石站後開始進入深山區域，依著三隈川沿岸繼續駛往日田盆地。於日田站下車，漫步充滿風情的老街。

下午＊透過車窗欣賞沿途的名景，於由布院下車
搭乘14:17往由布院方向的列車，隨著天瀨溫泉街、慈恩瀑布、舊豐後森機關庫陸續映入車窗，列車也一路沿著溪谷前進。越過水分隧道後，眼前即雄偉的由布岳，由布院站也近在咫尺。入住溫泉旅館，享受泡湯的悠閒時光。

第2天

上午＊盡情遊逛溫泉度假勝地「由布院」
可以搭乘觀光馬車飽覽由布院的美麗大自然和田園風景，或是造訪擁有絕景的露天浴池、公共浴池。旅程的最後就到湯之坪街道採購伴手禮。接著到金鱗湖邊的咖啡廳等店家小歇片刻，再搭車前往終點大分站踏上歸程。

1 行走在森林間的「由布院之森號」。取景自野矢站附近的人氣拍照景點 2 豐後三芳站～北山田站間，列車時而行駛在玖珠川的左岸、時而在右岸 3 穿越海拔1583公尺的由布岳所守護的由布院盆地，朝著大分市的方向繼續奔馳 4 當見到車庫呈放射狀延伸的舊豐後森機關庫（P.207），豐後森站就近在眼前了 5 駛出隧道的列車在杉樹林的引導下往鳴子川橋梁前進 6 筑後平原東端的筑後大石站周邊有一大片油菜花田

沿線地區
由布院溫泉
日本最著名的人氣溫泉地。除了豐富的溫泉水量外，閑靜的自然景觀和時髦的店家都極具魅力。

沿線地區
湯平溫泉 ●ゆのひらおんせん
位於花合川沿岸，歷史悠久的溫泉鄉，綿延的石板路上溫泉旅館林立。離湯平站稍微有些距離，建議搭計程車前往。

補充資訊 建議下行列車（由久留米往大分方向）選擇行進方向的右側座位，而上行列車選擇左側座位，便於欣賞慈恩瀑布、伐株山等車窗美景。

JR木次線

◆ジェイアールきすきせん

宍道站(島根縣)~**備後落合站**(廣島縣) 81.9km

從三井野大橋附近的奧出雲
大蛇環路，可以看到行駛在
同樣彎曲的鐵路上的Kiha 120
型動力車

以三段式之字形折返軌道爬升
朝著JR西日本最高的車站前進

　　列車從宍道湖畔出發，行經八岐大蛇傳說地、
自古以來經常氾濫成災的裴伊川流域，往奧出雲
的方向一路行駛。沿線也有許多日本神話傳說的
發源地。

　　途中會行經各個小聚落，過了雲南市中心的木次
站後，列車有很明顯的爬升感。周圍的群山高度約
1000公尺，從海拔556公尺的出雲坂根站開始為三
段式之字形折返軌道，共計爬升160公尺。每逢10
月下旬~11月上旬，車窗外盡是繽紛的紅葉美景。
到了JR西日本最高的三井野原站（海拔727公尺）
後，可以感受到山上的強勁冷風。再搭乘30分鐘左
右，就能越過縣界抵達終點的備後落合站。

1縱貫中國山地的Kiha120型柴油
車正行經縣界附近的新線隧道 **2**
列車在廣島縣內沿著西城川前進。
途中會越過多座橋梁，景觀變化也
很豐富 **3**照片為行駛於木次站~
備後落合站間的小火車「奧出雲大
蛇號」，僅於週六日、假日、夏季
休假期間、紅葉期間運行，每天有
1班往返，但由於車體老化預計將
於2023年度停止營運

1 2照片：土手浩司

從出雲神話之鄉
駛往叢樹繽紛多彩的奧出雲山間

→龜嵩站內的扇屋蕎麥麵，也有販售能帶上車享用的「蕎麥麵便當」（☎0854-57-0034）　營10～16時LO　休週二（逢假日則營業）

路線&乘車資訊

行駛區間內有多處絕景景點，列車一天有3班往返

出雲橫田站～備後落合站間（所需約1小時10分）一天只有3班往返，除了清晨由木次站始發的列車外，包含轉乘時間在內到宍道站的車程約3小時。此外，宍道站～木次站·出雲橫田站間在早晚時段會有數班列車運行。

洽詢處　JR西日本客服中心　☎0570-00-2486

前往始發站的交通方式

| 松江站 | 搭JR山陰本線 普通列車約20分 | → | 宍道站 |
| 廣島站 | 搭JR藝備線約3小時10分 | → | 備後落合站 |

JR山陰本線會行經宍道站，每小時有數班普通、特急列車運行，往備後落合站方向的列車發車時刻為11:19和14:00。備後落合站的發車時刻為9:20、14:41、17:41。除了可由廣島站搭乘JR藝備線（P.194）之外，從JR伯備線和JR姬新線（P.92）皆有停靠的新見站也能上車，但一天只有3班，因此由岡山站搭每小時1班的特急八雲號（往出雲市站方向）前往宍道站會比較方便。岡山站～宍道站的車程約2小時45分，途中也會停靠新見站、米子站、松江站等。

沿線地區
雲南市 ●うんなんし
以1996年出土了39個銅鐸的加茂岩倉遺跡聞名，能一窺古代出雲的歷史。

沿線地區
奧出雲町 ●おくいずもちょう
從中世到近世，近代曾盛行以「踏鞴製鐵」的方法，將奧出雲出產的砂鐵製作成日本刀的原料「玉鋼」。在梯田景觀中也能看到製鐵產業留下的痕跡。

私心推薦！
1934年開業的龜嵩站，也是小說《砂之器》中的背景舞台，吸引不少鐵道迷和松本清張迷前來造訪。在別具風情的木造車站內有間創業已逾50年的蕎麥麵店，能品嘗到歷久不變的好味道唷。
龜嵩·扇屋蕎麥麵
杠 哲也

途中下車範例行程

從木次線轉乘藝備線，縱貫出雲～廣島

上午＊由宍道站搭到龜嵩站，在車站內的蕎麥麵店享用午餐
搭乘9:09從宍道站出發往木次方向的普通列車。在木次站轉乘往出雲橫田方向的班次，但候車時間有25分鐘左右，不妨來車站周邊逛逛，裴伊川也在不遠處。11:01抵達龜嵩站，到車站內的扇屋蕎麥麵吃午餐。
下午＊參觀木次線的最大亮點後，繼續往三次、廣島前進
12:47從龜嵩站上車，約12分鐘後在出雲橫田站下車。造訪奧出雲踏鞴及刀劍館、絲原紀念館等，與奧出雲的「踏鞴製鐵」有關的資料館和史跡。搭乘15:52往備後落合方向的列車，17:01抵達終點站備後落合站。途中在16:12會行經能見到三段式之字形折返軌道的出雲坂根站。從備後落合站繼續搭乘JR藝備線（P.194）17:15出發往三次、廣島方向的列車，20:56抵達廣島站。

JR花輪線

◆ジェイアールはなわせん

好摩站（岩手縣）～**大館站**（秋田縣）106.9km

極其壯觀的滿山紅葉

宛若湯瀨溪谷的盛秋祭典

從岩手山山麓橫越奧羽山脈
沿著米代川畔的美麗溪谷前行

以海拔1613公尺的火山及周邊的高原地帶所組成的八幡平為首，一年四季都有美景可以欣賞的這條路線，又被暱稱為「十和田八幡平四季彩線」。

　　從石川啄木的淵源之地「好摩站」出發，隨即在左手邊映入眼簾的就是縣內的最高峰「岩手山」。亦有房屋零星散落其間的廣大田園地帶，一路綿延直至松尾八幡平站。接下來列車開始穿梭在山谷間，經過一連串的陡坡急彎，才終於越過安比高原的山脊。過了田山站後沿著米代川往下行駛，穿越奇岩絕壁和林木聳立的湯瀨溪谷。進入花輪盆地後，眼前又是恬靜的農田風光景色。行經縣內最古老的大瀧溫泉後，忠犬八公的故鄉「大館」就近在咫尺了。

1 眺望日本百名山之一，又被稱為「南部片富士」的名峰「岩手山」　2 八幡平站已廢棄不用的月台上種植著一排櫻花樹　3 行經東大更站～大更站間正值盛開的蕎麥花海

※鹿角花輪站～大館站的道路修復工程預計於2023年4～5月完工，重新開放列車行駛

八幡平站～湯瀬溫泉站的區間能欣賞到湯瀬溪谷的絕景。溪谷設有全長4.6公里散步道，除了壯觀的紅葉外還有天狗橋、獅子淵等眾多景點

路線&乘車資訊

只有普通列車，全線運行的列車一天有5班往返

岩手縣側的所有列車皆會繼續駛入IGR岩手銀河鐵道，並以盛岡站為起訖站。盛岡站～好摩站間不屬於JR線所以無法使用周遊券，有時還必須另外付費。全線運行的列車早上～中午有3班往返，傍晚以後有2班往返，單程約3小時。此外，在盛岡站～荒屋新町站・鹿角花輪站（所需1小時20分～2小時）、鹿角花輪站～大館站（所需約1小時）區間運行的列車有2～3班往返。因此荒屋新町站～鹿角花輪站間的運行班次最少，白天的發車間隔甚至長達4～5小時以上。

洽詢處 JR東日本諮詢中心 ☎050-2016-1600

前往始發站的交通方式

仙台站	搭JR東北新幹線隼號・小町號約40分	➡	盛岡站
新青森站	搭JR奧羽本線 普通列車約1小時30分	➡	大館站
秋田站	搭JR奧羽本線 普通列車約1小時50分	➡	大館站

秋田新幹線的小町號到了盛岡站後會與隼號串聯行駛。可於盛岡站下車轉乘，或是搭乘隼號到新青森站、搭乘小町號到秋田站後，再轉搭JR奧羽本線前往大館站。JR奧羽本線前往大館站方向的普通列車約每2小時1班。特急津輕號在早上、中午、傍晚各有1班往返，行駛於青森站・新青森站～秋田站間，也會停靠大館站。從新青森站過來約1小時5分，從秋田站過來約1小時30分。

沿線地區
大館 ●おおだて
為秋田犬、比內地雞、烤米棒、曲木和天然香魚等名物的產地，也有多處可體驗當地文化的設施和店家。

📎 途中下車範例行程

徜徉湯瀬溪谷的紅葉和美肌溫泉

第1天

上午＊以湯瀬溪谷的絕景療癒身心
搭乘6:55從盛岡出發的列車，約2小時後在湯瀬溫泉站下車，朝著已被指定為森林療癒道路的湯瀬溪谷前進。可一面眺望色彩繽紛的紅葉美景，一面悠閒地漫步其間。
下午＊湧泉量豐沛、對肌膚溫和的湯瀬溫泉
飽覽湯瀬溪谷後返回溫泉街，入住湯瀬飯店。不妨到能聆聽潺潺溪流聲的露天浴池，好好放鬆一下。

第2天

上午＊認識鹿角的傳統文化，大啖當地美食
搭乘8:46從湯瀬溫泉站出發的列車，於鹿角花輪站下車。從車站步行12分鐘到公路休息站 かづの あんとらあ，參觀祭典展示館。還能體驗製作烤米棒，品嘗鄉土料理。
下午＊參觀完舊關善酒店的建築物後，前往終點站
返回車站的途中，順道造訪已被列為國家有形文化財的「關善賑わい屋敷」，可邊聽解說邊參觀。搭乘14:32出發的列車前往大館站。

沿線地區
鹿角 ●かづの
曾因開採礦礦而繁榮，還留有尾去澤礦山等遺跡。也是前往十和田湖和八幡平的玄關口。

沿線地區
八幡平 ●はちまんたい
海拔約1600公尺，橫跨秋田縣和岩手縣的高原。擁有自然美景和名湯，也是熱門的兜風、健行路線。

補充資訊 花善「雞飯便當」（P.179）900円為大館站所販售的鐵路便當。可邊眺望沿途的景色，品嘗已有70年歷史的名物便當。

129

JR飯田線

◆ジェイアールいいだせん

豐橋站（愛知縣）〜**辰野站**（長野縣）　195.7km

縱貫南信州

欣賞色彩斑斕的溪谷秋景

照片：大塚保博／@jf6ery on Instagram

⬆天龍川紅葉的最佳觀賞期為11月上旬～中旬。從天龍川遊船碼頭「唐笠港」附近的唐笠站，沿著1公里左右的坡道而上即可眺望到河川與列車同框的畫面

1 照片：大塚保博／@jf6ery on Instagram

照片提供：JR東海

看著車窗外的風景緩緩流過
一路深入杳無人跡的祕境車站

　　豐橋站～辰野站全線共有94站，當中還有許多只有列車才到得了的祕境車站，因此廣受鐵道迷喜愛。若搭普通列車則單程長達7小時。

　　自辰野站出發後，沿途能欣賞到駒岳、伊那谷、天龍峽、南信州的絕景，並於澤渡站～赤木站間通過坡度達40％的JR線最陡路段。鐵道沿著等高線而行，到了田切站附近會出現急彎。過了天龍峽後斷崖絕壁和隧道綿延，為飯田線中最吸睛的區間。接下來列車會一一經過月台旁即斷崖的田本站、能俯瞰天龍川的為栗站、眼前有大片茶園的中井侍站、以木造建築博得人氣的小和田站等祕境車站，繼續朝著靜岡縣、愛知縣前進。

　　從三河川合站開始依偎著宇連川行走，沿途的湯谷溫泉、鳳來峽是愛知縣奧三河地區的代表性觀光地。過了以合戰的舞台為人所知的長篠，市區、豐川稻荷接連映入眼簾後，就代表離終點豐橋站不遠了。

1 由縣道1號的羽衣崎橋望見列車正沿著為栗站～平岡站間的天龍川行走中　2 從離天龍峽PA步行3分的天龍峽大橋「天空散步天龍峽」步道所眺望的景色　3 於大田切站～宮田站間正橫越大田切川的列車，後方還能見到中央阿爾卑斯山　4 城西站～向市場站有座稱為「無法橫越的鐵橋」——S形鐵橋·第六水窪川橋梁，看似到了對岸但實際上卻沒有的錯覺相當有趣　5 位於愛知、靜岡、長野三縣交界處的小和田站，周邊既無車道也無住家。由於祕境車站的人氣很高，還因此推出了巡訪飯田線祕境車站的活動列車「飯田線祕境車站號」　6 從村落沿著陡峭山路步行20分鐘可到的田本站，月台就設在斷崖和鐵軌間的狹窄空間內

路線&乘車資訊

普通列車的運行狀況分成3個區間

豐橋站～本長篠站間（所需約1小時20分）每小時有1班車，便利性較高。本長篠站～天龍峽站間（所需約2小時30分）的班次減少，尤其是過了中部天龍站後行經多個祕境車站的區間，發車間隔為2～3小時。從天龍峽·飯田站往辰野站方向，約每1～2小時有1班車（所需約2小時30分～3小時）。行駛於長野縣側的列車，幾乎都會繼續駛入JR中央本線的岡谷站·上諏訪站。此外還有運行於豐橋站～岡谷站全線的普通列車，所需約7小時。豐橋站～飯田站間另有特急伊那路號運行，一天有2班往返，車程約2小時35分。

洽詢處 JR東海電話服務中心 📞050-3772-3910（依語音指示按「2」，6～24時）

※岡谷站·上諏訪站～辰野站間請洽詢：JR東日本諮詢中心📞050-2016-1600

沿線地區

箕輪 ●みのわ

栽種著日本也很罕見的紅蕎麥，9月底～10月上旬就能見到開滿紅花、有高嶺之寶石之稱的蕎麥花海。

沿線地區

伊那 ●いな

南阿爾卑斯山和中央阿爾卑斯山所在的美麗區域。春天能欣賞櫻花與阿爾卑斯山脈共演的景致，夏天則有許多登山客。

沿線地區

駒根 ●こまがね

有千疊敷冰斗（照片）和滑雪場，能體驗各種戶外活動。高麗菜和搭配甜辣醬汁享用的豬排丼飯為當地的名物。

沿線地區

飯田 ●いいだ

以人形淨琉璃廣為人知，擁有悠久傳統文化的城市。街上不僅以蘋果樹作為行道樹，還有許多製作蘋果甜點的店家。

沿線地區

湯谷溫泉 ●ゆやおんせん

位於溪谷沿岸的溫泉地。流經此處的宇連川（鳳來峽）由於河底看起來像是鋪著板子，所以又被稱為「板敷川」。

※JR飯田線上的部分車站省略沒有列出。

前往始發站的交通方式

名古屋站　搭JR東海道本線
新快速等
約1小時　➡　豐橋站

新宿站　搭JR中央本線
特急梓號
約2小時20分　➡　岡谷站

JR東海道新幹線回聲號、一部分的光號都會停靠豐橋站，若沒有適合的新幹線班次也可由名古屋站或濱松站搭JR東海道本線的普通列車，車程約35分鐘。從名古屋、岐阜過來搭名鐵特急也很方便。特急梓號自新宿站出發，經由甲府等站後抵達松本站，每小時1班。若是搭乘普通列車，甲府站到岡谷站約1小時20分，松本站到岡谷站約30分，每1～2小時1班。此外，從新宿、名古屋、長野也可搭乘高速巴士前往駒根站或飯田站。

途中下車範例行程

盡情享受沿線的絕景和名物美食

第1天

上午＊在駒根提早享用午餐
10:57從辰野站上車，約1小時後於駒根站下車。到駒根站周邊的店家品嘗淋上甜辣醬汁的豬排丼飯。

下午＊到飯田來趟甜點之旅
搭乘13:35從駒根站出發的列車，14:41在飯田站下車。飯田有店家販售以蘋果做成的甜點，且因茶道文化盛行而有多家和菓子店。採買好伴手禮後，在車站周邊的旅館住一晚。

第2天

上午＊欣賞天龍峽的紅葉美景
9:40自飯田站上車，30分鐘後在天龍峽站下車。從車站走3分鐘抵達遊步道，可邊悠閒漫步其間邊將繽紛美景收進鏡頭中。

下午＊眺望沿途的祕境車站邊往豐橋前進
12:50從天龍峽站出發，約1小時20分後到中部天龍，途中會經過多個人氣祕境車站。列車沿著天龍川和斷崖絕壁行走，從車窗就能望見豐富多樣的景色。最後抵達豐橋站，結束長達3小時30分的列車之旅。

↑天龍村中井侍站周邊的陡坡上，可見村落和大片茶園綿延

補充資訊 為了讓居民徒步就能利用鐵道，所以站間的距離很短。但佐久間水壩完成後村落土地被水淹沒，因此出現了多個祕境車站。

46 北海道

JR石北本線

ジェイアールせきほくほんせん

新旭川站~網走站（北海道）234.0km

　照片：Cynet Photo

在色彩繽紛的大自然環繞下
越過險峻的常紋峠

⬆生田原站～西留邊蘂站間會行經陡坡接連的常紋峠，前兩節的Kiha40型柴油車是逐漸消失在北海道境內的珍貴車輛

遠眺大雪連峰，越過險峻山脊
從北海道的中央前往鄂霍次克海沿岸

包含新旭川站～上川站間能望見的大雪山在內，列車一路穿行在石狩山地、北見山地的陡峭山谷間，接著前往面向鄂霍次克海的網走。

從旭川出發之後，行走在上川盆地的水田地帶，邊沿著石狩川往東前進。途中會越過北見峠的上川站到白瀧站間長達37.3km，為日本站距最長的在來線，也是秋天能欣賞到紅葉美景的區間。過了白瀧站後，列車依著湧別川往遠輕的方向行駛。在遠輕站以之字型來回折返爬升的方式改變行進方向朝南奔馳，行經一連串陡坡越過常紋峠後就是旱田耕種農業興盛的北見盆地。接著會經過美幌、女滿別，當左手邊看到網走湖的水面時，終點網走站就近在咫尺了。

路線&乘車資訊

僅特急列車運行全線，區間只有普通、快速列車

以札幌站為起訖站的特急鄂霍次克號一天有2班往返，以旭川站為起訖站的特急大雪號一天也有2班往返。從旭川站到遠輕站的車程約2小時，到北見站約3小時、到網走站約3小時40分。特急以外的速達列車，還有一天1班往返於旭川站～北見站的特別快速北見號。普通、快速列車班次最少的區間為上川站～遠輕站間（所需約1小時10分～2小時），一天只有2班往返。旭川站～上川站間（所需約1小時）約每隔2～3小時1班車。行駛於遠輕站～網走站間的列車，包含在北見站轉乘的班次一天有5班往返，所需時間為3～4小時左右。另外還有幾個區間運行的班次。

洽詢處 JR北海道電話諮詢中心 ☎011-222-7111

→P.226・146

沿線地區

上川町 ●かみかわちょう
地處日本最大的山岳自然公園「大雪山國立公園」的北邊。層雲峽溫泉就位於大雪山山麓石狩川畔的峽谷。

北海道

沿線地區
遠輕町丸瀨布えんがるちょうまるせっぷ
●丸瀨布森林公園 休憩之森內可以搭乘森林鐵道蒸汽機關車（運行時間以4月下旬～10月中旬的週六日、假日為主），園區還有露營場、鄉土資料館等設施。

鄂霍次克海

沿線地區
留邊蘂●るべしべ
隸屬於北見市。擁有被稱為「美肌之湯」的溫根湯溫泉、瀑布潭型水槽等獨特展示的北之大地水族館。

沿線地區
北見●きたみ
薄荷產業對城市的發展有極大貢獻，可至北見薄荷記念館了解當時的歷史。由美籍傳教士皮爾森夫婦曾居住過的私邸改造而成的記念館也值得一訪。

故鄉銀河線
陸別鐵道
→P.236↓

前往始發站的交通方式

札幌站 〉搭JR函館本線 特急神威號等約1小時30分 ⟩旭川站

釧路站 〉搭JR釧網本線 普通列車約3小時 ⟩網走站

札幌站～旭川站每30分～1小時有1班特急列車運行。特急鄂霍次克號6:56和17:30從札幌站出發，經由JR函館本線。前往旭川站的普通列車一天只有7班，包含在岩見澤站轉乘的時間在內，約需2小時30分。也可從旭川機場搭乘聯絡巴士前往旭川站，車程約35分鐘。JR釧網本線請參照P.148。從女滿別機場有聯絡巴士可前往網走站或北見站，車程約40分鐘。

途中下車範例行程
感受道東的自然與歷史之旅

第1天
上午＊了解遠輕町的地質歷史
搭乘8:35的特急鄂霍次克號從旭川站出發，約1小時20分抵達白瀧站。造訪遠輕町的白瀧地質公園交流中心（冬天的週六日、假日休館），認識該地區的起源與形成經過、人與自然的關係。
下午＊學習丸瀨布的自然與歷史
從白瀧站搭乘12:00的普通列車，在丸瀨布站下車。坐計程車約15分鐘到達丸瀨布森林公園 休憩之森，搭乘森林鐵道蒸汽機關車 雨宮21號。鄰接的昆蟲生態館等設施也很推薦一遊。可選擇入住離公園南邊2公里處的MAURE山莊，或返回丸瀨布站搭列車到遠輕站周邊住宿一晚。

第2天
上午＊前往曾以薄荷產量盛極一時的北見
從丸瀨布站搭乘10:12出發的特急鄂霍次克號，於北見站下車。參觀北見薄荷記念館，薄荷蒸餾館、皮爾森記念館後，品嘗當地的名物扇貝和鄂霍次克啤酒。
下午＊到站內設施充實的美幌站一遊
15:00從北見站搭乘普通列車，約30分鐘後在美幌站下車。拍攝美麗的站舍、在車站物產館採購特產後，搭乘傍晚的普通列車往終點網走站前進。

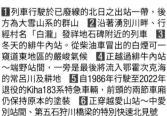

1列車行駛於已廢線的北日之出站一帶，後方為大雪山系的群山 **2**沿著湧別川畔、行經村名「白瀧」發祥地石碑附近的列車 **3**冬天的緋牛內站。從柴油車冒出的白煙可一窺道東地區的嚴峻氣候 **4**正越過緋牛內站～端野站間，一旁是最後流入鄂霍次克海的常呂川及耕地 **5**自1986年行駛至2022年退役的Kiha183系特急車輛，前頭的兩節車廂仍保持原本的塗裝 **6**正穿越愛山站～中愛別站間、第五石狩川橋梁的特別快速北見號

JR米坂線

ジェイアールよねさかせん

米澤站（山形縣）～**坂町站**（新潟縣）90.7km

舊米澤街道沿線的荒川峽谷

綴滿著色彩繽紛的紅葉

⚠過了小國站、橫越荒川後就能望見赤芝峽。每逢10月下旬～11月上旬左右會被美麗的紅葉渲染成一片嫣紅，但搭乘列車時風景總是稍縱即逝

※2023年3月現在，今泉站～坂町站間為替代巴士運行

一路穿越多座鐵橋和隧道
連結新潟和米澤的交通路線

　　列車從米澤站出發，穿越了市區和鬼面川，周圍盡是綿延的水田，行進方向的正面還能望見朝日山地的山巒。過了與山形鐵道花長井線（P.87）交會的今泉站，路線則像是要折返似地一路往西前行。行經手之子站後，列車開始朝著山中駛去。通過全長1279公尺的宇津隧道再繼續往前即小國町，其西側有著名的紅葉勝地「赤芝峽」，透過車窗就能看見荒川的峽谷近在咫尺。深邃的山谷不僅有紅葉景觀，新綠季節時也有與眾不同的美。

　　越後下關站所在的新潟縣關川村為舊米澤街道的宿場町，也曾因作為荒川船運的據點而蓬勃發展，可從林立著數間大地主的宅邸一窺昔日風貌。駛出越後大島站後映入眼簾的是廣闊的新潟平原，終點板町站就在不遠處。

1 行駛於飯豐町和小國町的交界處、宇津峽周邊的新型柴油車GV-E400系　**2** 縣界也是日本屈指可數的豪雪地帶，常見於東北地方的Kiha110系柴油車正行經被染成一片銀白世界的溪谷　**3** 越過鷹之巢吊橋後即可抵達鷹之巢溫泉，為地處荒川溪谷中的溫泉

路線&乘車資訊

連結米澤站和坂町站的列車一天有5班往返

車程約2小時～2小時30分，但全線運行的列車一天只有5班，其中1班為延伸駛入新潟站的快速紅花號（米坂線內為每站皆停）。此外山形縣內以米澤站為起訖站的列車，與飯豐町的羽前椿站間有3班往返，與今泉站、小國站間各有1班往返；新潟縣側的小國站～坂町站間有1班往返。

洽詢處 JR東日本諮詢中心 ☎050-2016-1600

前往始發站的交通方式

| 福島站 | 搭JR山形新幹線翼號約35分 | → 米澤站 |
| 新潟站 | 搭JR白新線·羽越本線 普通列車約1小時 | → 坂町站 |

從東京站搭乘JR山形新幹線到米澤站，約2小時10分，從山形站過來約35分。由東京站搭JR上越新幹線朱鷺號到新潟站約2小時10分。連結新潟站和酒田站·秋田站的特急稻穗號會停靠坂町站，從新潟站過來約40分。普通列車每1～2小時就有1班（包含在新津站轉乘的列車在內），車程約1小時左右。

🔖 途中下車範例行程

造訪兩座擁有紅葉美景的峽谷

第1天

上午＊漫步在紅葉優美的赤芝峽
10:29從米澤站出發，11:47抵達小國站。搭乘計程車或是12:02發車的町營巴士前往赤芝峽（12:11抵達）。沿著步道散步約1小時後，接著坐上13:16（7、8月為13:37）發車的町營巴士返回小國站。

下午＊到舊米澤街道體驗歷史觀光與泡湯的樂趣
14:10從小國站出發，14:35抵達越後下關站。探訪還保留著舊米澤街道昔日風情的關川村。由5座溫泉地所組成的越後關川溫泉鄉，就在離關川村的不遠處。也可以選擇日歸溫泉，但推薦待上一晚享受悠閒時光。

第2天

上午＊前往荒川峽紅葉道
搭乘計程車到鷹之巢吊橋。安排1～2小時漫遊荒川峽遊步道後，再次返回越後下關站。搭乘14:35出發的列車，14:48抵達坂町站。

沿線地域
小國町 ●おぐにまち
以日本數一數二豪雪地帶廣為人知的山間小鎮，擁有著名的紅葉勝地「赤芝峽」。

沿線地域
關川村 ●せきかわむら
曾為舊米澤街道的宿場町，如今仍可見到多處大地主、富商的宅邸和庭園。越後關川溫泉鄉也很有名。

沿線地域
飯豐町 ●いいでまち
位於最上川的源流。羽前椿站周邊等地有多處散居集落，民宅聚落在田中央，且四周被樹木包圍著。

0　8km

JR關西本線（龜山站～加茂站）
◇ジェイアールかんさいほんせん

龜山站（三重縣）**～加茂站**（京都府）**61.0km**

穿梭山林間，行經盆地越過山脊後就是鐵道迷嚮往的加太站

　　在連結名古屋和大阪難波的JR關西本線中，加茂站～龜山站是由搭載柴油引擎的列車運行的非電氣化區間。車程約1個半小時，每到春天，笠置站、佐那具站的櫻花綻放，山區的新綠和紅葉景致也美不勝收，不禁讓人每個季節都想來朝聖。

　　從加茂站沿著山林間的木津川前進，行經島原站到伊賀上野站附近後，眼前變成了一片恬靜的里山風景。柘植站～加太站間必須越過加太峠才能繼續往前，是最陡坡度達25%的鐵道難關。在蒸汽機關車的時代，曾吸引許多鐵道迷前來拍攝行經這段路程時的列車英姿。目前加太站～龜山站間仍保留著舊橋梁等鐵道遺產。

路線&乘車資訊

約每小時1班，全線車程約1小時30分

只有普通列車運行，清晨和傍晚會各增加1班往返。此外，伊賀上野站～加茂站間另有幾班區間在行駛，車程約35分。要轉乘往來名古屋站、奈良站的列車也十分方便，還可在途中的柘植站銜接往琵琶湖方向的JR草津線。

前往始發站的交通方式

| 名古屋站 | 搭JR關西本線 快速列車約1小時5分 → | 龜山站 |
| 奈良站 | 搭JR關西本線（大和路線）普通列車約15分 → | 加茂站 |

由名古屋站搭乘白天每小時1班的快速列車十分方便，從四日市站、津站搭普通列車約20～30分即可抵達。JR關西本線（大和路線）的列車，會繼續駛入JR大阪環狀線的大阪站或天王寺站，大阪站～加茂站間的車程約1小時。途中的木津站與JR奈良線交會，若從京都站過來可在此站轉乘。

車窗外的木津川沿岸

披上了一層鮮豔動人的色彩

行駛於笠置站～大河原站間木津川沿岸的Kiha120型柴油車。山頭染上了繽紛色彩的秋天景致美到令人感動

1 列車正在關站～加太站間沿著加太川的平緩彎道行駛　**2** 島原站附近的里山風景。柘植站～島原站間，周圍的景色也相當遼闊　**3** 笠置站附近的木津川沿岸櫻花樹林立，能拍攝到鐵道和櫻花一同入鏡的畫面

途中下車範例行程

尋訪兩個充滿懷舊風情的城町

第1天

下午 * 前往忍者景點與城下町一遊

搭乘12:40從加茂站出發的列車，沿路欣賞木津川與大自然交織而成的景色。於伊賀上野站下車，轉乘伊賀鐵道至上野市站，步行8分到伊賀流忍者博物館。參觀忍者屋敷、欣賞忍術表演秀後，前往伊賀上野城。可登上3樓居高臨下飽覽美麗的田園風光，之後到城下町逛逛販售組紐或伊賀燒的店家。當晚入住車站周邊的旅館。

第2天

上午 * 漫步在別具風情的宿場町

返回伊賀上野站後，搭乘10:19出發的列車到關站。從車站步行10分，即可抵達曾以東海道的宿場町繁榮一時的關宿。在當地居民喜愛的食堂填飽肚子後，到關街道資料館、眺關亭感受一下宿場町的氛圍。購買從江戶時代就很有人氣的深川屋銘果「関の戸」和前田屋製菓的「志ら玉」，接著前往免費的足湯景點。回程還可到關站旁邊的公路休息站選購伴手禮，再搭車往龜山站前進。

沿線地區

笠置町 ●かさぎちょう
夏天的戶外活動體驗很受歡迎。車站的徒步圈內就有露營區，3～11月還會在木津川推出獨木舟教室。

沿線地區

伊賀上野 ●いがうえの
可以體驗忍者故鄉。為伊賀的城下町，也有許多販售傳統工藝品的店家及與松尾芭蕉有淵源的景點。

路線指南

伊賀鐵道 伊賀線
いがてつどう いがせん
會行經有伊賀上野城、忍者博物館等景點的上野市中心，還能看到忍者的彩繪列車。

野岩鐵道·會津鬼怒川線

やかんてつどう あいづきぬがわせん

新藤原站（栃木縣）〜會津高原尾瀨口站（福島縣） 30.7km

奔馳於鬼怒川上游的列車

穿梭在紅葉隧道中

私心推薦‼

穿越湯西川橋梁的時候請看窗外！能欣賞到春夏新綠、秋季紅葉、冬天白雪等不同季節的美景。而且作為普通列車運行的6050型電車也只有這裡才搭得到唷。

野岩鐵道全體員工

照片：中川龍也／@tatsumax2nd on Instagram

⬆6050型電車正行經龍王峽站附近，沿途是染上鮮豔色彩的林木，下方的河川會一路流往位於鬼怒川匯流處的豎琴瀑布

穿梭在栃木縣和福島縣的山林間 沿途幾乎都是隧道的鐵道

連結東武鬼怒川線與會津鐵道 會津線（P.74）的路線。還保留未經人工開鑿的自然景觀，從湯西川溫泉站附近的湯西川橋梁見到的五十里湖和湯西川，川治湯元站附近的第二鬼怒川橋梁眺望的鬼怒川景色都美不勝收。

栃木縣和福島縣的舊國名為下野國和岩代國，亦為野岩鐵道的名稱由來，沿線有許多溫泉地因此又有「溫泉線」的暱稱。大部分的路線都運行在隧道中，湯西川溫泉站等車站的月台甚至就設置在隧道內。

路線&乘車資訊

約每1～2小時1班車，有普通和特急列車運行

普通列車一天有6班往返（其中1班往返是直通會津鐵道的快速列車），特急Revaty會津號一天有4班往返，全線車程約40分鐘。特急Revaty會津號從東京的淺草站發車，經由栃木站、日光市的下今市站，一路朝著會津鐵道 會津線的會津田島站前進。快速和特急列車除了野岩鐵道內的男鹿高原站以外，其餘各站皆有停靠。一日內可自由搭乘全線的周遊券為2100円，包含會津鐵道 會津線在內的二日周遊券為4820円，也可選擇包含從東京方向過來的來回乘車券在內的「YUTTARI會津東武周遊券（5320円～）」。

洽詢處　野岩鐵道 ☎0288-77-2355（營業課）

1 湯西川橋梁全長240公尺，可飽覽群山和水壩湖的景色。最推薦的拍攝地點在公路休息站 湯西川附近

2 降雪時四周白茫茫一片，湯西川橋梁也有別於平時的不同景色

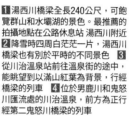
3 從川治溫泉站前往溫泉街的途中，能眺望到以滿地紅葉為背景，行經橋梁的列車

4 位於男鹿川和鬼怒川匯流處的川治溫泉，前方為正行經第二鬼怒川橋梁的列車

前往始發站的交通方式

| 淺草站 | 搭東武鬼怒川鐵道直通 特急Revaty會津號約2小時15分 | → 新藤原站 |
| 會津若松站 | 搭會津鐵道 會津線 普通列車約1小時40分 | → 會津高原尾瀨口站 |

由淺草站發車的特急Revaty會津號，上午有3班、下午有1班，全車皆為對號座。會津若松站～會津高原尾瀨口站間的列車，發間隔約為1小時30分～2小時30分。可全線搭乘普通列車（1班為快速AIZU Mount Express號），或是在會津田島站轉乘特急Revaty會津號。此外，JR日光線的今市站離下今市站只需步行10分，因此也可由宇都宮站搭車過來。

会津田島駅・会津若松駅↑
あいづこうげんおぜぐち
会津高原尾瀬口駅　會津鐵道 會津線 →P.74

福島縣
南会津
おじかこうげん
男鹿高原駅
荒海山
芝草山
以各站特徵設計而成的白雲石杯墊1個650円，很適合作為乘車紀念

沿線地域
南會津
●みなみあいづ
→P.75

かみみよりしおばらおんせんぐち
上三依塩原温泉口駅
日光市上三依水生植物園←

栃木縣
持丸山
なかみよりおんせん
中三依温泉駅
三依山

沿線地域
湯西川溫泉
●ゆにしがわおんせん
相傳是由在壇之浦合戰中敗北的平家落人所發現的古老溫泉。旅館沿著溪谷而建，洋溢著一股懷舊風情。

湯西川溫泉
五十里湖
湯西川湖
明神ヶ岳
道の駅 湯西川
湯西川橋梁
ゆにしがわおんせん
湯西川温泉駅

釋迦ヶ岳
かわじゆもと
第二鬼怒川橋梁
川治湯元駅
かわじおんせん
川治温泉駅　川治温泉

沿線地域
川治溫泉
●かわじおんせん
位於山谷的溫泉，瀰漫著樸實靜謐的氛圍。周圍還有名勝龍王峽和戶外活動景點。

りゅうおうきょう
龍王峽
豎琴の滝
しんふじわら
新藤原駅
東武●鬼怒川公園駅
鬼怒川線
●鬼怒川溫泉駅
今市ダム
鬼怒川
有料道路
東武ワールドスクウェア駅
下今市駅・淺草駅↓

0 ── 3km

途中下車範例行程

能在山間溫泉悠閒度過時光的列車之旅

第1天

上午＊造訪被鬼怒川侵蝕所形成的景勝地「龍王峽」
搭乘8:17從新藤原站出發的列車，前往鄰接的龍王峽站。到由奇岩、森林、河川交織出的美麗溪谷「龍王峽」享受健行的樂趣。午餐則吃鐵路便當「とち福弁当」。

下午＊下榻河畔邊的川治溫泉
搭乘15:12從龍王峽站出發的列車，往川治湯元站移動。可先到站前泡個足湯，逛逛溫泉街後，再到旅館辦理入住手續。

第2天

下午＊前往南會津，搭乘會津鐵道 會津線
從川治湯元站搭乘8:25出發的列車，於上三依鹽原溫泉口站下車，到日光市上三依水生植物園觀賞花草。搭乘10:11從上三依鹽原溫泉口站出發的「AIZU Mount Express號」，往會津若松方向前進。

補充資訊 鋪滿栃木名產的鐵路便當「とち福弁当」1320円，可在東武鐵道・鬼怒川溫泉站前的BENTO CAFE KODAMA購買。

巡遊鐵道遺產，邂逅復古懷舊的風景

前往因幡・美作造訪木造站舍

介紹多個設施已被列為有形文化財的若櫻鐵道 若櫻線，和沿線木造車站讓人引發鄉愁的JR因美線。不妨來趟鳥取、岡山之旅，一睹由鐵道公司和當地居民細心維護的車站、轉車台等珍藏展示。

若櫻站開業於1930年，車站內的咖啡廳也有販售商品。外面還有SL列車的展示

↑↘附設在若櫻站內的「WAKASA CAFE retro」，候車時可以來享用一杯咖啡（上）。已登錄為有形文化財的轉車台和給水塔就是若櫻站的代表象徵（下）

50
鳥取縣

從站舍和橋梁
一窺充滿懷舊氛圍的鐵道風景

若櫻鐵道 若櫻線
●わかさてつどう わかさせん

郡家駅~若櫻站（鳥取縣）**19.2km**

　行駛於鳥取縣東部的路線，2008年有多達23個鐵道設施被登錄為國家有形文化財。包含了安部站、若櫻站等木造車站及橋梁、轉車台、給水塔等，幾乎整條路線都是鐵道遺產。其中最熱門的取景勝地，就是由橫越第二八東川橋梁的列車與天然形成的「德丸瀑布」所交織出的風景。也有些景點落在沿線車站的步行範圍內，建議買張周遊券一一造訪這些文化財。

↑↗也是電影《男人真命苦》第44集取景地的木造車站「安部站」（上）。以八頭町的紅葉和果實為設計主題的列車及「德丸瀑布」（右）。

路線&乘車資訊

上行下行各1~2小時1班，全線車程約30分

只有全線運行的普通列車，大部分的列車會於白天繼續駛入JR因美線（P.145）・鳥取站。可於一日內自由上下車的周遊券為760円（鳥取站~郡家站間除外）

洽詢處 若櫻鐵道 ☎0858-82-0919

前往始發站的交通方式

●從鳥取站搭JR因美線 普通列車到郡家站約15分
●從京都站搭JR因美線直通 特急超級白兔號到郡家站約3小時
●從岡山站搭JR因美線直通 特急超級因幡號到郡家站約1小時40分

從鳥取出發的普通列車，大多會與郡家站出發的若櫻鐵道列車接續，因此便利性很高。特急超級白兔號、特急超級因幡號則是經由智頭急行 智頭線（P.63），繼續駛入JR因美線。若從山陽方向過來要轉乘普通列車，可在JR山陽本線和智頭急行 智頭線的交會站「上郡站」上車，車程約2~3小時（於智頭站轉乘）。

51
鳥取縣·岡山縣

在風情獨具的木造車站
迎接懷舊列車的到來

JR因美線
● ジェイアールいんびせん

鳥取站（鳥取縣）～**東津山站**（岡山縣）70.8km

JR因美線以鳥取站為起點，一路行駛至津山盆地，沿線有多座別具韻味的木造車站。當Kiha120型柴油車停靠在落成於1928年、已登錄為有形文化財的美作瀧尾站時，畫面看起來彷彿又回到了昭和時代初期般。還有手動式的轉車台、已廢棄不用的月台建築等，極具魅力的懷舊景點散布其間。以這些觀光資源為基礎，每年都會推出數班以國鐵時代的車輛運行的「美作慢活列車」。

前往始發站的交通方式

●從米子站搭JR山陰本線 特急超級松風號到鳥取站約1小時10分
●從京都站搭智頭急行 智頭線直通 特急超級白兔號到智頭站約2小時35分
●從岡山站搭智頭急行 智頭線直通 特急超級因幡號到智頭站約1小時20分
●從岡山站搭JR津山線到津山站約1小時10分～1小時40分

從米子站搭普通列車的話約2小時20分。還有也能從出雲市站或松江站上車的特急超級松風號，一天有7班。從京都站搭JR山陰本線也可以到鳥取站，但搭乘特急超級白兔號比較快。特急超級白兔號、特急超級因幡號、智頭急行 智頭線普通列車請參照P.63。JR津山線的列車，大概每隔30分～1小時就有1班普通列車或快速壽號運行。此外，津山站也與JR姬新線（P.92）互相接續，可連結至兵庫縣的姬路站、佐用站，或是岡山縣的新見站。

↪1931年開業的美作河井站，木造的建築瀰漫著一股懷舊氣息（左）。架設在美作河井站～知和站間的石造松川橋梁（右）

路線&乘車資訊

搭車時請以智頭站為界，將路線分成兩個區間來考量
岡山側的所有列車皆會繼續駛入津山站。若要坐完全程則必須在智頭站轉乘，乘車所需時間也會因轉乘等候時間的長短而異。鳥取站～智頭站（所需約55分）的區間，除了早上的下行列車（從鳥取站發車）、中午過後的上行列車為每3小時1班外，其餘時段皆為1～2小時1班。智頭站～津山站（所需1小時10分）的區間班次變少，白天的發車間隔長達3～4小時。鳥取站、郡家站、智頭站、津山站都有銜接其他路線，轉乘時可列入考慮。

[洽詢處] 西日本客服中心 ☎0570-00-2486

佇立於田園地帶的木造車站「美作瀧尾站」，也是電影《男人真命苦》最終集的取景地

如今持續傳承著鐵道歷史的現役列車

歷史悠久的地方線車輛

以下將介紹長期服役於地方鐵道的列車、廢線後仍保存下來的車輛，
以及深受當地居民的愛戴、充滿懷舊感的車輛。

兵庫縣

Kiha 40型（北條鐵道）
北條鐵道 北條線→P.86

至2021年為止行駛於JR五能線（P.152）的車輛，人氣度很高。為了維持早晚通勤時段的運行班次，2022年3月又開始重新上路。

至今仍在第一線活躍中
有些地方線還在使用開業以來的古老車輛，或是由大型民營鐵路公司、JR轉讓而來的車輛。

北海道

Kiha 40型（JR北海道）
JR石北本線→P.134
JR根室本線→P.26
JR函館本線→P.170
JR宗谷本線→P.226

於舊國鐵時代製造，曾經是非電氣化路線的主力車輛。目前JR北海道的函館本線、根室本線（部分區間）仍在使用，但隨著新型H100型的導入也逐漸被取代中。

千葉縣

Kiha 20系
夷隅鐵道 夷隅線→P.70

於2015年導入的舊國鐵車輛，車廂內有長條椅及部分橫式座椅、廁所等設備。車身為朱紅色與奶油色的濃淡雙色，又被稱為國鐵一般色。

靜岡縣

21000系電車
大井川鐵道 大井川本線→P.200

以綠色車身為特徵，通稱為「Zoom Car」。原本是行駛於南海電鐵高野線的急行、特急列車，車輛往來於高野山所以很擅長陡坡地形。

青森縣

7000系電車
弘南鐵道 大鰐線→P.235

1988年從東急電鐵導入的車輛。由於是1960年代製造的車輛，因此沒有冷氣設備，夏天會將裝設的電風扇全部開啟以驅散熱氣。

靜岡縣

7000系電車
岳南電車 岳南線→P.234

使用的列車為1996年由京王電鐵的舊3000系轉讓而來，車輛兩側經過改造後，都安裝了駕駛室，就算只有司機一個人也能運作。

三重縣

101系電車
三岐鐵道 三岐線→P.98

1990年導入了高度經濟成長期（1950～70年代）運行於西武鐵道的401系，並將原本的西武色車身塗裝成黃色、橘色的三岐色。目前是以3輛為一組編成，總共有6輛。

滋賀縣等

113系電車
JR草津線等

從昭和30年代以來就以擁有高輸送力的通勤列車運行至今，如今仍是JR草津線的主力。已從東日本退役，只剩下岡山周邊等近畿、山陽地方能看得到蹤影。

千葉縣

Kiha200形
小湊鐵道→P.80

從1961年以來共計製造了14輛，且現在幾乎都還在服役中。車廂內的長條椅等設備是以舊國鐵的Kiha20型為基準。

退役後成為地區的代表象徵

即便廢線或退役後仍維持昔日的風采，
可以讓人近距離參觀的車輛。

※有關入場費、參觀時間的限制、設施公休日等資訊，請事先確認

兵庫縣
舊JR鍛冶屋線 Kiha 30型
●きゅうジェイアールかじやせん

以綠底白橫條為特徵的舊國鐵通勤型車輛，已導入JR加古川線運行。目前有兩輛靜態保存在市原站紀念館。

交 JR加古川線・西脇市站搭神姬綠色巴士往山寄上20分，市原下車步行6分

青森縣
舊南部縱貫鐵道 Kiha 10型
●きゅうなんぶじゅうかんてつどう

採用與巴士同樣工法製造的車輛，也就是所謂的「鐵路巴士」。路線廢止後，現在動態保存在舊七戶站。

交 JR東北新幹線・七戶十和田站搭十和田觀光電鐵巴士往十和田市6分，七戶案內所下車步行10分

岐阜縣
舊名鐵谷汲線 Mo 510型
めいてつたにぐみせん

車輛的正面為半圓形的獨特造型。於大正末期～昭和初期製造，到廢線為止已經服役了很久，目前保存在舊谷汲站。

交 樽見鐵道 樽見線（P.198）谷汲口站搭揖斐川町交流巴士谷汲口線／揖斐川町花桃巴士（預約制）6分，昆蟲館前下車即到

宮城縣
舊栗原田園鐵道 KD 95型(左)・KD 10型(右)
●きゅうくりはらでんえんてつどう

到2007年廢線為止皆為主力車輛的柴油客車。目前動態保存在栗原田園鐵道公園，還可以參加KD 95的運行體驗活動。

交 仙台站搭JR東北本線普通列車1小時20分，在石越站轉乘栗原市民巴士栗原田園4分，若柳中町下車步行5分

和歌山縣
舊有田鐵道 Kiha 58型(左)・Haimo 180型(右)
●きゅうありだてつどう

柴油客車Kiha 58型曾服役於富士急行的急行列車，Haimo 180型則是從樽見鐵道（P.198）轉讓而來的鐵路巴士，目前都展示在有田川鐵道公園的戶外區。

交 JR紀勢本線（P.40）藤並站搭有田鐵道巴士往金屋口12分，こころの医療センター前下車步行3分

茨城縣
常陸那珂海濱鐵道 Kiha 222型
●ひたちなかかいひんてつどう

曾運行於北海道的車輛在2009年退役後被留置在阿字浦站，成為鐵道神社的御神體。設置在鐵軌上的鳥居也很吸睛。

交 水戶站搭JR常磐線5分，到勝田站轉乘常陸那珂海濱鐵道30分，阿字ヶ浦站下車即到

千葉縣
銚子電氣鐵道 Deha 800型
●ちょうしでんきてつどう

為裝置有牽引馬達的車輛，1950年製造、2010年退役。外裝修復完成後，目前免費展示在外川站。

銚子電氣鐵道→P.110

長野縣
上田電鐵 Moha 5250型
●うえだでんてつ

因為有著圓形的車窗所以又被暱稱為「圓窗列車」，昭和時期曾運行於別所線。總共有3輛，其中1輛目前保存在別所溫泉站。

上田電鐵 別所線→P.205

島根縣
一畑電車 Dehani 50型
●いちばたでんしゃ

備有貨物室的罕見車輛。結束長達80年的運行後，現在保存在雲州平田站。除了推出體驗運行的活動外，也提供給電影拍攝用。

一畑電車 北松江線・大社線→P.242

52 北海道

JR釧網本線
◆ジェイアールせんもうほんせん

網走站~東釧路站（北海道） 166.2km

搭乘冒著雪煙的列車

縱貫原始自然風光不時映入眼簾的道東

↑朝著前方知床連山的海別岳方向，奔馳在鄂霍次克海沿岸的Kiha54型。從2月上旬～中旬的靠岸到3月上旬左右都能觀賞到被流冰覆蓋的鄂霍次克海

眺望車窗外的北海道冬天絕景
從鄂霍次克海沿岸一路開往釧路濕原

路線行經被流冰覆蓋的海面和廣大的濕原、還殘留壯觀原始自然的道東，每當冬天變身成一片銀白世界，也讓車窗風景增添了些許夢幻氛圍。

從網走站出發越過市區，沿著鄂霍次克海沿岸行走，可在離流冰最近的北濱站欣賞到流冰靠岸的壯麗美景。過了知床斜里站後左手邊即斜里岳，再往前還可望見阿寒摩周國家公園的原生林。川湯溫泉站是前往摩周湖、屈斜路湖的玄關口，一旁還留有已改裝成足湯設施的舊站舍。待越過了標茶站，釧路濕原就近在眼前。行經以丹頂鶴聚集地廣為人知的茅沼站後開始與釧路川並行而走，穿越廣大的濕原即可看到有「霧都」之稱的釧路。

1 離海岸線約20公尺的北濱站旁設有展望台，能將鄂霍次克海沿岸的風景一覽無遺 2 從Sarurun展望台能眺望到釧路濕原的沼地和塘路湖 3 列車正穿梭在釧路濕原間，後方是聳立於以盛產毬藻聞名的阿寒湖東側的雄阿寒岳 4 海拔1547公尺、日本百名山之一的斜里岳，在愛奴族語中名為Onnenupuri（意為古老的山） 5 列車下方是流經釧路濕原，水面已結成冰的釧路川 6 在流冰的季節，運行於網走站～知床斜里站間的觀光列車「流冰物語號」每天會有2班往返 7 北濱站是一座充滿復古氛圍的木造站舍。站內設有輕食咖啡廳「停車場」，提供漢堡、拉麵等餐點和飲料

沿線地區

小清水原生花園 ●こしみずげんせいかえん

位於鄂霍次克海與濤沸湖之間，長約8公里的砂丘地帶。園內設有遊步道，每年6～8月能欣賞到40多種花卉競相綻放。原生花園站僅5～10月營業。

↑摩周湖擁有被稱為摩周藍的深藍色美麗湖面，夏天經常繚繞著霧氣。從摩周站搭阿寒巴士約25分

沿線地區

斜里 ●しゃり

座落在從知床半島西部延伸至半島根部的鄂霍次克海沿岸，市內還有展示文藝誌《ALP》原稿和原畫的北ALP美術館、知床博物館等景點。

沿線地區

川湯溫泉 ●かわゆおんせん

整個街上都籠罩著硫磺的氣味，沿著2.5公里的步道前行就能看到不斷冒著煙的硫磺山。還可享用利用地熱煮熟的溫泉蛋。

沿線地區

釧路濕原 ●くしろしつげん

濕原橫跨了4個市町村，幾乎等於東京23區的總面積。綠意盎然的夏天、大雪覆蓋的冬天，無論哪個季節都能欣賞美麗的車窗風景。

↑茅沼站從國鐵時代以來就因站務員長年餵食而聚集了不少丹頂鶴，目前已經成為無人車站但當地居民仍持續在餵食

路線&乘車資訊

白天的發車間隔最短也要2小時

全線車程3小時～3小時30分，一天有5班，發車間隔最短2小時、最長甚至多達5小時。清晨和晚上還有幾班區間運行的班次，分別是網走站～知床斜里站（所需約45分）及摩周站～釧路站（所有列車皆會繼續駛入釧路站，所需約1小時20分）。原生花園站僅於5月～秋天營業。

洽詢處 JR北海道電話諮詢中心
☎011-222-7111

前往始發站的交通方式

| 札幌站 | 搭JR石北本線直通特急鄂霍次克號 約5小時30分 → | 網走站 |

| 札幌站 | 搭JR根室本線直通特急大空號 約4小時25分 → | 釧路站 |

由札幌站發車的特急鄂霍次克號只有6:56和17:30兩個班次，由旭川站出發前往網走站的特急大雪號一天也僅12:41和17:05兩班（有時會暫停運行）。從女滿別機場搭聯絡巴士到網走站約30分。特急大空號每2～3小時有1班車，會經由新千歲機場的玄關口「南千歲站」、JR根室本線的新得站、帶廣站。從丹頂釧路機場搭聯絡巴士到釧路站約45分。普通列車的運行請參照JR石北本線（P.134）和JR根室本線（P.26）。

📎 途中下車範例行程

欣賞鄂霍次克海和釧路濕原美麗的冬天景色

第1天

下午 ＊從廣受鐵道攝影迷喜愛的車站搭到川湯溫泉站

15:10從網走站上車，約15分鐘後在北濱站下車。可至展望台眺望沿著海岸線往知床斜里的列車。返回北濱站，瀏覽張貼在站舍內的留言後，到名為「停車場」的輕食咖啡廳觀賞流冰享受咖啡時光。16:35由北濱站出發，沿途可從車窗欣賞黃昏時分的鄂霍次克海，18:03抵達川湯溫泉站，到溫泉旅館住一晚。

第2天

上午 ＊在川湯溫泉間逛後，前往塘路站

可至溫泉街泡個足湯，或是徒步走到硫磺山。先在川湯溫泉站內的ORCHARD GLASS提早吃午餐，再搭上12:00出發的列車前往塘路站。

下午 ＊造訪展望景點搭乘馳騁在雪原中的SL列車

從Sarubo展望台、Sarurun展望台眺望濕原的景色。返回塘路站，坐上SL冬季濕原號往釧路前進。SL為冬季限定的列車，只在週五～日和假日行駛於釧路站～標茶站間。

補充資訊 每逢4月下旬～10月上旬的綠色季節，塘路站～釧路站間會有開放式車廂的釧路濕原Norokko號運行其間。

JR五能線
◆ジェイアールごのうせん

東能代站（秋田縣）〜**川部站**（青森縣）147.2km

照片：Railman Photo Office

日本海的驚濤駭浪
拍打在被積雪覆蓋的奇岩上

位於陸奧岩崎站～十二湖站間的海灣，能見到被海浪衝擊侵蝕而成的洞窟「ガンガラ穴」。冬天的海面會不時激起陣陣白浪，夏天則可看到海水綻放出如綠寶石般的光彩

1 照片：@rustytoshi on Instagram

2 照片：@rustytoshi on Instagram

沿著西津輕的海岸線
環繞著白神山地一路奔馳

　　從五所川原站往南延伸的陸奧鐵道與從能代站往北延伸的能代線，於1936年全線開通後，改稱為五能線。觀光列車「Resort白神號」就穿梭在南北走向、風光明媚的日本海沿岸，享有極高的人氣。

　　出了東能代站後左手邊馬上就能看到日本海，列車沿著汪洋大海向前行駛，並穿梭在白神山地山腳下的城鎮間。越過秋田縣和青森縣的縣界後，擁有奇岩怪石的大間越、行合崎海岸、千疊敷等屈指可數的名勝景點即接二連三地映入眼簾。到了鰺澤站附近開始轉往內陸，繼續朝著與太宰治有淵源的五所川原前進。再往前還可望見岩木山，以及拱形結構的三連太鼓橋、廣大的蘋果園等風景。

1 行經廣戶站～追良瀨站間的海岸邊。JR五能線的普通列車是由近幾年導入的新型車輛GV-E400系運行　2 千疊敷站對面的斷崖被巨大的冰柱覆蓋著　3 橫越在あきた白神站～岩館站間的第二小入川橋梁　4 轟木站～追良瀨站間。雖然班次不多，但建議配合日落的時間乘車欣賞餘暉美景　5 列車離開深浦站後，沿著奇岩林立的行合崎海岸北上　6 藤崎町是蘋果的盛產地。Resort白神號編成列車正以岩木山為背景穿梭在蘋果園間　7 木造建築的轟木站是一座面向大海的無人車站

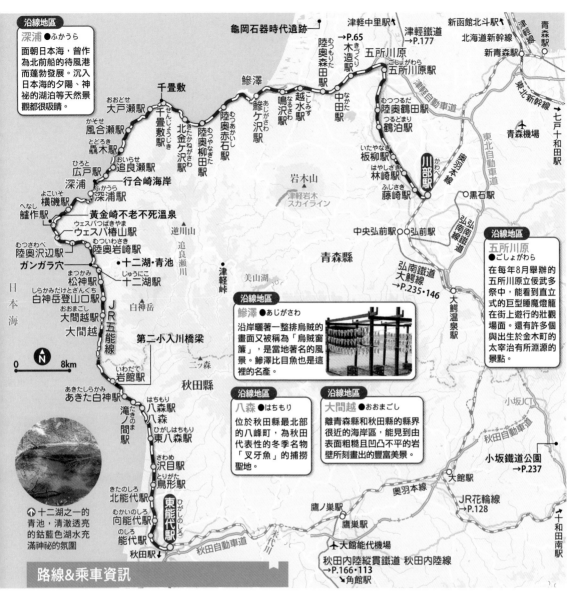

沿線地區
深浦 ●ふかうら
面朝日本海，曾作為北前船的待風港而蓬勃發展。沉入日本海的夕陽、神祕的湖泊等天然景觀都很吸睛。

沿線地區
五所川原 ●ごしょがわら
在每年8月舉辦的五所川原立佞武多祭中，能看到直立式的巨型睡魔燈籠在街上遊行的壯觀場面。還有許多個與出生於金木町的太宰治有所淵源的景點。

沿線地區
鰺澤 ●あじがさわ
沿岸曬著一整排烏賊的畫面又被稱為「烏賊窗簾」，是當地著名的風景。鰺澤比目魚也是這裡的名產。

沿線地區
八森 ●はちもり
位於秋田縣最北部的八峰町，為秋田代表性的冬季名物「叉牙魚」的捕撈聖地。

沿線地區
大間越 ●おおまごし
離青森縣和秋田縣的縣界很近的海岸線，能見到由表面粗糙且凹凸不平的岩壁所刻畫出的豐富美景。

↑十二湖之一的青池，清澈透亮的鈷藍色湖水充滿神祕的氛圍。

路線&乘車資訊

規劃行程時以Resort白神號的移動為主

連結秋田站和青森站的Resort白神號一天有3班往返（其中1班往返是以弘前站為起訖站），需另外購買座席指定券（520圓），從兩站到深浦站約需2小時30分。白天普通列車班次特別少。從東能代站有11:00、16:42（在深浦站停靠1小時25分）兩班前往弘前站，13:01有1班往返岩館站。從弘前站出發的列車，有10:23（在深浦站停靠2小時左右）和16:29兩班前往東能代站，12:40有1班往返深浦站。除了全線運行的列車外，清晨和晚上還有幾班只行駛至鰺澤站、深浦站的區間列車。五能線二日周遊券售價3880圓，可由秋田站或青森站上車。

洽詢處 JR東日本諮詢中心 ☎050-2016-1600

前往始發站的交通方式

| 秋田站 | 搭JR奧羽本線 普通列車約1小時5分 ➡ | 東能代站 |

| 新青森站 | 搭JR奧羽本線 普通列車約30分 ➡ | 川部站 |

Resort白神號可由新幹線也有停靠的秋田、新青森站上車，但若想搭從弘前站起訖的Resort白神號，得先搭JR奧羽本線到川部站。前往兩個始發站的JR奧羽本線，每小時至少會有1班普通列車或特急津輕號（一天有3班往返）運行。

📎 **途中下車範例行程**

漫步於冬天的櫸木林中，造訪繩文遺跡

第1天
上午＊前往世界遺產白神山地參觀十二湖
搭乘8:19從秋田站出發的Resort白神號，在東能代站駛入五能線，沿途可飽覽日本海的絕景。十二湖站下車後，巡訪四周被櫸木林環繞的神祕湖沼群。
下午＊享受有夕陽絕景相伴的露天浴池
從十二湖站上車，搭到ウェスパ椿山站下車。入住日本海美景就近在眼前的黃金崎不老不死溫泉。

第2天
上午＊從車窗欣賞奇岩怪石的海蝕地形景觀
從ウェスパ椿山站搭乘10:38的Resort白神號，到千疊敷站欣賞沿線屈指可數的風景勝地。途中在鰺澤站下車，品嘗當地著名的醃漬鰺澤比目魚丼飯。
下午＊造訪龜岡石器時代遺跡，一窺古老的繩文文化
坐上普通列車，途中在木造站下車。造訪世界遺產的繩文遺跡、參觀遮光器土偶後，再繼續上路往川部站前進。

JR高山本線

◆ジェイアールたかやまほんせん

岐阜駅〈岐阜縣〉〜**富山駅**〈富山縣〉225.8km

沿著幽玄溪谷的列車行駛在
披上一層薄雪的飛驒山村中

↑位於飛驒金山站和下呂站間、綿延約28公里的風景名勝「中山七里」，被雪霧蓋蓋的景色猶如一幅美麗的水墨畫

欣賞窗外四季更迭的溪谷美景
邂逅日本的原風景

一路縱貫本州的中心地帶、連結岐阜與富山的高山本線，全區間為單線非電氣化且普通列車的班次不多，但由於途經熱門觀光地區而被外國遊客稱為「武士路線」。

從岐阜站出發後的第一個景點為木曾川的峽谷「日本線」。過了美濃太田站開始與飛驒川並行而走，飽覽飛水峽和中山七里的景色後到達下呂站。接著在飛驒一之宮站前的宮隧道（宮峠）與飛驒川分道揚鑣，改沿著最終注入日本海的宮川行駛，不久即可看到城下町「高山」近在眼前。當行經以「歐瓦拉風盂蘭盆節」聞名的越中八尾時會逐漸遠離群山，最後抵達能眺望到立山連峰的富山站。

1 越過井田川朝著西富山站前進。行駛於豬谷站～富山站間的普通列車為JR西日本的Kiha120型柴油車　**2** 進入富山縣後可眺望立山連峰　**3** 飛水峽是位於七宗町～白川町間、長約12公里的溪谷，「飛水峽甌穴群」已被指定為國家天然紀念物，新綠季節時也很迷人　**4** 2022年7月登場的HC85系新型特急柴油車是一款混合動力車輛　**5** 照片為飛驒金山站附近的下原八幡神社境內，列車正穿梭在鳥居與鳥居之間　**6** 列車不斷往來於飛驒川的兩岸，並行走於飛驒小坂站的周邊。也很推薦在紅葉時期前來搭乘　**7** 列車正橫越宮峠北側飛驒一之宮站附近，旁邊是流入富山灣的宮川

路線&乘車資訊

普通列車班次較少的區間也可考慮利用特急列車

行駛於美濃太田站～越中八尾站間的普通列車，早上和傍晚的發車間隔較短約1～2小時，但白天卻長達3～4小時。尤其是下呂站～高山站的區間，9點多的列車班次通過後，得等到13點多才有下一班車。運行於岐阜站～高山站的特急飛驒號每1～2小時有1班車，其中上行下行各4班是以富山站為起訖站。岐阜站～下呂站的車程約2小時（特急約1小時20分），下呂站～高山站的車程約1小時20分（特急約45分），高山站～富山站的車程約2小時10分（由於得在豬谷站轉乘因此會有時間差，特急約1小時30分）。

洽詢處 岐阜站～豬谷站：JR東海電話服務中心
☎050-3772-3910（依語音指示按「2」，6～24時）
豬谷站～富山站：JR西日本客服中心 ☎0570-00-2486

日本海

和倉溫泉駅　→
JR冰見線
→P.160
氷見駅　→
→P.178
富山灣
黑部駅　→
糸魚川駅　→
滑川駅

七尾線

能越自動車道
富山駅
とやま
北陸新幹線
西富山駅
にしとやま
寺田駅

IR石川鐵道
新高岡駅
城端線
速星駅
はやほし
富中鵜坂駅
ふちゅううさか

津幡駅
内灘駅
俱利伽羅駅
城端線

高岡駅
千里駅
ちさと
富山機場
岩峅寺駅
いわくらじ

小矢部砺波JCT
砺波駅
越中八尾駅
えっちゅうやつお
東八尾駅
ひがしやつお

金澤駅
小松駅

北陸新幹線
（預計於2023年開通）

城端駅

富山縣

富山地方鐵道
立山線

笹津駅
ささづ

富山地方鐵道
立山線
千垣橋梁
→P.206

北陸本線

石北川陸鐵道
鶴來駅

北陸鐵道石川線
舊加賀一之宮站
→P.207

石川縣

沿線地區
越中八尾 ●えっちゅうやつお
以9月舉行的「歐瓦拉風盂蘭盆節」知名的富山縣八尾町，也能在2月「越中八尾冬浪漫」的活動中體驗「歐瓦拉風盂蘭盆節」。

楡原駅
にれはら
猪谷駅
いのたに

有峰湖

杉原駅
すぎはら

打保駅
うつぼ

鐵道自行車
GattanGo!! →P.236

坂上駅
さかかみ
角川駅
つのがわ

飛驒細江駅
ひだほそえ
杉崎駅
すぎさき

沿線地區
飛驒古川 ●ひだふるかわ
與高山同為城下町，鯉魚悠游的瀨戶川沿岸林立著白牆土倉的建築群落。冬天會舉辦傳統祭典「三寺參拜」和「飛驒神岡切金毘羅宵祭」。

飛驒古川駅
飛驒古川
飛驒國府駅
ひだこくふ

上枝駅
ほずえ
高山駅
たかやま
高山
老街
東山寺町
宮川早市
陣屋前朝市

沿線地區
高山 ●たかやま
岐阜縣北部的中核都市，還保留曾作為江戶時代城下町、商人町的濃厚色彩。能體驗各種鄉土料理與傳統工藝。

飛驒一ノ宮駅
ひだいちのみや

久々野駅
くぐの

JR越美北線
→P.188

福井縣

北濃駅
ほくのう

九頭竜湖駅

福井駅

九頭竜湖

渚駅
なぎさ

飛驒小坂駅
ひだおさか

岐阜縣

上呂駅
じょうろ
飛驒宮田駅
ひだみやだ

路線指南
長良川鐵道
ながらがわてつどう
沿著注入伊勢灣的清流「長良川」行駛，連結美濃太田站與北濃站。還推出附轉車台便當的一日周遊券等多款獨特乘車券。

飛驒萩原駅
ひだはぎわら
禪昌寺駅
ぜんしょうじ
下呂溫泉
げろ
下呂駅
下呂溫泉合掌村

長野縣

樽見駅

樽見鐵道
樽見線
→P.198

郡上八幡駅

焼石駅
やけいし

中山七里
なかやましちり

飛驒金山駅
ひだかなやま
下油井駅
しもゆい
下原八幡神社

岐阜駅
ぎふ

東海北陸自動車道
美濃關JCT

長森駅　那加駅　蘇原駅　鵜沼駅
各務ケ原駅
坂祝駅
さかほぎ

美濃太田駅
みのおおた

上麻生駅
かみあそう
下麻生駅
しもあそう

白川口駅
しらかわぐち

飛水峽
ひすいきょう
中川辺駅
なかがわべ

沿線地區
下呂溫泉 ●げろおんせん
日本三大名泉之一，泉質透明無色且觸感滑潤。有販售可在住宿旅館外的溫泉自由入浴的「湯巡手形」。1～3月的週六會舉辦「冬之下呂溫泉花火物語」施放煙火。

古井駅
御嵩駅
可児駅

木曾福島駅

0　　10km　N

笠松駅
犬山駅
東海道本線
日本線

大垣駅　→
名古屋駅　→
名古屋駅　→
多治見駅　→

愛知縣

細笠生岐JCT

| 名古屋站 | 搭JR東海道本線約20～25分 → | 岐阜站 |
| 金澤站 | 搭愛之風富山鐵道普通列車約1小時 → | 富山站 |

從大阪方向要前往岐阜站，可從與東海道新幹線和JR北陸本線交會的米原站上車，車程約1小時15分。或是由中部國際機場搭名鐵線的特急列車，前往岐阜站或名古屋站。特急飛驒號延伸駛入名古屋站和大阪站（一天1班往返），從飛驒古川站有1班往返、從富山站有4班往返、從高岡站有5班往返。若要前往富山站，選擇北陸新幹線會比較方便。

途中下車範例行程

在高山、飛驒古川漫步閒逛

第1天

上午＊從岐阜站出發，
　　　前往下呂溫泉

從岐阜站搭乘8:05出發的特急飛驒號前往下呂。在市區遊逛、泡泡足湯後，造訪下呂合掌溫泉村。

下午＊在高山老街上信步閒晃，
　　　下榻一晚

從下呂站搭乘12:28的特急飛驒號前往高山。吃碗高山拉麵或飛驒蕎麥麵暖暖身子，再到有釀酒廠、傳統工藝品店等店家林立的老街散步。找間車站周邊的旅館住一晚。

第2天

上午＊造訪每天都營業的
　　　兩個早市

起個大早到宮川早市或陣屋前早市朝聖。用完早餐後在東山寺町隨意逛個2小時後，前往高山站。

下午＊到飛驒古川一遊，
　　　再往富山前進

搭乘12:01出發的普通列車，12:22抵達飛驒古川站。前往有高山的後花園之稱、充滿幽靜氛圍的街道逛逛。再搭乘16:20出發的普通列車往富山站（於猪谷站轉乘）。

高山的早市歷史悠久，很值得一訪（左）。下呂溫泉的街上有許多免費的足湯（右）

55 富山縣

JR冰見線

◆ジェイアールひみせん

高岡站~冰見站（富山縣）16.5km

©藤子スタジオ

1 若在空氣清澄的日子，就能遠眺富山灣對岸的立山連峰 2 正在行駛的忍者哈特利列車，車身上彩繪著冰見市出身的漫畫家藤子不二雄Ⓐ作品中的角色與沿線名勝 3 穿越公路休息站 雨晴旁的平交道後就是義經岩，也可以到岸邊戲水

嚴冬的日本海營造

北陸屈指可數的壯麗景色

邊眺望鋪上一層白雪的「女岩」，邊奔馳在寂靜的雨晴海岸沿線。

坐上國鐵時代的車輛
沿著海岸線一路北上

　　行經曾作為加賀藩城下町而蓬勃發展的高岡市區，以及伏木站周邊的工業地帶。從越中國分站發車後不久，眼前即壯闊的富山灣。

　　雨晴站附近的雨晴海岸有座名為「義經岩」的岩石，相傳源義經在落難奧州的途中曾在這裡等待陣雨放晴，亦為地名的由來。天氣好的話，還能見到由日本海及矗立在遠方的立山連峰所交織成的絕景。

　　被鐵道迷稱作「明太子色」的朱紅色柴油車Kiha40系，在一片清幽閑靜的雪景中更顯出色。

路線&乘車資訊

班次多，轉乘其他路線也很方便

運行於高岡站～冰見站間，車程約30分鐘，約每1～2小時1班車。全線為單線非電氣化，車輛則採用國鐵時代製造的Kiha40型和Kiha47型。可在高岡站輕鬆轉乘JR城端線，時間上也很充裕，因此相當推薦利用。週日還有原名取自法文Belles montagnes et mer，意為美麗山海景色的觀光列車「瑰麗山海號」運行（週六僅在JR城端線內行駛）。

洽詢處 JR西日本客服中心 📞0570-00-2486

沿線地區

冰見 ●ひみ
擁有富山縣漁獲量第一的冰見漁港。能吃到以寒鰤為首的鮮魚、冰見烏龍麵、冰見牛等多樣美食。

沿線地區

伏木 ●ふしき
自古以來即繁榮的港町，江戶時代也曾為北前船的停靠港口。又以《萬葉集》的歌人大伴家持赴任國守之地而聞名。

路線指南
JR城端線
ジェイアールじょうはなせん
會行經被樹林環繞的家屋散布在各處的散居村，以栽種鬱金香廣為人知的礪波。到了春天，沿途就能欣賞到五彩繽紛的鬱金香花田。

前往始發站的交通方式

| 富山站 | 搭愛之風富山鐵道 普通列車約20分 | 高岡站 |
| 金澤站 | 搭IR石川鐵道 普通列車約40分 | 高岡站 |

每小時有2～3班從富山站發車，每小時1～2班從金澤站發車。若搭乘北陸新幹線，可在新高岡站下車轉乘JR城端線，到高岡站約3分鐘。

📎途中下車範例行程

盡情享受富山灣的美景與美食

上午＊從城下町高岡前往白砂青松的景勝地
搭乘8:40從高岡站出發的列車，在相鄰的越中中川站下車。遊逛高岡古城公園後，搭上9:47的列車往雨晴站移動。從車站步行5分抵達雨晴海岸，欣賞美麗的風景。在面海岸而建的公路休息站 雨晴小歇片刻後，再返回雨晴站。
下午＊享用日本海的美味當午餐
搭乘12:24出發的列車往終點冰見站前進。到朝氣蓬勃的冰見漁港，大啖寒鰤等當令海鮮。

JR飯山線

◆ジェイアールいいやません

豐野站（長野縣）~**越後川口站**（新潟縣）**96.7km**

奔馳於豪雪地帶的列車

冰凍河川與雪山交織出的日本冬景色

從離森宮野原站步行15分鐘的人氣拍照景點「榮大橋」所望見的景致，能將千曲川與並行而走的列車一同入鏡

景色從市區到山岳、田園不停地變換
朝著覆蓋著積雪的銀白世界前進

一路沿著長野縣境內的千曲川及進入新潟縣後改稱為信濃川的川畔行駛。從車窗就能望見由北信地區的群山和日本最長河川所交織出的雪景，美不勝收的畫面也曾登上青春18車票的冬版海報上。每年冬天，縣界附近就會大雪紛飛，雖然常因除雪作業而導致列車停駛，但仍吸引許多鐵道迷不辭路途遙遠而來，從榮大橋或海報拍照地的矢垂大橋，可拍攝Kiha110系車輛在雪地奔馳的光景。

沿線有野澤溫泉、松之山溫泉等溫泉地，於豐野站、上境站、津南站、十日町站的徒步圈內也都有溫泉設施。若於冬天搭乘JR飯山線，不只能巡訪各溫泉還能享受中途下車之旅的樂趣。

1 在立有日本最高積雪地點標柱的森宮野原站，上行和下行列車正擦身而過 **2** 四周樹林環繞的足瀧站位居高台上，從坡道往下沿著川走就有個小村落 **3** 信濃平站置有由貨車改造而成的候車室，放眼望去就是一大片的油菜花田 **4** 行經蓮站～替佐站時左手邊能見到千曲川和梯田景觀 **5** 列車正行駛於信濃平站～戶狩野澤溫泉站間，背後即有高井富士之稱的高社山 **6** 能眺望到S型彎道鐵軌的矢垂大橋就位於上桑名川站～上境站間

路線&乘車資訊

以戶狩野澤溫泉站為界，運行狀況有所差異

僅普通列車運行，長野縣側的列車皆會繼續駛入長野站。長野站～戶狩野澤溫泉站間每1～2小時有1班車，但戶狩野澤溫泉站～十日町站、越後川口站間白天的發車間隔有時長達2～3小時以上。從長野站到戶狩野澤溫泉站約1小時、到十日町站約2小時30分，到越後川口站則視在十日町站的停車時間而定，約需3小時30分。全線為單線非電氣化，車輛是採用東北地方等處常見的Kiha110系。

洽詢處 JR東日本諮詢中心 ☎050-2016-1600

沿線地區

十日町 ●とおかまち
以魚沼產越光米聞名的稻米產地。星峠的梯田（照片）和溪谷隧道等上鏡的絕景景點也十分熱門，還可品嘗當地名物「片木蕎麥麵」。

沿線地區

野澤溫泉 ●のざわおんせん
擁有30多個源泉的古老溫泉鄉，街上還有13座由當地居民負責管理和維護的免費共同浴場「外湯」。野澤菜為在地的鄉土美食。

路線指南

長野電鐵長野線
ながのでんてつながのせん
連結長野、須坂、湯田中澀溫泉鄉的路線，可將高社山等北信州的絕景盡收眼底。也有推出能沿路品嘗葡萄酒和美食的活動列車。

沿線地區

津南 ●つなん
為橫跨長野縣榮村的祕境，同時也是秋山鄉的玄關口。湖水清澈明淨的龍之窪為必訪景點。同時也是著名的紅葉勝地。

沿線地區

飯山 ●いいやま
為飯山城的城下町，由戰國武將上杉謙信所建造。當地有許多寺院，可騎著自行車在田園風景間恣意暢遊，還能體驗多種戶外活動。

前往始發站的交通方式

東京站	搭JR北陸新幹線光輝號約1小時20分	→ 長野站
越後湯澤站	搭JR上越線·北越急行北北線普通列車約30分	→ 十日町站
浦佐站	搭JR上越線 普通列車約20分	→ 越後川口站

JR北陸新幹線白鷹號有停靠飯山站，從東京站過來約1小時40分～2小時，而從金澤站過來約1小時20分。十日町站與北越急行北北線（P.230）接續，因此也可由JR上越新幹線朱鷺號有停靠的越後湯澤站上車（部分班次需在六日町站轉乘）。若要前往越後川口站，可從JR上越新幹線朱鷺號的停靠站「浦佐站」過來或是在長岡站搭JR上越線。從長岡站過來的車程約20分鐘。

途中下車範例行程

前往以豪雪地帶著稱的信濃和越後

第1天

上午＊騎自行車遊逛飯山站周邊
搭乘10:29從長野站出發的列車前往飯山站，在車站租輛自行車。一路沿著千曲川騎，到正受庵、高橋真由美人偶館參觀。

下午＊到野澤溫泉漫步溫泉街
從飯山站搭長電巴士野澤溫泉線前往野澤溫泉。溫泉街上有13座外湯，可免費享受泡湯的樂趣。邊悠閒散步邊逛逛伴手禮店、咖啡廳後，在野澤溫泉的旅館住一晚。

第2天

上午＊離開野澤溫泉和飯山市區
從野澤溫泉啟程，前往飯山站搭乘11:15的列車。到下一個目的地「十日町」約需1小時45分，可以靜靜地享受千曲川、信濃川的沿途風景。

下午＊造訪十日町的美術館&博物館
13:03抵達十日町站。先點個鄉土料理「片木蕎麥麵」作為遲來的午餐。用完餐後前往車站周邊的越後妻有里山現代美術館MonET等美術館、博物館，一窺當地的藝術及人文歷史。

補充資訊 觀光列車「OYKOT號」的設計概念是希望讓乘客能聯想到鄉下的奶奶家，度過一段有田園風景相伴的療癒時光。

秋田內陸縱貫鐵道 秋田內陸線

◆あきたないりくじゅうかんてつどう あきたないりくせん

鷹巢站~角館站（秋田縣）94.2km

沿著深雪的出羽山地
往又鬼之鄉一路南行

↑岩野目站～笑內站間，沿著皚皚白雪與秋田杉環繞的鐵道前行。普通列車共有8輛，每輛車輛的顏色都不一樣

戰前就已開業的路線在轉換成第三部門鐵道營運後於1989年全線開通

　　阿仁川為米代川最大的支流，中上游流域又以山岳獵人「又鬼之鄉」而廣為人知。秋田內陸縱貫鐵道以鷹巢站為起點，沿著阿仁川流域一路行駛，越過分水嶺後順著檜木內川前進直到終點角館站。

　　繩文小田站的附近，有才剛於2021年登錄為世界遺產的伊勢堂岱遺跡。若於路線的據點站「阿仁合站」下車，可到介紹阿仁礦山昔日繁榮盛景的設施參觀，或是前往原生櫸木林遍布的森吉山。搭纜車就能輕鬆登頂的森吉山，有高山植物、紅葉、樹冰等四季山林美景。住宿的話就選打當溫泉的旅館，不僅能品嘗深山料理還附設又鬼的資料館。

1 離萱草站15分鐘路程的大又川橋梁，紅色桁架與周圍的景色相互映襯 2 在一片銀白雪景中沿著檜木川旁的小村落前進，不久即可抵達羽後中里站 3 海拔1454公尺的森吉山是以狩獵維生的「又鬼」文化象徵 4 從西木町的羽後長戶呂站出發後，列車開始穿梭在大石岳山麓的山林間 5 八津站周邊能見到沿線一叢叢野生的豬牙花，開花期為4月中旬～5月上旬 6 週六日也會有觀光列車運行，時刻表請上官網查詢。照片中為2021年登場的「秋田繩文號」 7 從車窗能將使用各色稻米繪製出的立體感圖案和文字的稻田藝術一覽無遺

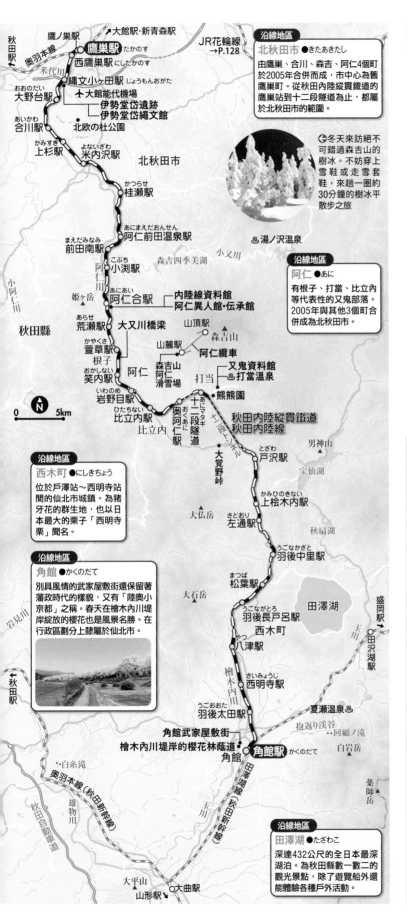

路線&乘車資訊

可搭配急行列車森吉號

全線搭普通列車的話需2小時30分，搭一天1班往返的急行列車約2小時。從鷹巢站開往角館的普通列車一天有2班，但可於阿仁合站換車的班次有3班（其中1班是轉乘急行列車）。從角館站搭到鷹巢站的列車一天7班（其中有2班快速、1班急行）。另外也有以阿仁合、比立內站為起訖站的上行下行列車。

洽詢處
秋田內陸縱貫鐵道 ☎0186-82-3231

前往始發站的交通方式

| 秋田站 | 搭JR奧羽本線約1小時30分 | 鷹之巢站 |
| 秋田站 | 搭JR秋田新幹線約45分 | 角館站 |

若搭JR奧羽本線前往鷹巢站（JR線的站名為鷹之巢站），也可從新青森站上車。JR秋田新幹線會停靠角館站，從盛岡站過來約45分鐘。

途中下車範例行程

實際感受阿仁又鬼的狩獵生活與豐富自然魅力

第1天

上午＊造訪世界遺產的繩文遺跡
8:10從鷹巢站上車，8:17抵達繩文小田站。前往已登錄為世界遺產的伊勢堂岱遺跡（4月下旬～10月底開放），以及展示出土土器和土偶的伊勢堂岱繩文館（全年開放）。

下午＊一窺又鬼的文化
10:12從繩文小田站出發，11:05在阿仁合站下車，前往介紹曾生產大量銀礦、銅礦的阿仁礦山歷史的阿仁異人館・傳承館、內陸線資料館。13:43從阿仁合站上車，14:15在阿仁マタギ站（阿仁又鬼站）下車，入住打當溫泉的旅館。造訪又鬼資料館、熊熊園，參觀與阿仁又鬼文化的相關展示。

第2天

上午＊欣賞冬季特有的樹冰
搭乘7:19由阿仁マタギ站出發的列車，7:48返回阿仁合站。從阿仁合站坐上森吉山周遊計程車（需預約）前往森吉山阿仁滑雪場。再搭乘阿仁纜車到山頂站，沿著名為「樹冰平」的散步路線觀賞美景（步行一圈約30分鐘）

下午＊往角館的方向前進
13:43從阿仁合站上車，15:10抵達角館站。

JR函館本線（函館站～札幌站）

◆ジェイアールはこだてほんせん

函館站～札幌站（北海道）321.6km

道南最具代表性的湖沼與秀峰
奔馳在雪白大地的列車看起來迫力十足

↑沿著大沼國定公園中的小沼行駛的Kiha40型柴油車。大沼的湖沼群是由後方的活火山「北海道駒岳」噴發後所生成

越過北海道的山川
享受沿途不斷變化的景色

　　以函館站為起點，經由長萬部站、北海道的中心地「札幌站」，一路連結至旭川站的長程路線。途中會經過大沼的湖沼群、北海道駒岳山麓、被列為日本百名山的羊蹄山山麓、內浦灣和石狩灣等灣岸，車窗外的景色豐富多變，能感受北海道四季更迭的大自然美景。

　　又被稱為「山線」的長萬部站～小樽站間，原本是北海道鐵道運輸的骨幹，但必須翻山越嶺的地形並不利於鐵道運行，加上又開通了從長萬部站經由內浦灣沿岸的室蘭本線・千歲線（通稱為「海線」），因此目前是一條僅普通列車運行的地方鐵道路線。隨著北海道新幹線預定於2030年延伸至札幌，此區間也已經協議將改以巴士運行。

1 行駛於石倉站～落部站間的Kiha40型柴油車，隔著內浦灣可遠眺北海道駒岳　2 由大沼國定公園西南方的日暮山展望台可將大沼盡收眼底，有時還能望見列車正穿越月見橋的畫面　3 大沼國定公園的天鵝台，能近距離欣賞飛來過冬的白天鵝和各種候鳥　4 小樽築港站～錢函站間列車沿著石狩灣前行，另一邊則是斷崖絕壁。在一片暴風雪中中，還能隱約看到惠比須島的身影　5 列車正行駛於二世古站～昆布站間的「山線」，遠方是還有殘雪堆積的二世谷連峰　6 駛離俱知安站的列車以有蝦夷富士之稱的羊蹄山為背景，朝著小樽方向一路北上

照片：@__kkkkpppp__ on Instagram 4

路線&乘車資訊

函館站～長萬部站間也可考慮利用特急列車

連結函館站～札幌站的特急北斗號每1小時～1小時40分有1班車，沿途停靠新函館北斗站、大沼公園站、森站等，函館～長萬部站間的車程約1小時30分。由函館站出發前往森站、長萬部站的普通列車（所需約2～3小時），發車間隔短則2～3小時、長則4小時以上。此外，砂原支線的列車大多都是清晨和15時以後才運行。函館站～新函館北斗站間由於有新幹線行經，每小時會有數班列車運行。

長萬部站～俱知安站的區間是最大的難關

從長萬部站並無特急列車運行，前往小樽站的班次也很少。長萬部站～俱知安站間（所需約1小時30分）的普通列車，只有早上、中午過後、傍晚、晚上各1班往返，以及傍晚有1班從俱知安站發車的班次，若要在白天時段搭車請先確認列車的時刻表。此外，上午有2～3班列車運行於二世古站・蘭越站～俱知安站間。俱知安站～小樽站間（所需約1小時20分）每1～2小時有1班車。小樽站～札幌站間每小時有數班車，其中也包含前往新千歲機場的快速列車。

洽詢處 JR北海道電話諮詢中心 ☎011-222-7111

沿線地區
小樽 ●おたる
運河及佇立於岸邊的石造倉庫群交織成的風景極具魅力。有許多提供新鮮魚貝食材的壽司店，也吸引許多外國觀光客來訪。

沿線地區
余市 ●よいち
曾以鯡魚捕撈業盛極一時的漁夫町。現在則有Nikka威士忌蒸餾所等景點，為北海道的熱門觀光地之一。

沿線地區
二世谷 ●ニセコ
四周被二世谷安努普利山脈和羊蹄山環繞，有溫泉零星散布其間。以優質粉雪著稱的滑雪場也很有人氣。

沿線地區
大沼 ●おおぬま
為由3座湖沼所組成的大沼國定公園所在地，也是體驗騎自行車、釣公魚等戶外活動的好去處。

途中下車範例行程

道南和道央的北國絕景俯拾皆是

第1天
上午＊搭特急列車來趟悠閒的旅程
搭乘10:45從函館站出發的特急北斗9號，邊從車窗眺望大沼、內浦灣的景致邊朝著長萬部站前進。在長萬部站等候轉乘列車時，可去買個知名的鐵路便當「螃蟹飯」當作午餐。
下午＊到二世谷度假村享受泡湯樂趣
搭乘13:29從長萬部站出發的列車，14:45抵達二世谷站（二世谷站）。二世谷有許多溫泉鄉，不妨多體驗幾種不同泉質的溫泉。

第2天
上午＊體驗大自然的魅力
上午就在二世谷享受悠閒時光，到自然景觀豐富的二世谷散步，若時間允許也可參加各種戶外活動。從ニセコ站搭乘11:22出發的列車前往小樽站。
下午＊漫步小樽街頭，品嚐新鮮壽司
抵達北海道的人氣觀光地「小樽」後，先到壽司店享用午餐，，再沿著運河邊走邊逛。

前往始發站的交通方式

新函館北斗站	搭JR函館本線約15～25分	→ 函館站
新千歲機場站	搭JR千歲線‧室蘭本線約2小時（從南千歲站搭特急北斗號）	→ 長萬部站
新千歲機場站	搭JR千歲線快速機場號約40分	→ 札幌站

從JR北海道新幹線的終點站「新函館北斗站」出發的列車，有特急、快速、普通等種類且班次很多，從新幹線轉乘在來線十分方便，不需折返回函館站即可一路北上。從北海道的空路玄關口「新千歲機場」往札幌站、小樽站方向的列車班次頻繁，也可由相隔一站的南千歲站搭乘特急北斗號前往函館，或是搭乘特急十勝號、大空號經由JR石勝線‧根室本線（P.26）前往道東方向。

室蘭市舊室蘭站舍
→P.207

JR函館本線（砂原支線）

JR函館本線（大沼支線）

月見橋
天鵝台

日暮山展望台

大沼大沼國定公園

JR函館本線（藤城支線）

新函館北斗站

道南漁火鐵道
→P.100

森駅 →P.178

JR釜石線

◆ジェイアールかまいしせん

花卷站~釜石站（岩手縣）90.2km

銀河鐵道在暗暗雪原中穿梭

一片銀白的田園風景

連結宮澤賢治的出身地「花卷」
和民間故事之鄉「遠野」、三陸海岸

從岩手縣的中心部，經由以流傳許多鄉野傳說聞名的遠野，一路橫貫到太平洋側。宮守川橋梁、上有住站和陸中大橋站間用迴圈型路線鋪設，以平緩的坡度將約300公尺的高低落差連結起來，也是人氣很高的拍照景點。

JR釜石線與宮澤賢治有深厚淵源。前身的岩手輕便鐵道據說就是《銀河鐵道之夜》的範本，又被暱稱為銀河夢鐵道釜石線，車身上也有同名標誌。而且不只路線名稱而已，全線24個車站皆擁有自己的專屬暱稱，由於宮澤賢治常在作品中使用世界語（Esperanto），因此暱稱也全以世界語來呈現。

※世界語由波蘭醫生柴門霍夫（Ludwik Zamenhof，1859～1917）所發明的人工語言，以印歐語系為基礎，用拉丁字母書寫，旨在打破語言藩籬，促進國際間的融合交流

路線&乘車資訊

善用一天有3班往返的快速「濱百合號」

快速「濱百合號」連結盛岡站～花卷站～釜石站，車程約2小時20分。從盛岡站發車的班次為早、午、傍晚各1班，從釜石站發車的班次為早上1班、白天2班。全線運行的普通列車除了早、午、傍晚各1班往返外，清晨和夜晚還有幾個班次，花卷站～釜石站間約需2小時左右。花卷站～遠野站間搭快速列車約50分，搭普通列車約1小時。

洽詢處 JR東日本諮詢中心 ☎050-2016-1600

前往始發站的交通方式

盛岡站	搭JR東北本線 普通列車約40分	▶ 花卷站
宮古站	搭三陸鐵道 谷灣線約1小時30分	▶ 釜石站

若從遠方過來，可搭JR東北新幹線山彥號（一部分為隼號）到新花卷站。上行下行每小時有1班車，從仙台站過來約1小時，從東京站過來要3小時左右。JR東北本線的運行間隔約30～50分鐘。釜石站與三陸鐵道 谷灣線（P.50）接續。

被指定為「遠野遺產」的谷地館址和八幡宮。位於岩手二日町站附近，徒步即可抵達拍照景點。不見任何足跡、整個被白雪覆蓋的田園景色十分優美

❶通稱為眼鏡橋的宮守川橋梁也是名勝之一，夜間會有點燈裝飾　❷從平倉站到足瀨站的路段能欣賞到向日葵花田，最佳觀賞期為7月下旬～8月上旬　❸以宮澤賢治《銀河鐵道之夜》為主題的觀光列車「SL銀河」，預計於2023年6月結束運行

途中下車範例行程

搭乘列車造訪宮澤賢治的故鄉

第1天

上午＊到花卷一窺宮澤賢治的世界觀

搭乘9:49從花卷站出發的列車，在新花卷站下車。轉搭岩手縣交通巴士或計程車，前往宮澤賢治童話村。中午就到店名來自短篇童話《要求特別多的餐廳》的山貓軒本店用餐。

下午＊漫步遠野的日本原風景並住上一晚

搭乘14:48從新花卷站出發的列車，於遠野站下車，到遠野市區逛逛。造訪河童淵、傳承園等景點後，下榻車站周邊的飯店或民宿。

第2天

上午＊參觀鍾乳洞，前往釜石

搭乘7:52從遠野站出發的列車，在上有住站下車，步行約3分鐘到瀧觀洞參觀。11:28從上有住站搭往釜石站。也可由釜石站轉乘三陸鐵道 谷灣線（P.50），到三陸海岸一遊。

沿線地區

遠野 ●とおの

柳田國男的名著《遠野物語》的故事舞台就在遠野，流傳著許多與河童、座敷童子有關的民間傳說。

沿線地區

釜石 ●かまいし

以製鐵和橄欖球著稱。美食除了有釜石拉麵外，於世界數一數二的漁場捕獲的海鮮也很吸引人。

沿線地區

花卷 ●はなまき

以宮澤賢治的誕生地而廣為人知，有許多紀念館之類的相關設施，西邊還有東北地方屈指可數的溫泉鄉。

0 5km

補充資訊 花卷的マルカンビル大食堂內，能吃得到10層高的霜淇淋、遠野成吉思汗烤肉、日本最大啤酒花產地遠野的地啤酒等名物。

讓人忘卻寒意，享受季節限定美食

溫暖的款待之情與冬季名物列車

與車外的冰天雪地完全相反，這是能感受到溫暖和盛情款待的冬季特有列車。
以沿線在地食材打造的季節料理、別處體驗不到的美味和景色，都令人雀躍不已。

60 岐阜縣 品嘗四季風味的美食列車 穿梭在日本第一農村景觀中

明知鐵道 明知線

●あけちてつどう あけちせん

惠那站~明智站（岐阜縣）**25.1km**

　主要行駛於岐阜縣東南部惠那市的路線，被當地居民暱稱為「明鐵」，以冬季限定的「薯蕷列車」廣為人知。運行期間為12～3月，可以在化身成食堂的車內品嘗當地出產的薯蕷。能享用地區美食的餐車其實是1987年就開始的服務，可說是現代美食列車的先驅。還會隨季節推出不同主題的列車，例如「寒天列車」、「香菇列車」、「枡酒列車」。

路線&乘車資訊

美食列車12:25從惠那站發車

約每小時1班，全線車程約50分鐘。12:25從惠那站出發和11:28從明智站出發的班次是由急行·大正浪漫號運行（週一停駛），只有從惠那站出發的列車才會連結提供四季美食的餐車（需預約，2500円～）。可於一日內自由上下車的周遊券為1380円。

洽詢處 明知鐵道 ☎0573-54-4101

前往始發站的交通方式

●從名古屋站搭JR中央本線 快速列車到惠那站約1小時10分
●從鹽尻站搭JR中央本線 特急信濃號到中津川站約1小時15分，再轉乘普通列車到惠那站約10分

從名古屋站出發的快速列車每小時2～3班，連接名古屋站和松本站·長野站的特急信濃號每小時1班。從新宿站出發則可搭乘梓號在鹽尻站下車再轉乘。從松本站出發的普通列車白天的發車間隔為2～3小時，到惠那站約2小時10分。

由各式設計主題的車廂連結運行的急行·大正浪漫號。在數位化的發展趨勢中已越來越少見的車頭銘板（車輛前面的裝飾看板）也很吸睛

←在設有長條椅的普通列車上配置了長桌（左）。薯蕷有滋養強身、恢復疲勞的效果，薯蕷泥可以免費續碗（右）

↑岩村町富田地區有「日本第一農村景觀」的稱號，設有能將田園風景一覽無遺的展望台

在前頭負責牽引的柴油車激起了陣陣雪煙。後方兩節為暖爐列車，目前運行的車輛已是第四代

照片：菱川榮一／@never3_give_up on Instagram

←由開朗的乘務員負責接待，猶如在自家般放鬆自在（左）。邊留意火候的大小，邊將煤炭添入暖爐中的車掌（右）

←↑行經櫻花名勝蘆野公園站時，會通過一條華麗的櫻花隧道（左）。春～初夏能欣賞到岩木山的殘雪景色（右）

61 青森縣

提供溫馨服務的乘務員與奔馳在銀白世界中的復古列車

津輕鐵道
○つがるてつどう

→一面悠閒眺望車窗外的景色，邊吃著用暖爐現烤的魷魚，別有一番滋味

津輕五所川原站～津輕中里站（青森縣）**20.7km**

南北縱貫青森縣津輕地方的鐵道路線。每逢冬天（12～3月）會推出在車廂內設置煤爐的「暖爐列車」，吸引許多鐵道迷和觀光客前來朝聖。最經典的樂趣就是將在車內購買的魷魚放在煤爐上烘烤，同時搭配清酒享用。乘務員還會以純樸的津輕方言介紹沿線的歷史文化，溫暖的態度與微笑的臉龐令人感到療癒。即便窗外是大雪紛飛的極寒之地，但車內卻暖烘烘的，是一趟身心都能感受到暖意的列車之旅。

前往始發站的交通方式

●從弘前站搭JR五能線 普通列車到五所川原站（津輕五所川原站）約45分
●從秋田站搭JR五能線 快速列車Resort白神號到五所川原站（津輕五所川原站）約4小時10分

JR五能線請參照P.152。雖然站名不同，但JR線和津輕鐵道的月台設有跨線橋連接可以往來。從弘前站出發的列車，在清晨～白天期間只有Resort白神號（往秋田站方向）或普通列車運行，每2小時1班。若從秋田站過來可搭一天3班的Resort白神號，或是搭乘往青森方向的JR奧羽本線特急津輕號到弘前站（一天3班，所需約2小時10分）。

路線&乘車資訊

暖爐列車只在白天運行，每天有2～3班往返

全線車程約40分鐘，5～20時每1～2小時1班。暖爐列車除了12月1日和12月的平日為2班往返外，其餘皆為一天3班往返。從津輕五所川原站出發的時間分別是9:35（僅3班往返的運行日）、12:00、14:40。也會與一般車輛連結運行，但若要搭乘有暖爐的車廂則除了車票（不可使用周遊券）外，還需買張暖爐列車券500円。

洽詢處
津輕鐵道 ☎0173-34-2148

津輕中里駅
つがるなかさと
深郷田駅
ふこうだ
大沢内駅
おおざわない
大沢内溜池
川倉駅
かわくら
蘆野湖
蘆野公園駅
あしのこうえん
金木駅
かなぎ
太宰治紀念館「斜陽館」
小田川
嘉瀨駅
かせ
津輕半島
金木川
津輕鐵道
毘沙門駅
びしゃもん
青森縣
岩木川
津輕飯詰駅
つがるいいづめ
五農校前駅
ごのうこうまえ
十川駅
とがわ
JR五能線→P.152
五所川原駅
津輕五所川原駅
つがるごしょがわら
秋田駅
弘前駅·秋田駅↓

0 3km
N

加深旅遊回憶、吸引人目光的重要配角

最適合在列車之旅享用的鐵路便當

能邊悠閒眺望窗外風景邊品嘗的鐵路便當，是旅途中最棒的饗宴。以下將從日本各地多如繁星的鐵路便當中，為大家精選出一生必吃，甚至可為此專程踏上旅程的知名便當。

廣島縣

元祖珍辨章魚飯 1080円
●がんそちんべんたこめし

章魚飯上鋪著燉煮到軟嫩的章魚、蛋絲、竹筍、香菇、蝦子等多樣食材的長銷便當。

☎0848-62-2121（浜吉）　購買場所 三原站（JR吳線→P.34）、福山站

福島縣

海膽貝殼燒鐵路便當
●うにかいやきたべくらべえきべん

1480円

能吃到將海膽盛裝在北寄貝的殼上，再加以蒸烤的鄉土料理「海膽貝殼燒」及鮭魚卵、蒸海膽。

☎0246-54-3409（小名浜美食ホテル）　購買場所 いわき站（JR磐越東線→P.108）

色彩繽紛的新鮮海味

海膽、螃蟹、章魚、烏賊、鰹魚……
盡情飽嘗全國各地的海鮮。

鳥取縣

元祖 蟹肉壽司
●がんそ かにずし

1480円

能吃到滿滿蟹肉的鳥取人氣鐵路便當。1952年開始販售，為日本第一個製作蟹肉散壽司的店家。

☎0857-26-1311（アベ鳥取堂）　購買場所 鳥取站（JR因美線→P.145）

和歌山縣

小鯛雀壽司 6個裝1080円
●こだいすずめずし

將捕獲自紀淡海峽、肉質緊實的小鯛魚用醋醃成的紀州名物。味道高雅，完全不需要沾醬。

☎073-475-6150（和歌山水了軒）購買場所 和歌山站（JR紀勢本線→P.40）

高知縣

鰹魚半敲燒便當
●かつおたたきべんとう

1300円

鰹魚半敲燒加上青蔥、茗荷、洋蔥等佐料一起享用的鐵路便當。搭配的食材雖然超乎想像，但味道十分道地。附保冷劑。

☎088-883-1000（安藤商店）　購買場所 高知站（JR土讚線→P.184）

福井縣

越前蟹飯 1380円
●えちぜんかにめし

加了母松葉蟹的卵巢和蟹膏炊煮的米飯上，鋪著滿滿的紅松葉蟹肉和松葉蟹肉的奢侈豪華便當。

☎0776-22-8846（福井站桜むすびPRISM店）　購買場所 福井站（JR越美北線→P.188）PRISM 福井內 桜むすび

北海道

烏賊飯 780円
●いかめし

將糯米與粳米裝入烏賊中，再以秘製醬汁燉煮至入味的森站鐵路便當。

☎01374-2-2256（いかめし阿部商店）　購買場所 柴田商店 ※森站（JR函館本線→P.170）前

富山縣

鱒魚壽司（一層）1600円
●ますのすし（いちじゅう）

已有110餘年歷史的名產押壽司！打開曲木便當盒和竹葉後香氣撲鼻，能品嘗到肉質鮮美的鱒魚和口感鬆軟的富山縣產米。

☎076-429-3100（源）　購買場所 富山站（JR高山本線→P.156）

新潟縣

鱈魚飯 1400円
●たらめし

在昆布和新潟米一同炊煮而成的白飯上，鋪滿甘露煮鱈魚乾、炙燒鱈魚卵、醃製鱈魚和鱈魚卵等多種美味的便當。

☎025-543-3151（HEIMAT飯店）購買場所 直江津站（越後心動鐵道 日本海翡翠線→P.58）

北海道

豐盛海鮮便當 1380円
●どっさりかいせんべんとう

醋飯上鋪滿蟹肉、鮭魚、牡蠣、蝦子等豐富海味的奢侈海鮮便當。

☎0120-323-637（稚內站的月台上販售）購買場所 稚內站（JR宗谷本線→P.226）

山形縣

復刻版米澤牛肉壽喜燒便當

●ふっこくばんよねざわぎゅうにくすきやきべんとう

1300円

重新復刻曾於1964年東京奧運那年所販售的鐵路便當，以傳統醬汁調味的米澤牛實為絕品。

☎0238-29-0141（松川弁當店）
購買場所 米澤站（JR米坂線→P.138）※最遲於2天前預約

三重縣

哞太郎便當 1500円

●モーたろうべんとう

牛頭造型的便當盒一打開，就能聽到日本童謠《故鄉》旋律的音樂鐵路便當。甜辣口味的黑毛和牛燒肉幾乎蓋滿整個便當。

☎0598-21-4350（駅弁のあら竹）
購買場所 松阪站（JR紀勢本線→P.40、JR名松線→P.106）

鹿兒島縣

極 黑豬肉飯 1130円

●きわみ くろぶためし

便當的主角為「鹿兒島薩摩黑豬」，是以鹿兒島的地瓜燒酎、醬油等調配的特製醬汁醃製後燒烤而成。

☎0996-62-0617（松栄軒）
購買場所 鹿兒島中央站（JR指宿枕崎線→P.212）

秋田縣

雞肉飯便當 900円

●とりめしべんとう

以祕傳雞湯炊煮的白飯搭配甜辣口味的雞腿肉和炒蛋，是喜歡雞肉的人絕不可錯過的好味道。

☎0186-43-0870（花善）
購買場所 大館站（JR花輪線→P.128）

以肉量十足為自豪賣點

有黑毛和牛、高級黑豬、地雞等極其美味的日本產品牌肉品。

人氣不墜的名物

不可錯過的經典鐵路便當！
充滿鄉土特色廣受好評的美味逸品大集合。

愛知縣

三色稻荷 680円

●さんしょくいなり

有香甜多汁的原味、山葵菜、山椒小魚等三款稻荷壽司，能一次品嘗多種口味。

☎0532-31-1131（壺屋弁當部）
購買場所 豐橋站（JR飯田線→P.130）

長野縣

月見五味飯 900円

●つきみごもくめし

以滿月為意象的水煮蛋令人印象深刻，能飽嘗甘露煮公魚、竹筍、季節山菜等信州的獨特風味。

☎0263-32-2319（イイダヤ軒）
購買場所 松本站（JR大糸線→P.208）

福島縣

海苔便當 1100円

●のりのりべん

由陸奧寒流海苔和以祕傳蕎麥醬汁拌炒的鰹魚香鬆組成的雙層便當，手工製作的高湯蛋捲也很美味。

☎024-943-0528（福豆屋）
購買場所 郡山站（JR磐越東線→P.108、JR水郡線→P.118）、會津若松站（JR只見線→P.180）

宮崎縣

元祖香菇飯 800円

●がんそしいたけめし

厚實飽滿的宮崎產香菇以70年來持續加料熬製的滷汁炊煮出的古早味，雞飯、雞肉燥、蛋絲也都很好吃。

☎0985-24-2913（宮崎駅弁当）
購買場所 宮崎站（JR日南線→P.46）

照片：宮崎市

和歌山縣

手毬便當 1000円

●てまりべんとう

在以特製高湯炊煮而成的白飯上，鋪著田邊的名產「魚板」、烤星鰻、牛蒡捲等菜色。空容器還可當存錢筒。

☎0739-25-3082（味三昧）購買場所
白濱站（JR紀勢本線→P.40）

熊本縣

栗子飯 1200円

●くりめし

在栗子造型的可愛容器內裝了人吉特產「和栗」的知名鐵路便當，鄉土味十足的芥末蓮藕也很受歡迎。

☎0966-22-5235（人吉駅弁やまぐち）購買場所 人吉溫泉站（球磨川鐵道 湯前線→P.204）、熊本站（JR豐肥本線→P.222）※熊本站的售價為1250円

山梨縣

高原野菜雞排便當

●こうげんやさいとカツのべんとう

1100円

首創放入萵苣等清脆生菜的鐵路便當，與口感軟嫩的雞排也很搭。

☎0551-36-2521（丸政）購買場所
小淵澤站（JR小海線→P.216）

62 福島縣·新潟縣

JR只見線

◆ジェイアールただみせん

會津若松站（福島縣）**～小出站**（新潟縣）135.2km

穿梭在一片又一片的森林間
清晨薄霧裊繞的奧會津祕境

1941年落成，全長174公尺的第一只見川橋梁。被漆成淡紫色的橋身則與福島縣三島町盛開的「桐花」有關

從只見川沿岸的祕境到魚沼市區
穿梭在厚雪深山間一路向前挺進

從田園景色綿延的會津盆地出發，往奧會津的深山繼續前行。電影《男人真命苦》也曾來此拍攝取景，為日本著名的豪雪地帶。過了會津坂本站後，能欣賞到只見川沿岸四季不同的自然美景。其中的第一只見川橋梁更是日本屈指可數的拍照景點。從只見站越過田子倉隧道、六十里越隧道兩座長隧道後，即進入新潟縣。

行經大白川站後，破間川的溪谷、以民間故事《彌三郎婆》廣為人知的權現堂山等景色陸續映入眼簾。度過可一望越後三山的魚野川，即終點「小出站」。

2011年因豪雨成災而停駛的會津川口站～只見站間，也終於在相隔11年後，於2022年10月1日重新全線通車。

路線&乘車資訊

越過縣界的列車一天僅3班往返

會津川口站～小出站間的列車，全線僅普通列車運行，會津若松站～會津川口站的車程約2小時，一天有6班往返。白天的發車間隔基本上為3～4小時，最長的則約5小時30分，會津若松站7:41的班次發車後得等到13:05才有下一班。會津川口站～小出站間，每天早、午、傍晚以後上行下行各1班車，所需時間約2小時25分。另外還有一天2班往返、只在新潟縣內運行的列車。

洽詢處 JR東日本諮詢中心 ☎050-2016-1600

沿線地區

只見町 ●ただみまち
全町90%的面積皆為山林，而且被國家指定為特別豪雪地帶。2014年又被聯合國教科文組織列為「生物圈保護區」。

沿線地區

魚沼市 ●うおぬまし
自古以來就是會津地方的交通要衝。擁有豐富的雪融水和盆地特有的冷暖差異，因此能孕育出如越光米的優質良米。

➡破間川的溪谷間，紅色的防雪棚與新綠相互映襯十分吸睛

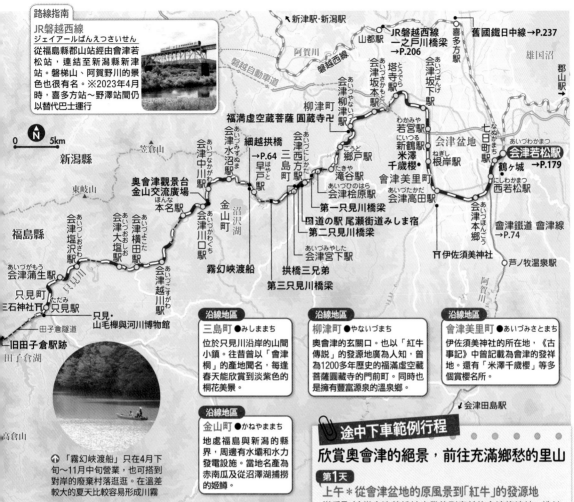

路線指南

JR磐越西線
ジェイアールばんえつさいせん
從福島縣郡山站經由會津若松站，連結至新潟縣新津站。磐梯山、阿賀野川的景色也很有名。※2023年4月時，喜多方站～野澤站間仍以替代巴士運行

新津駅·新潟駅
JR磐越西線 一之戶川橋梁 →P.206
舊國鐵日中線 →P.237
雄国沼
郡山駅→
山都駅
阿賀川
磐越自動車道
會津坂本駅
塔寺駅
會津坂下駅
會津柳津駅
福滿虛空藏菩薩 圓藏寺
柳津町
細越拱橋 →P.64
早戶駅
若宮駅
新鶴駅 米澤千歲櫻
七日町駅
会津若松駅 →P.179
鶴ヶ城
西若松駅
奧會津觀景台 金山交流廣場
本名駅
会津水沼駅
会津中川駅
会津宮下駅
郷戶駅
滝谷駅
会津桧原駅
第一只見川橋梁
道の駅 尾瀬街道みしま宿
第二只見川橋梁
拱橋三兄弟
第三只見川橋梁
会津美里町
会津高田駅
会津本鄉
會津鐵道 會津線 →P.74
伊佐須美神社
芦ノ牧温泉駅
会津田島駅

新潟縣
福島縣
笠倉山
東岐山
会津塩沢駅
会津蒲生駅
只見町
三石神社
只見駅
只見·山毛櫸與河川博物館
旧田子倉駅跡
田子倉湖
高倉山
金山町
沼沢湖
会津川口駅
霧幻峽渡船
会津大塩駅
会津横田駅
会津越川駅
会津塩沢駅

0 N 5km

「霧幻峽渡船」只在4月下旬～11月中旬營業，也可搭到對岸的廢棄村落逛逛。在溫差較大的夏天比較容易形成川霧

沿線地區 ●みしままち
三島町
位於只見川沿岸的山間小鎮。往昔曾以「會津桐」的產地聞名，每逢春天能欣賞到淡紫色的桐花美景。

沿線地區 ●やないづまち
柳津町
奧會津的玄關口。也以「紅牛傳說」的發源地廣為人知，曾為1200多年歷史的福滿虛空藏菩薩圓藏寺的門前町。同時也是擁有豐富源泉的溫泉鄉。

沿線地區 ●あいづみさとまち
會津美里町
伊佐須美神社的所在地，《古事記》中曾記載為會津的發祥地。還有「米澤千歲櫻」等多個賞櫻名所。

沿線地區 ●かねやままち
金山町
地處福島與新潟的縣界，周邊有水壩和水力發電設施。當地名產為赤南瓜及從沼澤湖捕撈的姬鱒。

↙会津田島駅

4 5
6

途中下車範例行程

欣賞奧會津的絕景，前往充滿鄉愁的里山

第1天
上午＊從會津盆地的原風景到「紅牛」的發源地
搭乘7:41從會津若松站出發的列車前往會津柳津站。造訪古剎、體驗彩繪紅牛後，享用當地的名物醬汁豬排丼。
下午＊搭船欣賞如夢似幻的川霧景色
14:05從會津柳津站上車，越過第一只見川橋梁後在早戶站下車。搭乘「霧幻峽渡船」置身於川霧瀰漫的夢幻景色中。18:30從早戶站上車，前往會津川口站附近的溫泉旅館。

第2天
上午＊享受只見的豐富自然景觀與山珍美味
搭乘8:15從會津川口站出發的列車前往只見站。參觀結緣神社、可學習自然知識的博物館後，品嘗鄉土料理。
下午＊越過長隧道往越後三山所在的魚沼前進
16:31從只見站上車，穿越六十里越隧道後可隨意欣賞車窗外的景色，直到終點的小出站下車。在魚沼市區悠閒漫步後，到可一望越後三山的溫泉「見晴らしの湯 こまみ」小憩片刻。

前往始發站的交通方式

郡山站	搭JR磐越西線 普通列車約1小時15分	會津若松站
新潟站	搭JR信越本線·磐越西線 普通列車約3小時	會津若松站
浦佐站	搭JR上越線 普通列車約10分	小出站

JR東北本線、東北新幹線的交會站「郡山站」，每小時有1班普通或快速列車運行。若從新潟站上車，可在途中的新津站轉乘JR磐越西線。往會津若松站方向的列車一天有6班。浦佐站為上越新幹線的停靠站，JR上越線每1～2小時有1班車。

1「公路休息站 尾瀬街道みしま宿」附近的步道上設有第一只見川橋梁的觀景台 2從奧會津觀景台金山交流廣場眺望只見川沿岸的大志村落和KihaE120型柴油車 3行經會津盆地西南部的會津美里町時，眼前是整片連綿的農田景觀 4Kiha110系柴油車正行走在田子倉隧道和六十里越隧道間，已經廢棄的舊田子倉站周邊，遠方還能看到淺草岳 5可將國道252號、JR只見線、縣道盡收眼底的「拱橋三兄弟」，為會津宮下站附近的熱門拍照景點 6位於早戶站～會津水沼站間的細越拱橋（眼鏡橋），是由8座鋼筋混凝土圓拱橋體連結而成

補充資訊 JR只見線於限定期間內會在行經絕景區間時減速行駛、提供語音導覽，並販售特產品。

群山環繞的溪谷四季景色變化萬千
列車的行進運轉聲在深山中繚繞

↑這輛1000型柴油車沿著山林綠意與吉野川交織而成的大步危峽行駛。在險峻的四國山地間穿梭行走的普通列車，也是當地居民主要的交通工具

越過陡峭山頭和深邃峽谷
一路直抵壯闊的太平洋

　　列車從瀨戶內海沿岸的多度津站出發，於讚岐財田站附近進入山谷，翻越難關「豬之鼻峠」後即從香川縣進入了德島縣。過了之字形折返軌道的坪尻站，從阿波池田站開始往四國山地的更深處前進，抵達這趟旅程中的最大亮點——由吉野川的激流沖刷侵蝕而成的峽谷「大步危・小步危」，為極具震撼力的斷崖名勝，在新綠和紅葉季節時尤其美不勝收。

　　從JR四國中海拔最高的繁藤站，一路向下行駛至高低落差達300公尺的高知平原、太平洋沿岸。緊貼著斷崖行駛的須崎站～安和站間，能欣賞到太平洋側最吸睛的景觀。列車沿著蜿蜒的谷灣海岸直至影野站後，離終點四萬十町的窪川站也就不遠了。

路線&乘車資訊

移動時最好以特急列車為主

行駛於岡山站～高知站的特急南風號每小時有1班車，車程約2小時35分，主要的停靠站有多度津站、琴平站、阿波池田站（與JR德島線接續）、大步危站等。運行於高知站以西～土佐黑潮鐵道中村站的特急足摺號，從高知站搭到與JR予土線（P.190）接續的窪川站約1小時又數分鐘。若搭乘普通列車，則必須留意琴平站～阿波池田站～土佐山田站與須崎站～窪川站的區間，普通列車的運行班次雖然較少，但大步危站、佐川站、土佐久禮站等周邊有觀光景點的車站，特急列車幾乎都會停靠。

【洽詢處】JR四國電話諮詢中心 ☎0570-00-4592

1 行駛在小步危站～阿波川口站間，沿著小步危峽行走的特急列車　2 正行經第二吉野川橋梁的普通列車，看起來猶如在山谷間走鋼索般　3 座落於無法開車直達、人煙罕至之處的祕境車站「坪尻站」，僅有普通列車停靠　4 高知商業前站～朝倉站間會穿越流經高知市中心的鏡川　5 安和站～土佐新莊站間有座架設在太平洋海灣上的拱橋「第二領地橋梁」　6 普通列車剛從眼前即遼闊太平洋的安和站出發

途中下車範例行程

縱貫四國，巡訪三個縣的人氣觀光地

第1天

上午＊參拜金刀比羅宮後，一路南下越過四國山地

搭乘8:50從多度津站出發的特急列車前往琴平站。到金刀比羅宮等景點觀光後，返回車站搭乘12:06的特急列車。

下午＊欣賞完壯觀的景色，朝著太平洋的方向前進

沿途眺望四國山地的自然風光，於大步危站下車。可乘坐遊覽船近距離飽覽溪谷之美。搭乘16:49的特急列車前往高知站，在高知住一晚。

第2天

上午＊在市內悠閒觀光，中午享用美味海鮮

參觀高知市內的高知城、史跡等景點，搭乘11:42的特急列車前往土佐久禮站。午餐就到久禮大正町市場品嘗著名的鰹魚料理。

下午＊由太平洋側向內陸行駛，直到終點站

搭上16:35的特急列車與土佐灣的港町告別。斷斷續續地穿越幾個隧道後，列車一路往西南方向前進，於16:50抵達窪川站。

沿線地區

佐川 ●さかわ

由土佐藩山內家的老家臣深尾氏所興建的城下町，還保留著傳統的商家住宅和釀酒廠。

沿線地區

三好市 ●みよしし

以橫跨在日本三大祕境之一「祖谷溪谷」上的橋樑及大步危、小步危的奇景聞名。

沿線地區

大豐町 ●おおとよちょう

位於四國山地中的小鎮。名物「碁石茶」是日本也很罕見的發酵茶，帶點酸甜的味道和香氣。

沿線地區

須崎 ●すさき

面太平洋的港口城市。除了新鮮海味外，鍋燒拉麵也很有名。須崎站為高知縣的鐵道發祥地。

沿線地區

善通寺市 ●ぜんつうじし

以弘法大師誕生之地的善通寺為首，還有諸多史跡、古墳等歷史景點。

路線指南

JR德島線 ジェイアールとくしません

連結德島縣的佃站～佐古站的路線，又被暱稱為吉野川藍色鐵道。

沿線地區

香美市 ●かみし

為麵包超人的作者柳瀨嵩的故鄉，JR四國還推出了以麵包超人為主題的列車。從土佐山田站有巴士可前往麵包超人博物館。

↑以一支釣竿釣鰹魚的技法廣為人知的中土佐町久禮。久禮大正町市場內集結了許多山珍海味

香美市立 柳瀨嵩紀念館 麵包超人博物館

前往始發站的交通方式

高松站	搭JR予讚線 快速列車Sunport南風接力號約30分	多度津站
岡山站	搭JR土讚線直通 特急南風號約2小時35分	高知站

從高松站除了有快速列車Sunport南風接力號、以多渡津站為起訖站的特急南風號合併運行外，還有與高知站連結的特急四萬十號一天4班往返（其中1班會運行至土佐黑潮鐵道的中村站）。也可由愛媛縣側搭JR予土線（P.190）前往窪川站。此外，從德島站可搭JR德島線特急劍山號到德島縣內的轉運站「阿波池田站」，車程約1小時15分。

岡山駅 高松駅

瀨戶內海

瀨戶中央自動車道
瀨戶大橋線
予讚線
宇多津駅
坂出駅
坂出JCT

高見島
紫雲出山
多度津駅 たどつ
こんぞうじ 金蔵寺駅
ぜんつうじ 善通寺駅
善通寺卍 善通寺市
琴平駅
金刀比羅宮门 ことひら
香川縣 琴平山
しおいり 塩入駅
琴彈山
くろかわ 黑川駅
觀音寺駅
予讚線
さぬきざいだ 讚岐財田駅
豬之鼻峠
はしくら 箸蔵駅
うぼじり →P.64 坪尻駅
あわいけだ 阿波池田駅
みなみ 三縄駅
佃 つくだ
德島線
德島駅
徳島縣
予讚本線（土讚線）
三好市
いやぐち 祖谷口駅
あわかわぐち 阿波川口駅
三好市
吉野川
愛媛縣
こぼけ 小步危駅 小步危
第二吉野川橋梁
大步危觀光船 おおぼけ
大步危駅
國見山
祖谷溪
おおぼけ
川之江駅
川之江JCT
德島自動車道
工石山
四國山地
吉野川
土佐岩原駅
とよなが 豊永駅
とさあなない 土佐穴內駅
おおすぎ 大杉駅
おおたぐち 大田口駅
大豐町
梶ヶ森
ときがわ →P.64 土佐北川駅
えんきょうじぐち 円行寺口駅 →P.178
こうち えきまえ 高知商業前駅
かくもだに 角茂谷駅
しげとう 繁藤駅
高知自動車道
神賀山
御在所山
JR土讚線
しんかわ 新改駅
やまだにしまち 山田西町駅
とさやまだ 土佐山田駅
香美市
高知縣
えだがわ 枝川駅
いの 伊野駅 はかわ 波川駅
おかはな 岡花駅
とさかも 土佐加茂駅
日下駅 ひげ
高知城
こうち 高知駅
いりあけ 入明駅
あそう 薊野駅
布師田駅 ぬのした
ごめん 後免駅
とさながおか 土佐長岡駅
ごめん・奈半利線
土佐黑潮鐵道
後免・奈半利線 →P.39
土佐龍馬機場
やまだにしまち
とさいっく 土佐一宮駅
仁淀川
にしさがわ 西佐川駅
さかわ 佐川駅
とがの 斗賀野駅
えりの 襟野々駅
おむらじんじゃまえ 小村神社前駅
あさくら 朝倉駅
あさひ 旭駅
高知平原
仁淀川
あそう 吾桑駅
おおのごう 多ノ郷駅
おおま 大間駅
須崎
とさしんじょう 土佐新荘駅
須崎駅 すさき
第二領地橋梁
安和駅 あわ
久禮大正町市場
土佐久礼駅
かげの 影野駅
ろくたんじ 六反地駅
にいだ 仁井田駅
窪川駅
JR予土線 →P.190
土佐黑潮鐵道
中村線
宇和島駅
宿毛駅
土佐湾

0 10km N

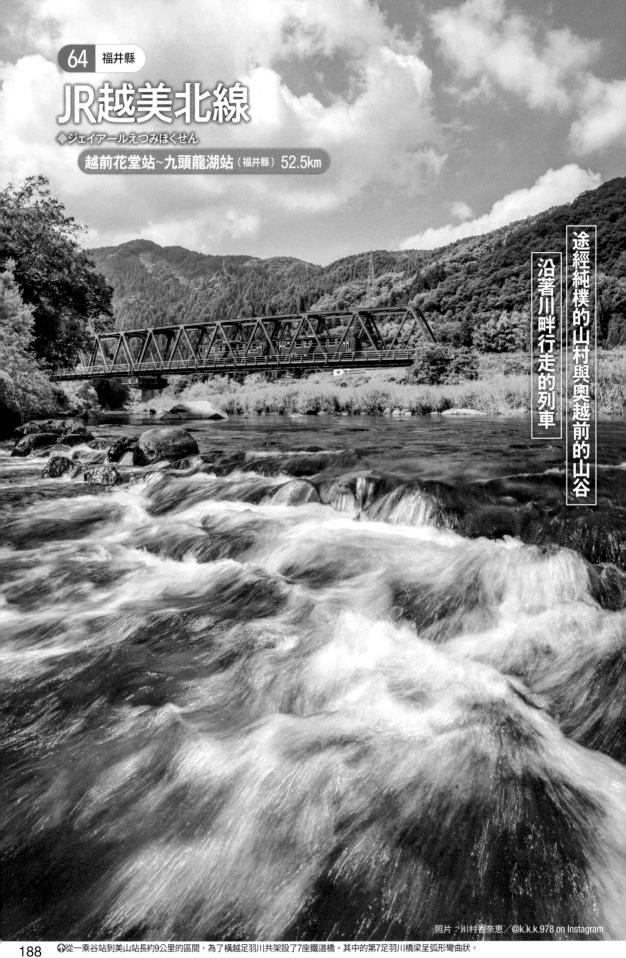

JR越美北線

◆ジェイアールえつみほくせん

越前花堂站~九頭龍湖站（福井縣）**52.5km**

途經純樸的山村與奧越前的山谷

沿著川畔行走的列車

照片：川村香奈惠／@k.k.k.978 on Instagram

　從一乘谷站到美山站長約9公里的區間，為了橫越足羽川共架設了7座鐵道橋。其中的第7足羽川橋梁呈弧形彎曲狀。

聆聽足羽川、九頭龍川的水聲
行經恬靜山林與歷史老街

路線名稱取自越前的「越」和美濃的「美」，又被暱稱為九頭龍線。為紀念開業50周年還推出了彩繪列車，車身以國鐵色赤5號為底色，再加上橫跨在九頭龍湖上的「築夢橋」圖案設計而成。

以福井站為起點，在越前花堂站與北陸本線分歧繼續往田園地帶前進。經過戰國大名朝倉氏的據點「一乘谷」後，沿著足羽川的清流行駛，不久即開始進入山間。一路穿梭在山麓間，越過隧道後遼闊的大野盆地就近在眼前。過了柿島駅，列車順著溪谷往九頭龍湖的方向行駛，最後抵達九頭龍湖站。

❶架設在柿島駅～勝原站間的第2九頭龍川橋梁，紅色的橋身在雪景中更顯突出　❷列車正行經群山環繞的大野盆地，春天還可見到殘雪　❸過了大野盆地的牛原站和芝櫻花海後，直到福井市區為止都穿梭在山中　❹勝原站周邊的花桃會於4月中旬～下旬迎來最佳觀賞期

❶❷照片：川村香奈惠／@k.k.k.978 on Instagram

路線&乘車資訊

前往九頭龍湖站的列車一天僅4班

全線皆為以福井站為起訖站的普通列車。連結至九頭龍湖站的列車，下行（福井站發車）有4班、上行有5班，白天的發車間隔為4～5小時。福井站出發的第一班車為9:08，福井站～九頭龍湖站的車程約1小時30分。此外，福井站～越前大野站間（所需約1小時）中午～傍晚有1班往返，早上上行1班、晚上下行3班。

洽詢處 JR西日本客服中心 ☎0570-00-2486

前往始發站的交通方式

大阪站	搭JR北陸本線直通特急雷鳥號約2小時	福井站
名古屋站	搭JR北陸本線直通特急白鷺號約2小時10分	福井站
金澤站	搭JR北陸本線 特急雷鳥號等到福井站約50分	福井站

特急雷鳥號每30分～1小時1班；從名古屋站發車的特急白鷺號每1～2小時1班，也有滋賀縣米原站始發的班次。兩者經由福井站後都會繼續開往金澤站。搭乘普通列車的所需時間，從敦賀站過來約1小時、從金澤站過來約1小時30分，每小時有1班車。

📎 途中下車範例行程

欣賞美麗的山林與溪谷，感受日本戰國時代浪漫

第1天

上午＊到一乘谷一窺戰國時代的昔日風采
9:08從福井站出發前往一乘谷站，到重現武家屋敷、町屋原貌的一乘谷朝倉氏遺跡逛逛。

下午＊沿著足羽川往越前大野前進
13:07從一乘谷站出發前往越前大野站，參觀天空之城「越前大野城」等已400年歷史的城下町。午餐就吃當地的美食「醬油豬排丼飯」，然後在周邊找間旅館住一晚。

第2天

上午＊抵達盲腸線的終點「九頭龍湖站」
10:07從越前大野出發，約35分鐘後到九頭龍湖站。車站周邊設有「公路休息站 九頭竜」，能吃到以福井特產「九頭龍舞菇」為食材的料理。

沿線地區

越前大野 ●えちぜんおおの
留有戰國時代興建的越前大野城及棋盤狀街道，已逾400年歷史的七間早市也很有名。

一乘谷 ●いちじょうだに
由戰國時代朝倉氏歷經五代，長達103年間統治越前國時所建造的城下町，能感受到濃厚的歷史氣息，還可前往一乘谷朝倉氏遺跡參觀。

➡大野市的在地美味「醬油豬排丼飯」，以醬油為基底調製的沾醬及滿滿的蔬菜為特色

JR予土線

◆ジェイアールよどせん

若井站（高知縣）〜**北宇和島站**（愛媛縣）76.3km

架設在四國最長河流上的大橋

帶著玩心橫渡而過

沿著蜿蜒的清流行駛
連結四國西南部城鎮的路線

　　一路依著清流四萬十川前行，因此又被暱稱為「四萬十綠線」，從車窗能眺望由美麗河川和周圍綠意交織出的風景，以0系新幹線為原型的列車等特色車輛也廣受好評。

　　列車在高知縣的窪川站〜江川崎站間沿著曲折的河川上游行駛，中途會越過好幾座橋梁，從車內任何位置都能將清流的美景盡收眼底，也能清楚看到沒有設置欄杆的「沉下橋」。

　　過了江川崎站後，沿著支流廣見川往愛媛縣的方向行駛。經由以「森之國」為標語的松野町、將町名中的「鬼」運用在活化地方產業上的鬼北町後，朝著南予地區中心地帶的愛媛縣宇和島市前進。

路線&乘車資訊

高知縣內沿著四萬十川行駛的列車一天有4班往返

列車雖然運行於窪川站〜宇和島站間，但窪川站〜若井站間屬於土佐黑潮鐵道中村線的管轄範圍，需另付該區段的車資。窪川站〜江川崎站間的列車僅上午和下午各2班往返，但到了江川崎站〜宇和島站間運行班次會增加。窪川站〜江川崎站間和江川崎站〜宇和島站間的車程時間皆為1小時5分左右。

洽詢處 JR四國電話諮詢中心 ☎0570-00-4592

前往始發站的交通方式

| 高知站 | 搭JR土讚線 特急列車約1小時10分 → | 窪川站 |

| 松山站 | 搭JR予讚線 特急列車約1小時20分 → | 宇和島站 |

從高知站出發的特急足摺號、四萬十號每2小時1班，往窪川站方向的普通列車一天只有5班往返，所需約2小時。從松山站出發的特急宇和海號每小時1班，若搭普通列車大多需要在中途的車站轉乘，就算不用轉乘也得耗時3小時以上。

土佐大正站～江川崎站間列車不斷地穿梭在四萬十川的兩岸。與河川、綠意相映襯的山吹色列車，就是以「予土線三兄弟」之名廣為人知，相當於長男的「四萬十Torocco」

1 模仿0系新幹線設計的列車「鐵路Hobby Train」相當於「予土線三兄弟」的三男，車內還擺放著鐵道模型等展示物 **2** 「予土線三兄弟」的次男「海洋堂Hobby Train」車身上，描繪著一群河童在清流中玩耍的模樣 **3** 位於四萬十川流域的土佐大正站。該地區曾經在大正天皇即位之際，將村名變更為大正村

↑綠色的第四四萬十川橋梁與第一三島沉下橋並行。沉下橋的橋面上沒有設置欄杆，可藉此降低河川水位上漲時橋梁受損的風險。「四萬十Torocco」是由開放式車廂的觀光小火車（需另付指定座席費用）和普通車廂所連結組成

途中下車範例行程

盡情享受四萬十川的美景與河川美味

第1天

上午＊以高知站為起點，搭特急列車到窪川站

從高知站搭8:20的特急四萬十號到窪川站。轉乘10:43從窪川站出發的JR予土線，約20分鐘後在打井川站下車。

下午＊參觀深山裡的模型玩具博物館

從車站利用設施的免費接送服務（需事前聯絡，週日、假日為路線巴士），造訪海洋堂Hobby館四萬十、海洋堂河童館。參觀後搭乘17:58由打井川站出發的下行列車，約40分鐘後抵達江川崎站。在附近的旅館住一晚。

第2天

上午＊享受四萬十川的美景與名物美食

沿著四萬十川的岸邊散步，午餐則推薦品嘗鰻魚、香魚等川魚。中午過後搭乘往宇和島方向的列車，若還有時間，也可到松野町的虹之森公園，園內有水族館等設施。

沿線地區

江川崎 ●えかわさき

位於四萬十市北部，曾經測得41℃的高溫。車站周邊有提供自行車、獨木舟等租借服務，能在四萬十川體驗各種玩樂的方式。

沿線地區

打井川 ●うついがわ

地處四萬十町，展示玩具模型製造商「海洋堂」旗下作品的博物館和河童博物館都廣受矚目。

沿線地區

松野町 ●まつのちょう

森林的覆蓋率高達八成以上，流經南部的目黑川也是四萬十川的支流，滑床溪谷已被列為國立公園。

JR予讚線→P.22

JR土讚線→P.184

補充資訊 JR予土線除了「予土線三兄弟」外還推出了彩繪列車，運行時刻表請上JR四國官網查詢。

錦川鐵道 錦川清流線

にしきがわてつどう にしきがわせいりゅうせん

川西站～錦町站（山口縣）32.7km

繽紛山景倒映在錦川水面上

自然美景隨著四季更送

私心推薦！

可在欣賞川底清澈透亮的清流錦川的同時，邊享受列車之旅，甚至從車窗就能瞧見魚兒優游和野鳥的身影！

錦川鐵道吉祥物 Nishiki

↑依偎著錦川行駛的「Kirameki號」，黃色車身是以螢火蟲為意象。另外還有三款車輛，分別以櫻花、森林和翠鳥、清流中的香魚和山女魚為設計概念

照片：東迫和孝／@kapibara41 on Instagram

沿著縣內最大的河川「錦川」
朝著擁有天然氡溫泉的深山前進

錦川清流線一路依偎著長度、流域面積皆為縣內之最的錦川而行，從城下町「岩國」往內陸方向行駛，越過生見川水壩的西側，最後抵達山谷間的錦町。

列車一天有10班往返，其中的下行（岩國站出發）4班與上行3班在行經椋野站附近、高25公尺的五段瀑布「清流瀑布」和河鹿瀑布等景點時，會放慢速度讓旅客能細細欣賞風景。清流新岩國站、南河內站、北河內站等鐵道沿線有綿延的櫻花行道樹，每當春天一到，從車窗就能望見繽紛的色彩。除此之外還有杜鵑花、波斯菊、鵝掌草等野生的山林花草，隨著季節變化可以欣賞到不同的迷人風景。

1 照片：東迫和孝／@kapibara41 on Instagram

1 以櫻花為概念的粉紅色列車「向陽號」，正行經春天的南河內站、櫻花行道樹和整片的油菜花海中　2 無法以開車或步行方式前往的「清流見晴站」（清流みはらし站）和從JR導入的Kiha40型柴油車　3 行走在西岩國站～川西站、JR岩德線間，聳立於山頂的正是岩國城　4 觀光遊覽車Tokotoko Train運行於預定建設鐵道的舊址上，途中會穿越以夜光壁畫打造而成的「Kirara夢幻隧道」

路線&乘車資訊

所有列車皆會駛入JR岩德線，以岩國站為起訖站

發車間隔約1～2小時，只有普通列車運行，但中午過後的下行（岩國站出發）列車和上午的上行列車約每隔3小時才有一班。岩國站～錦町站的車程約1小時10分。每個月會有一班停靠清流みはらし站的活動列車，須於乘車日的7天前完成預約，按先來後到的順序受理申請。可於一日內自由上下車還附紀念品的周遊券為2000円（岩國站～川西站不可使用）。

洽詢處 錦川鐵道 ☎0827-72-2002

前往始發站的交通方式

| 廣島站 | 搭JR山陽本線 普通列車約50分 | → | 岩國站 |
| 德山站 | 搭JR山陽本線 普通列車約1小時10分 | → | 岩國站 |

廣島站、德山站是山陽新幹線希望號和櫻花號等列車會停靠的車站（德山站約每小時1班），JR山陽本線每30分～1小時有1班車。只有山陽新幹線回聲號和清晨時段的光號有停靠的新岩國站，與錦川清流線的清流新岩國站毗鄰，也可搭乘經由錦帶橋前往JR岩國站的路線巴士，車程約30分鐘。

📎 途中下車範例行程

乘著慢行列車飽覽錦川沿岸的自然美景

上午＊觀賞岩國的史跡和名勝，坐上列車眺望錦川風光
從岩國站搭到川西站下車（JR岩德線），步行20分鐘左右到錦帶橋。遊逛岩國城和周邊的店家後，抓好時間返回川西站搭乘11:20的列車前往錦町站。

下午＊沿途欣賞車窗外的景色，前往日歸溫泉
一路會行經6個觀光慢行景點，車程約1小時10分，最後抵達終點錦町站。搭乘12:35出發的「Tokotoko Train」前往雙津峽溫泉，享受天然氡溫泉的泡湯樂趣。傍晚再從錦町站搭車返回岩國。

沿線地區 雙津峽溫泉
●そうづきょうおんせん
擁有自地下1000公尺處湧出的天然氡溫泉。從錦町站搭巴士需13分，搭Tokotoko Train約40分。

沿線地區 岩國
●いわくに
還留有橫跨在錦川上的錦帶橋、岩國城等多個史跡的城下町，由初代藩主下令製作的名物「岩國壽司」也廣為人知。

路線指南
JR岩德線
ジェイアールがんとくせん
原本作為山陽本線的一部分而鋪設。由岩國站沿著舊山陽道行走於山間，通過德山站。從川西站能眺望到岩國城。

67 岡山縣・廣島縣

JR藝備線

◆ジェイアールげいびせん

備中神代站（岡山縣）**〜廣島站**（廣島縣）**159.1km**

穿梭在綠意盎然的中國山地
沿著豐富多彩的河川前行

☝在備後落合站～比婆山站間沿著西城川行走的Kiha120型柴油車。行駛於備後落合站以西的列車為紫色橫條，以東的列車為橘色和紅色橫條

1

照片：@mu58127 on Instagram

2

3

照片：@mu58127 on Instagram

4

從深山的靜謐村莊到新市鎮
享受變化多端的車窗風景

穿梭在中國山地山腳下的鐵道路線，東城站～備後落合站間一天甚至只有3班列車往返。

從備中神代站出發後，列車沿著成羽川一路行駛，眼前是一片悠閒的農村風景。縣界附近的東城站周邊，有已被指定為國家名勝的帝釋峽等景點。從道後山站穿越中國地方最高的第1小鳥原川橋梁，過了幽靜的轉運站「備後落合站」後順著西城川一路下坡，直到田園風光映入眼簾的庄原盆地。沿線的西城町曾因類人猿生物出沒的傳言而引起各方關注，並以此為契機開始推動、活化地方產業。

從三次站依著江之川行駛，翻越山谷、行經右手邊的白木山，高陽新市鎮就近在眼前。穿越三連隧道後繼續往南前進，即可抵達終點廣島站。

5

6

7

1 位於備後落合站～道後山站間的第2小鳥原川橋梁，從高架鐵橋上能眺望中國山地的豐沛大自然　2 備後西城站～平子站間為遼闊的田園地帶，一年四季都能欣賞到不同的景色　3 列車正越過位於備後西城站附近，橫跨西城川上的鐵橋。西城町曾因製鐵產業而興盛一時　4 行經庄原盆地內、七塚站附近的列車，正一路朝著三次站的方向前進　5 下深川站～玖村站間的三連隧道是很有人氣的拍照景點　6 從備中神代站出發的列車。前方的鐵軌為通往山陰地方的JR伯備線　7 岡山縣的野馳站。別具風情的木造站舍自1930年開業以來一直使用至今

路線&乘車資訊

東城站~備後落合站間
僅清晨、午、晚各1班往返

要搭完全線的最大難關就在東城站~備後落合站間，從新見站出發的列車只有5:17（快速）、13:02、18:25三個班次，約1小時30分可抵達備後落合站（停ең10~20分鐘後，會繼續折返作為開往新見站的列車使用）。新見站~東城站間平日另有3班往返（週六日、假日為2班往返）。備後落合站~三次站間的車程約1小時20分，一天有4.5班往返。三次站~備後庄原站間有數班區間運行，但有些班次在週六日、假日會停駛。此外備後落合站的周邊並無旅館，規劃行程時要特別留意。三次站~廣島站間每小時就有1班車，但平日和週六日、假日的時刻表會不一樣，除了車程時間約1小時50分的普通列車外，每天還有數班快速列車「三次Liner」運行。

洽詢處 JR西日本客服中心
☎0570-00-2486

前往始發站的交通方式

岡山站	搭JR伯備線直通特急八雲號約1小時 → **新見站**
米子站	搭JR伯備線直通特急八雲號約1小時10分 → **新見站**
岡山站	搭JR山陽新幹線希望號約40分 → **廣島站**

特急八雲號每小時有1班車，會停靠倉敷站、松江站、出雲市站。新見站也與JR姬新線（P.92）接續。搭普通列車的話約需1小時30分~2小時，且班次比特急八雲號還要少。備後落合站和三次站也都是與其他路線交會的轉運站。另外還有連結宍道站~備後落合站的JR木次線（P.126），但一天僅3個班次。連結福山站和鹽町站的JR福鹽線雖然全數列車皆會駛入三次站，但一天也只有6個班次（白天有2班）。

📎 **途中下車範例行程**

從山林到都會 邂逅豐富多樣的風景

第1天
下午＊悠閒享受山谷的景致與里山觀光之旅
搭乘13:02從新見站出發的列車，一路奔馳在山間的農村地帶，14:27在備後落合站下車。下一班車要等到14:43才會發車，不妨利用時間走走看看這座還保留著昔日曾作為轉運站樣貌的祕境車站。15:27分抵達備後庄原站後，在站前租借自行車到市內逛逛。

第2天
上午＊在景點眾多的三次市逗留半天
搭乘9:54從備後庄原站出發的列車前往三次站。參觀廣島三次葡萄酒莊、湯本豪一紀念日本妖怪博物館等觀光景點後，中午就享用三次市的名物「鱷魚料理」。
下午＊穿越中國山地繼續往終點站前進
搭乘15:25的列車從三次站出發，17:14抵達終點廣島站。

沿線地區
庄原 ●しょうばら
當地曾盛行以日本自古流傳的「踏韛製鐵」工法煉鋼。國營備北丘陵公園內，全年都能欣賞到不同的花海美景。

沿線地區
帝釋峽 ●たいしゃくきょう
也已入選為日本百景的國定公園。可以在神龍湖玩輕艇或到遊步道走走，享受大自然的樂趣。離最近的車站是東城站。

沿線地區
三次 ●みよし
連結山陰與山陽的交通要衝之地。街道上仍保有昔日宿場町的氛圍，可看景點也很多。

路線指南
JR福鹽線
ジェイアールふくえんせん
以從月台就能望見福山城的福山站為起點，連結至三次站的路線。

沿線地區
安藝高田 ●あきたかた
市內有毛利元就的居城「吉田郡山城跡」，也是江之川水系與太田川水系的分水嶺所在地。

樽見鐵道 樽見線

◆たるみてつどう たるみせん

大垣站~樽見站（岐阜縣）34.5km

沿途欣賞隨四季遷移的美景

享受風光明媚的鐵道之旅

照片：川村香奈惠╳@k.k.k.978 on Instagram

①列車正橫越第六根尾川橋梁。從織部站到樽見站間一路順著蜿蜒的根尾川而行，並越過多座橋梁

列車順著清流一路北上
越過多座橋梁，景觀變化豐富

　　從岐阜縣西部的中心「大垣」沿著揖斐川的支流「根尾川」北上，一直連結到已被指定為國家天然紀念物的根尾谷淡墨櫻所在地 —— 本巢市樽見。

　　駛出大垣站的列車行經有木曾三川流淌的濃尾平原，過了站名源自古田織部的織部站後，開始進入溪谷。當越過橋梁時，能飽覽由清流與新綠、紅葉交織而成的景色。沿途會停靠賞櫻名所「谷汲口站」、佇立於隧道和橋梁間的日當站、離國家特別天然紀念物「根尾谷斷層」最近的水鳥站，一面朝著終點樽見站前進。

路線&乘車資訊

本巢站以北雖然班次減少，但途中下車依然方便

全線運行的普通列車每1～2小時1班，車程約1小時，但是部分列車在本巢站的停靠時間比較久，所以會稍微拉長些時間。另外還有運行於大垣站～本巢站間（所需約30分）的列車，早上和傍晚以後有3～5班。可於一日內全線自由上下車的周遊券為1600円，附淡墨溫泉 四季彩館入浴券的票券則為2200円。

洽詢處 樽見鐵道 ☎0581-34-3768（本巢站）

1 正越過第一根尾川橋梁的Morera號。「Morera」的站名來自於購物中心「MALera岐阜」　2 鐵軌旁和繡球花繽紛盛開的日當站，是一座位於溪谷中的無人車站　3 谷汲口站是谷汲山華嚴寺的玄關口，每到春天車站和列車就會籠罩在盛開的櫻花中　4 列車正行經東大垣站～橫屋站間的揖斐川，橋梁周邊每到春天會有整片的油菜花田

前往始發站的交通方式

| 名古屋站 | 搭JR東海道本線 新快速列車等約35分 | → 大垣站 |
| 米原站 | 搭JR東海道本線 普通列車約30分 | → 大垣站 |

從名古屋站出發的話，搭乘往大垣站或米原站方向的列車皆可。米原站是連結JR東海道新幹線（希望號與部分光號並無停靠）、京阪神方向、福井縣敦賀站等路線的轉運站。從大阪站過來搭新快速列車約1小時30分。以大垣站為起訖站的列車於平日和週六日、假日的時刻表會有所不同，但由於每小時都有好幾班車，因此也不需要特別查詢。

途中下車範例行程

到根尾川來趟身心療癒之旅

上午＊造訪谷汲山華嚴寺，感受季節風情
搭乘9:11從大垣站出發的列車，9:48抵達谷汲口站。換搭揖斐川町社區巴士在谷汲山巴士站下車，步行10分鐘左右到谷汲山華嚴寺。被暱稱為「谷汲桑」的寺院境內，也是春天賞櫻、秋天賞紅葉的勝地，參拜後還可以領取御朱印。

下午＊前往櫻花名勝和溫泉地的玄關口「樽見站」
在谷汲山華嚴寺的參道或沿線的餐廳享用午餐，品嘗以當地食材烹調的餐點和川魚料理。搭乘14:30出發的列車，約25分鐘後到終點樽見站下車。若春天來訪，則可步行15分鐘前往欣賞根尾谷淡墨櫻。也很推薦坐免費接駁巴士或計程車到10分鐘車程遠的淡墨溫泉 四季彩館，看是要泡個日歸溫泉還是直接入住一晚都行。

地圖標示

淡墨溫泉 四季彩館
樽見駅
根尾谷淡墨櫻
水鳥駅
根尾谷斷層
高尾駅
第六日當駅
根尾川橋梁
鍋原駅
高科駅
神海駅
谷汲山華嚴寺
谷汲口駅
木知原駅
第一根尾川橋梁
織部駅
本巢市
本巢駅
樽見駅
糸貫駅
モレラ岐阜駅
北方真桑駅
美江寺駅
十九條駅
橫屋駅
揖斐川橋梁
東大垣駅
大垣駅
濃尾平原
長良川
名古屋駅
米原駅
垂井駅
東海道本線
東海道新幹線

雷倉
花房山
妙法ヶ岳
揖斐峽
舊名鐵谷汲線Mo 510型 →P.147
岐阜縣
揖斐川町
揖斐駅
養老鐵道
美濃赤坂駅
0　3km

根尾谷淡墨櫻是沿線首屈一指的觀光名勝，每逢開花時期還會增加列車的班次

沿線地域
本巢市 ●もとすし
為活躍於安土桃山時代的武將、茶道家古田織部的故鄉，也以富有柿的產地廣為人知。

沿線地域
揖斐川町 ●いびがわちょう
以谷汲山華嚴寺、因建造西平水壩而形成的揖斐峽聞名。町內有好幾條清流，也是釣香魚的勝地。

大井川鐵道 大井川本線

◇ おおいがわてつどう おおいかわほんせん

金谷站~千頭站（靜岡縣）**39.5km**

穿越繽紛四季景色的山間

橫渡蜿蜒曲折的大井川

私心推薦！

大井川鐵道沿著壯闊的大井川前行，沿途能欣賞隨著四季更迭的日本原風景，請好好的享受昭和復古風的列車之旅吧。

大井川鐵道
SL專職車掌
上村 詩惠

↑地名站附近，長約11公尺的建造物又有「日本最短隧道」之稱
照片：上杉雄敏

⊙拔里站~千頭站間會有4次橫越大井川的機會，紅色橋梁與周圍的綠意相互輝映。照片中的車輛是之前服役於近鐵的特急車輛

別有風情的懷舊列車
一路朝著南阿爾卑斯山麓前行

依著江戶時代東海道最大難關的大井川行駛，往川根本町前進。春天時家山站、德山站旁的櫻花隧道，初夏時抜里站周邊的茶園，都為沿線增添了不少風采。從終點千頭站可銜接井川線（南阿爾卑斯阿布特線），沿著奧大井溪谷繼續朝南阿爾卑斯山麓行駛。

大井川本線隨處可見昔日的鐵道風情，還有罕見的硬式車票。普通列車「EL川根路號」使用了昭和時期所製造、從其他路線退役的車輛，且由電氣機關車負責牽引後方連結的舊型客車；「SL川根路號」已恢復行駛，可在大井川鐵道的網站上事先預約。木造站舍還保留著創設當年的樣貌，也很值得細細品味。

1 照片：小林厚美／@attko3704 on Instagram

1 過去曾行駛於南海高野線的車輛（P.146）正穿梭在抜里站周邊的川根茶茶園 **2** 若於春天來訪，絕不可錯過3月下旬盛開的的家山櫻花美景 **3** 從1931年開業以來延續至今的田野口站木造站舍 **4**「SL川根路號」已經恢復行駛。圖為目前一起運行其間的「EL川根路號」，使用的是昭和50年代常見的電氣機關車和舊型客車

路線&乘車資訊

全線普通列車一天9班往返，車程約1小時15分

行駛於金谷站～千頭站的列車，早上和傍晚以後每1～2小時1班，白天每2～3小時1班。「EL川根路號」以新金谷站為起訖站，以週六日、假日為主有1班往返（急行費用另加500日圓），而「SL川根路號」則是有2班往返於新金谷～家山站（日期不定，急行費用另加1000日圓）。金谷站～新金谷站間的普通列車，也會配合EL川根路號的發車時間運行。除了可於兩日內不限次數搭乘大井川本線的周遊券3500円外，還有大井川本線加上從千頭站以北的井川線皆可利用的周遊券、前往川根溫泉最划算的來回乘車券等種類，可搭配行程自由選擇。

〔洽詢處〕大井川鐵道 ☎0547-45-4112

前往始發站的交通方式

| 靜岡駅 | 搭JR東海道本線 普通列車約30分 | ➡ 金谷站 |
| 濱松駅 | 搭JR東海道本線 普通列車約40分 | ➡ 金谷站 |

JR東海道本線每小時至少會有2～3班車。可搭乘JR東海道新幹線光號或回聲號到靜岡站、濱松站或離金谷站兩站之隔的掛川站，接著再轉乘JR東海道本線。從甲府站途經JR身延線（P.232）的特急富士川號也會駛入靜岡站。

途中下車範例行程

沿著孕育出絕景、名物的大井川一路往上

第1天

上午＊從金谷站前往門出站
搭乘8:59出發往千頭站方向的列車，9:11抵達門出站。可在車站附設的體驗型美食設施KADODE OOIGAWA體驗製作綠茶或品嘗名物美食。

午後＊到川根溫泉療癒旅途的疲憊
搭乘15:23的列車，15:49在川根溫泉笹間渡站下車。前往公路休息站 川根溫泉享受露天浴池或足湯，看列車從眼前奔馳而過後，下榻毗鄰的大井川鐵道 川根溫泉酒店。

第2天

上午＊造訪靜岡最自豪的祕境「寸又峽夢之吊橋」
9:37從川根溫泉笹間渡站出發，10:15抵達千頭站，再搭約40分鐘的巴士到寸又峽。橫越夢之吊橋，欣賞美麗動人的清澈藍色湖泊。

沿線地域
川根本町 ●かわねほんちょう
位於名名站周邊以北。以茶湯呈金黃色的川根茶產地而聞名，還有千頭、寸又峽、接岨峽等溫泉景點。

沿線地域
島田市 ●しまだし
地處金谷站到川根溫泉笹間渡周邊。擁有湧泉量為縣內數一數二的川根溫泉，以及可一窺大井川流域的歷史與美食魅力的設施。

JR美禰線

◆ジェイアールみねせん

厚狹站~長門市站（山口縣）46.0km

2024年將迎來開通100周年
連結山陽地區與日本海的路線

　　由厚狹盆地一路越過中國山地直到日本海。舊稱為大嶺線，主要用貨物列車來輸送美禰周邊的石灰石。

　　從厚狹站出發的列車，邊穿梭在山谷間的小村落邊沿著厚狹川北上。過了美禰盆地和於福站後，峽谷景色又再次映入眼簾。位於花尾山山麓的澀木站又以螢火蟲之鄉廣為人知，例如橫跨深川川上的澀木螢火蟲橋等車站周邊，每到夏天就能捕捉到點點螢火。行經有溫泉街的長門湯本站再往北走，過了視野遼闊的板持站後，就離終點站所在、面日本海的長門市中心不遠了。

路線&乘車資訊

僅普通列車運行，全線車程約1小時

一天有9班往返，其中的3班往返皆在傍晚以後。中午前後的發車間隔為2~3小時，其餘時段皆每1~2小時1班車。部分列車會繼續駛入長門市站北邊的仙崎站。

[洽詢處] JR西日本客服中心 ☎0570-00-2486

前往始發站的交通方式

| 新山口站 | 搭JR山陽本線 普通列車約30分 | → | 厚狹站 |
| 益田站 | 搭JR山陰本線 普通列車約1小時50分 | → | 長門市站 |

厚狹站只有山陽新幹線回聲號停靠，上行下行各每小時1班車。若從遠方來，可先搭到部分希望號有停靠的新山口站，再轉乘回聲號或是每小時1~2班的JR山陽本線。從九州過來的話，可由所有新幹線都會停靠的福岡縣小倉站搭乘回聲號，或是轉乘往下關站方向的列車，從博多站搭回聲號約需40分。從下關站也可搭乘JR山陰本線的普通列車，詳情請參照P.16。

在一片漆黑的山林川邊

點點螢光漫天飛舞的夢幻景色

澀木站附近有多個觀賞
螢火蟲的景點，每到夏
天還會舉辦螢火蟲祭

1溫泉街全面翻新後成為話題的長門湯本溫泉。河畔邊邊設置了川床，
能聽著音信川的潺潺水流聲感受舒爽涼意　2列車正行走在於福站～澀
木站間。在蔥鬱山林間十分顯眼的紅褐色屋頂，為島根縣石見地方所製
作的「石州瓦」　3經過厚狹川附近的田園地帶後，四郎原站就快到了

沿線地域

長門湯本溫泉
●ながとゆもとおんせん
位於音信川沿岸，擁有
近600年歷史的溫泉
地。近幾年剛重新整修
開放，設有商店和咖啡
廳，可悠閒漫步其間。

沿線地域

秋吉台　●あきよしだい
擁有與白色石灰岩相
輝映的大草原，及日本
規模最大的鐘乳石洞
等美麗自然景觀。從美
禰站搭巴士約30分。

📎 途中下車範例行程

造訪螢火蟲之鄉與歷史悠久的溫泉街

第1天

上午＊搭乘JR山陽新幹線或山陽本線到厚狹站
厚狹這地方曾在民間故事《三年睡太郎》中出現。在車站
周邊能買到以睡太郎為原型的甜點，再搭乘10:20的列車，
30分鐘後抵達美禰站。從車站步行5分到美禰市化石館，
或搭30分鐘的巴士前往巨型鐘乳石洞「秋芳洞」參觀。

下午＊到澀木站賞螢，前往長門湯本溫泉
搭乘18:41從美禰站出發的列車前往澀木站。到澀木螢火
蟲橋的附近，一睹螢火蟲漫天飛舞閃爍的夢幻光景。返回
車站搭乘20:52出發的列車到長門湯本站，在可享受源泉
放流式溫泉的旅館住一晚。

第2天

上午＊漫步溫泉街，往長門市站前進
到長門湯本溫泉街上的商店或咖啡廳逛逛後，搭乘11:17
的列車前往長門市站。抵達後也可再轉乘JR山陰本線
（P.12），前往仙崎或青海島觀光。

補充資訊 只要出示美禰線利用證明書，就能享有長門湯本溫泉的公共浴場等沿線部分公共設施的門票優惠。可在列車內取得。

因創紀錄的豪雨造成河川氾濫而暫時停駛

克服自然災害後再次啟程

除了國家和地方政府的支援能使這條鐵路從嚴重受損中重新恢復營運，
還飽含著當地居民和鐵道迷的殷殷期盼。

以貝多芬第六號交響曲《田園》為主題的列車「田園交響曲號」。從肥後西村站出發，鐵軌旁有盛開的油菜花田

5輛列車全泡在水中的畫面。只剩下1輛還能發動引擎（上）。已登錄為國家有形文化財的球磨川第四橋梁嚴重受損，桁架已被沖走大半，橋墩也部分崩塌。目標是在2025年重新恢復行駛（下）

71 熊本縣｜當地居民的重要交通工具透過上下分離方式提前恢復營運

球磨川鐵道 湯前線
●くまがわてつどう ゆのまえせん

人吉溫泉站～湯前站（熊本縣）**24.8km**

行駛於被司馬遼太郎讚譽為「日本最富饒的世外桃源」的球磨川上游，受到2020年7月的豪雨影響，不僅車輛全數泡水、路線中斷，沿線著名的球磨川第四橋梁也被沖毀。

具有通學通勤功能、生活色彩濃厚的這條路線在全線停駛後，鐵道的存續也岌岌可危。但在導入鐵道設施屬於沿線地方行政區所有的「上下分離方式」後，獲得了來自國家和地方政府的補助款，同時在全日本鐵道公司和各方的支援下，2021年11月全線約有七成已順利重啟營運。

路線&乘車資訊

重啟運行的區間為肥後西村站～湯前站間

人吉溫泉站～肥後西村站間由替代巴士運行（約需20分鐘，週日和假日停駛），再銜接以肥後西村站為起迄站的列車。平日白天沒有班次運行，相較於湯前站～肥後西村站的列車有6班，肥後西村站～湯前站的列車僅4班，另有2班只運行到あさぎり站（其中8:19抵達的列車，會在15:56發車前往湯前站）。到了週六日、假日，則在白天增加3班往返、晚上減少1班往返。肥後西村站～湯前站的車程約30分鐘。一日周遊券為1200円（包含替代巴士在內）。

洽詢處 球磨川鐵道 ☎0966-23-5011（人吉溫泉站）

前往始發站的交通方式

●從新八代站搭高速巴士「B&S宮崎」約40分到人吉IC，再搭人吉周遊巴士「じゅぐりっと號」約20分抵達人吉溫泉站
●從宮崎站搭高速巴士南風號約2小時到人吉IC，再搭人吉周遊巴士「じゅぐりっと號」約20分鐘後抵達人吉溫泉站
人吉溫泉站與JR肥薩線的人吉站相鄰，但2023年4月時，JR肥薩線的八代站～人吉站～吉松站仍暫停運行中，因此必須從九州新幹線有停靠的新八代站或熊本、鹿兒島中央站、宮崎站，搭高速巴士到人吉IC。人吉周遊巴士「じゅぐりっと號」每天有11班。

→P.179

2023年
九州自動車道
八代站～吉松站間暫停運行中
肥薩線
八代駅
吉松駅
万江川
人吉IC
人吉溫泉駅
人吉駅
さがらはんがんなりじ
相良藩願成寺駅
肥後西村駅
川村駅
木上駅
一武駅
球磨川
川辺川
球磨川第四橋梁
おかどめこうふく
おかどめ幸福駅
あさぎり駅
東免田駅
公立病院前駅
多良木駅
東多良木駅
新鶴羽駅
湯前駅
球磨川鐵道 湯前線
熊本縣
0 4km N

72 長野縣 在政府及民間的齊心協力下重現地區的代表性象徵

上田電鐵 別所線

● うえだでんてつ べっしょせん

上田站~別所溫泉站（長野縣）11.6km

以戰國英雄真田氏的淵源之地「上田」為起點，主要行駛於鹽田平一帶。鹽田平又被稱為「信州的鎌倉」，散落著許多與佛教文化有關的建築物，終點的別所溫泉則號稱是信州最古老的溫泉。

紅色鐵橋的千曲川橋梁是路線的代表象徵，曾因2019年颱風帶來的豪雨導致崩塌，目前已完成復原。在國家、長野縣、上田市與上田電鐵的通力合作，以及對橋梁有著深厚感情的市民、鐵道迷的大力支持下，約一年半後即重啟運行。

路線&乘車資訊

班次很多，可隨意途中下車遊逛

早上、傍晚每30分鐘1班，白天每小時1班，上田站~別所溫泉站的車程約30分。除了可於全線自由上下車的一日周遊券1180円外，還推出了各種方便途中下車造訪沿線地區的票券。

洽詢處 上田電鐵 ☎0268-22-3612（上田站）

前往始發站的交通方式

●從輕井澤站搭信濃鐵道 普通列車到上田站約50分
●從長野站搭信濃鐵道直通 普通列車到上田站約40分

北陸新幹線和信濃鐵道皆會駛入上田站。從東京站過來可搭北陸新幹線白鷹號或淺間號，車程約1小時30分。若要搭乘信濃鐵道，可由輕井澤站、小諸站、長野站上車。發車間隔約30~40分，有普通和快速列車運行。

↑別所溫泉站還保留著大正時代開業當時的氛圍，為前往溫泉街的據點（左）。離生島足島神社最近的下之鄉站，外觀的設計猶如神社般（右）

↑塗上鮮明的薄荷藍、讓人印象深刻的八木澤站，長椅靠背上還刻有心型圖案

城下站~上田站間的千曲川橋梁以優美的線條著稱，共有5座紅色的桁架（由三角形組合而成的骨架）

→千曲川橋梁當時崩毀的模樣。由於將已崩落的鐵架重新組裝再次利用、因此縮短了搶修復原的時間

鐵道車輛從車庫駛出，穿越橋梁，抵達車站

支援鐵道運作的建築物

鐵道車輛每天能夠如常運行，與許多建築物都息息相關。
在這裡先瞭解橋梁、車站等建築物的特徵，就能一窺鐵道背後的運作機制。

創造出絕景的橋梁

橋梁不只有銜接鐵道的功能，有時也能帶來足以烙印心底的深刻美景。

富山縣
富山地方鐵道 立山線 千垣橋梁

●とやまちほうてつどう たてやません
　ちがききょうりょう

橫跨在源自立山連峰、坡度陡峭的常願寺川上。為了預防洪水或土石流侵襲，採用無橋墩設計的拱型結構十分美觀。

🚃從電鐵富山站搭富山地方鐵道普通列車50分，千垣站下車步行3分

北海道
舊三井蘆別鐵道 炭山川橋梁
●きゅうみついあしべつてつどう
　たんざんがわきょうりょう

架設在石狩川溪谷上的運煤鐵道橋梁。由於具有重要的產業遺產價值，2009年已被登錄為國家有形文化財。還保留著柴油機關車和煤炭貨車（冬季不開放參觀）。

🚃從JR根室本線（P.26）蘆別站搭空知交通KIRAKIRA巴士賴城線16分，西芦6丁目下車步行4分

福島縣
JR磐越西線 一之戶川橋梁

●ジェイアールばんえつさいせん
　いちのとがわきょうりょう

架設在喜多方站和山都站間的鐵橋。於明治末期完工當時因其規模又有「東洋第一鐵橋」之稱，到了晚上還會點燈裝飾。

🚃從郡山站搭JR磐越西線（於會津若松站轉乘）2小時，山都站下車步行20分／從新潟站搭JR信越本線‧磐越西線（於新津站轉乘）2小時30分，山都站下車步行20分

北海道
舊國鐵士幌線 丹珠別川橋梁

●きゅうこくてつしほろせん
　タウシュベツがわきょうりょう

為舊士幌線的鋼筋混凝土拱橋。橋梁在水壩湖面倒映出的身影十分漂亮，但在8月～10月間水位上升時會沉入湖中。

🚃從JR根室本線（P.26）帶廣站搭十勝巴士往ぬかびら源泉郷スキー場1小時45分，終點站下車，步行1小時30分至展望台※若只到橋梁附近，則可參加東大雪自然導覽中心的參觀行程（需預約）

福岡縣‧佐賀縣
舊國鐵佐賀縣 筑後川昇開橋
●きゅうこくてつさがせんちくごがわしょうかいきょう

橫跨在流經縣界的筑後川。考量到往來船隻頻仍及有明海特有的潮差，橋梁的一部分採用可動式，可提供列車和船舶通過。鐵道廢線後目前已改為散步道。

🚃從博多站搭JR長崎本線直通特急列車45分，於佐賀市轉乘佐賀市營巴士往早津江25分，昇開橋下車步行5分

兵庫縣
JR山陰本線 舊余部橋梁
●ジェイアールさんいんほんせん
　きゅうあまるべきょうりょう

架設在山陰本線鎧站和餘部站間的紅色舊余部橋梁，從明治末年以來已佇立百餘年。原址目前建有觀景設施，可從高處將山海風景盡收眼底。

🚃從鳥取站搭JR山陰本線普通列車1小時（於濱坂站轉乘），餘部站下車即到

群馬縣
舊JR信越本線 碓冰第三橋梁
●きゅうジェイアールしんえつほんせん
　うすいだいさんきょうりょう

位於舊信越本線的橫川站和輕井澤站間的紅磚橋，上方鋪設著阿布特（ABT）式齒軌鐵路。造型優美的橋梁由4個連拱構成，又被暱稱為「眼鏡橋」。

🚃從高崎站搭JR信越本線普通列車35分，橫川站下車，搭車10分或步行1小時40分

呈美麗弧線狀的車庫

又被稱為「扇形車庫」的圓形倉庫內設有轉車台，曾是蒸汽機關車進行維修和存放的地方。

岡山縣
舊津山扇形機關車庫
● きゅうつやませんけいきかんしゃこ

座落在舊津山站的扇形機關車庫，除了存放13輛外，還展示轉車台等設備。2018年已被指定為鐵道紀念物。

> 交 從JR姬新線（P.92）等路線的津山站步行10分（津山學習鐵道館）※費入館310円 休週一（若逢假日則翌日休）、12月29～31日

新潟縣
舊直江津機關庫
● きゅうなおえつきかんこ

還保留在直江津運轉中心的轉車台和扇形車庫。2021年開業的「直江津D51鐵道公園」所推出的SL蒸汽列車搭乘體驗，就是活用其中的部分設備。

> 交 從越後心動鐵道 日本海翡翠線（P.58）等路線的直江津站步行3分 ※費成人門票1000円 休主要於週六日、假日營業，有冬季休業

大分縣
舊豐後森機關庫
● きゅうぶんごもりきかんこ

九州唯一現存的扇形機關庫，已被經濟產業省指定為近代化產業遺產。近年來也因成為人氣動畫作品的取景地而話題性十足。

> 交 JR久大本線（P.122）豐後森站步行5分

見證地區發展的知名車站

守護旅客來往的車站，也成為象徵地區歷史的場所。

鹿兒島縣
JR肥薩線 大隅橫川站
● ジェイアールひさつせん
　おおすみよこがわえき

> 交 從鹿兒島中央站搭JR日豐本線・肥薩線40分（於隼人站轉乘）

JR肥薩線的大隅橫川站是霧島市舊橫川地區的主要車站，開業於1903年，為鹿兒島縣內最古老的木造車站。

石川縣
北陸鐵道石川線 舊加賀一之宮站
● ほくりくてつどういしかわせん きゅうかがいちのみやえき

行經白山市內鐵道路線的停靠車站，為了讓旅客方便前往附近神社參拜而設。純和風建築的車站廣受好評，已被登錄為國家有形文化財。

> 交 從金澤站搭JR北陸本線・北陸鐵道石川線（於西金澤站轉乘）45分，鶴來站下車步行30分

滋賀縣
舊長濱站舍
● きゅうながはまきしゃ

1882年開業的鐵道路線，相當於現在的JR北陸本線。為現存日本最古老的車站，目前以紀念館對外開放。

> 交 米原站搭JR北陸本線普通列車10分，長濱站下車步行3分

北海道
室蘭市舊室蘭站舍
● むろらんしきゅうむろらんえきしゃ

擁有西式屋頂、白牆以及被稱為「雁木」的拱廊等特色的木造車站，目前作為觀光服務處使用。

> 交 從札幌站搭JR室蘭本線直通特急列車1小時30分，於東室蘭站轉乘普通列車15分，室蘭站下車步行10分

73 長野縣·新潟縣

JR大糸線

◇ジェイアールおおいとせん

松本站（長野縣）~糸魚川站（新潟縣） 105.4km

眺望3000公尺等級的北阿爾卑斯山

從信州松本一路延伸至日本海

照片：三吉勇基／@7djet on Instagram

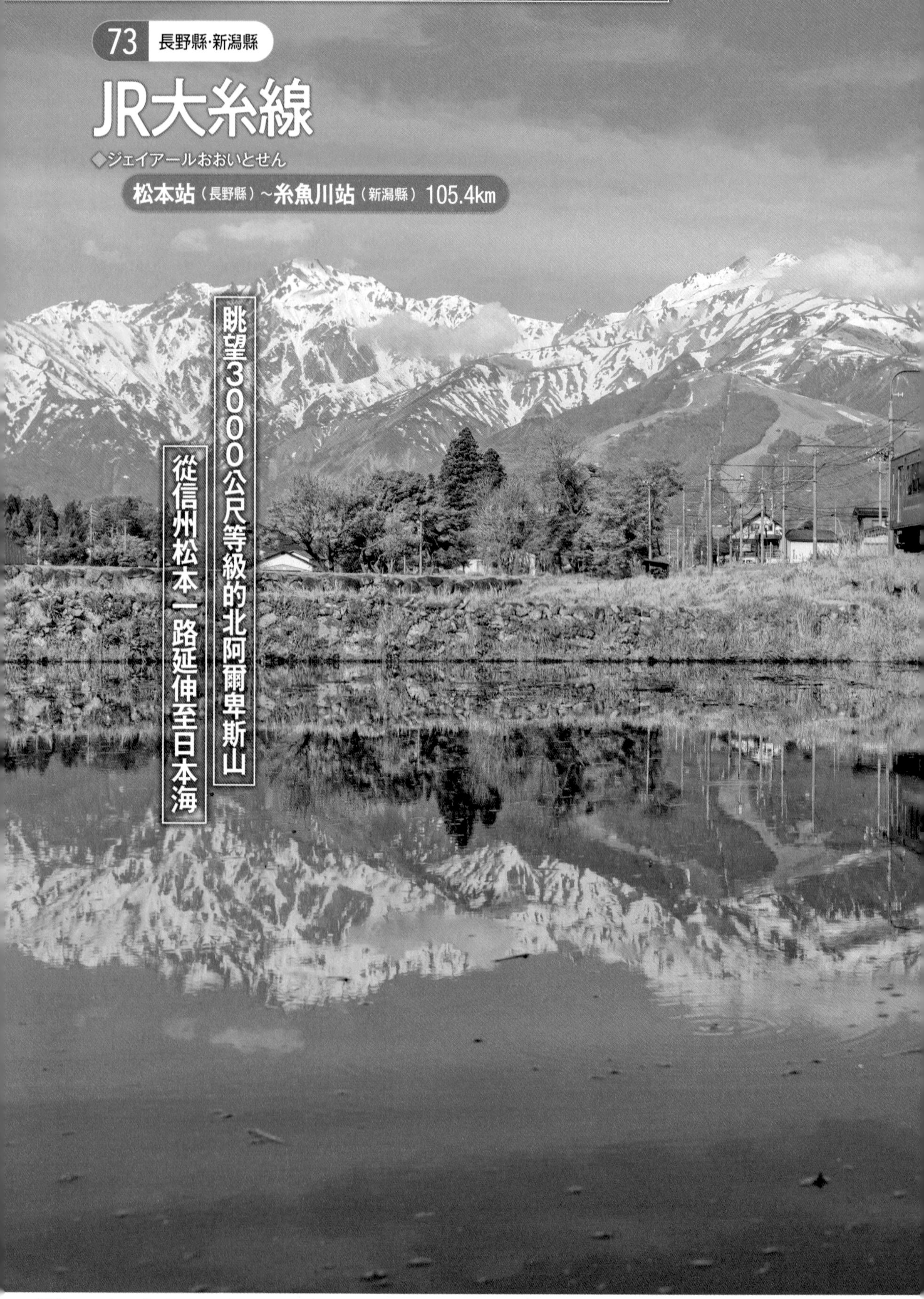

↑行駛於長野縣北部的白馬大池站～信濃森上站間的E127系普通列車。5月時還能見到積有殘雪的北阿爾卑斯山倒映在水田裡的美景

由北阿爾卑斯山麓一路向北
沿著姬川的激流全力奔馳

從松本站循著建於江戶時代，又名為千國街道的「鹽之道」一直到糸魚川站。原本是國鐵時代為了連結信濃大町站和糸魚川所建造的鐵道路線，也是大糸線的名稱由來。

從松本站出發後朝著安曇野的方向北上，田園風景的另一端就是以常念岳為首，雄偉壯闊的北阿爾卑斯山。經過立山黑部阿爾卑斯山脈路線的起點「信濃大町站」後進入山谷，左手邊會陸續見到被稱為仁科三湖的木崎湖、中綱湖和青木湖，而到了白馬站附近則可眺望到後立山連峰。從南小谷站開始為非電氣化區間，越過急彎與連續隧道的姬川溪谷，與北陸新幹線並行而走後，糸魚川站就在不遠處。

1 列車正橫越白馬川的松川橋梁，從橋上望見的白馬三山是大糸線最具代表性的車窗風景　**2** Kiha120型柴油車穿梭在頸城大野站～姬川站間的田園地帶，背後為海拔近2000公尺的雨飾山　**3** 正行經南小谷站的附近。信濃森上站以北的鐵道線路沿著有「狂暴河川」之稱的姬川前行　**4** 經過松本、安曇野地區時請別錯過常念岳的美景　**5** 仁科三湖附近的油菜花田（海之口站～簗場站間）每逢4月下旬～5月下旬為盛開期　**6** 列車走行在春天氣息日漸濃郁的青木湖畔　**7** 信濃常盤站～安曇沓掛站間的廣大蕎麥花田，8月中旬～9月中旬為最佳觀賞期

路線&乘車資訊

平常只有普通列車和一天1班往返的特急梓號運行

特急梓號的運行路段中，南小谷站以南屬於JR東日本管轄的電氣化區間。松本站～信濃大町站間（所需約1小時）每小時有1班車，其中早上～傍晚前每2～3小時有1班，清晨、傍晚以後每1～2小時有1班會往來於白馬站～南小谷站。信濃大町站～白馬站‧南小谷站間的車程約40分～1小時。南小谷站以北屬於JR西日本管轄的非電氣化區間，搭乘Kiha120型柴油車約需1小時。一天有7班往返，發車間隔為2～3小時。

洽詢處 松本站～南小谷站：JR東日本諮詢中心 ☎050-2016-1600／南小谷站～糸魚川站：JR西日本客服中心 ☎0570-00-2486

沿線地域

姬川溪谷
●ひめかわけいこく
綿延於新潟縣糸魚川市和長野縣小谷村的縣境附近，長約12公里的溪谷。四周綠意盎然，如錦繽紛的紅葉季節更是美不勝收。
→P.58・112

沿線地域

小谷●おたり
千國街道的遺跡隨處可見，還有多個被北阿爾卑斯山、雨飾山環繞的純樸溫泉鄉。位於小谷溫泉的大湯元 山田旅館是間已有450餘年歷史的老字號旅館。

沿線地域

仁科三湖●にしなさんこ
位在大町市北部的青木湖、中綱湖、木崎湖（照片）總稱。由於離市區較遠，所以能享受幽靜的美景。夏天總吸引許多人前來露營或釣魚。

沿線地域

安曇野●あづみの
位於松本盆地西北部的複合沖積扇，地下水資源豐富，因此山葵的栽種相當興盛。大王山葵農場也是這裡的熱門觀光景點。

路線指南

ALPICO交通 上高地線
アルピコこうつうかみこうちせん
連結松本站和新島島站的路線，全長共14.4km。新島島站設有巴士轉運站，為前往上高地、乘鞍方向觀光的起站。

日本海

越後心動鐵道
日本海翡翠線

北陸新幹線 →長野駅

新潟縣

富山駅→

雨飾山

黑負山

朝日岳

蓮華溫泉♨

富山縣

北阿爾卑斯山脈飛驒山脈

白馬岳

五龍岳

唐松岳

鹿島槍ヶ岳

爺ヶ岳

青木湖

中綱湖

仁科三湖

常念岳

安曇野

松本盆地

長野縣

長野駅

長野自動車道

篠ノ井線

白馬長野自動車道

糸魚川駅 いといがわ
姬川駅 ひめかわ
頸城大野駅 くびきおおの
根知駅 ねち
小滝駅 こたき
姬川溫泉♨ ひらいわ
平岩駅
大湯元 山田旅館
小谷溫泉♨
北小谷駅 きたおたり
中土駅 なかつち
南小谷駅 みなみおたり
千國駅 ちくに
栂池高原
白馬大池駅 はくばおおいけ
信濃森上駅 しなのもりうえ
松川橋梁
八方尾根高原 白馬 はくば
大出公園
飯森駅 いいもり 白馬
神城駅 かみしろ
南神城駅 みなみかみしろ
簗場駅 やなば
海ノ口駅 うみのくち
稻尾駅 いなお
信濃木崎駅 しなのきざき
大町溫泉鄉♨
北大町駅 きたおおまち
信濃大町駅 しなのおおまち
南大町駅 みなみおおまち
信濃常盤駅 しなのときわ
安曇沓掛駅 あづみくつかけ
信濃松川駅 しなのまつかわ
北細野駅 きたほその
細野駅 ほその
安曇追分駅 あづみおいわけ
有明駅 ありあけ
穗高溫泉鄉♨
碌山美術館
穗高駅 ほたか
柏矢町駅 かしやちょう
豐科駅 とよしな
南豐科駅 みなみとよしな
中萱駅 なかがや
一日市場駅 ひといちば
梓橋駅 あずさばし
松本駅 →P.179
中央本線
ALPICO交通上高地線
新島々駅
名古屋駅・新宿駅→

大王山葵農場

高瀨川

島島北松駅島高內松本駅

0 5km N

沿線地域

白馬●はくば
曾是1998年長野冬季奧運會場的滑雪勝地。也以北阿爾卑斯山麓的避暑地聞名，夏天會有許多登山客前來造訪。

前往始發站的交通方式

新宿站	搭JR中央本線 特急梓號 約2小時40分 → 松本站
名古屋站	搭JR中央本線 特急信濃號 約2小時5分 → 松本站
金澤站	搭JR北陸新幹線 白鷹號約50分 → 糸川站

梓號連結著新宿站和松本站，中間會經由甲府等站。此外每天會有1班往返繼續駛入南小谷站，從松本站過來約1小時20分。信濃號為連結名古屋站和長野站的列車，可以先搭北陸新幹線到長野站下車，再轉乘信濃號前往松本站。信濃號在旺季期間會有部分班次繼續駛入白馬站。北陸新幹線白鷹號上行下行約每小時各1班車。糸魚川站也與越後心動鐵道 日本海翡翠線（P.58）相接續。

📎 **途中下車範例行程**

**飽享群峰的壯麗景色與
山林&漁港美食**

第1天

**上午＊到大王山葵農場
　　　享受午餐&觀光**
搭乘7:48從松本站出發的列車，約30分鐘後於穗高站下車。在站前租輛自行車，前往碌山美術館、大王山葵農場等安曇野的知名景點參觀。

**下午＊欣賞完仁科三湖後
　　　到度假勝地白馬村住一晚**
搭乘11:46出發的列車從穗高站出發，12:31在途中的稻尾站下車，到仁科三湖之一的木崎湖悠閒漫步。返回車站後搭15:20的列車前往白馬。當地有溫泉旅館、民宿等多元住宿選擇，可挑選自己喜歡的入住。

第2天

**上午＊飽覽四季皆有不同風貌的
　　　北阿爾卑斯景觀**
在白馬站搭乘11:07出發的列車前，不妨到附近的大出公園等處隨意逛逛。或是改搭較晚的班次，先造訪八方尾根高原或戶外休閒設施。

**下午＊沿著姬川北上
　　　到糸魚川品嘗名物美食**
約20分鐘後抵達南小谷站，在月台等候前往糸魚川站的列車。12:07上車出發，沿途能望見險峻的溪谷景致，13:05抵達終點糸魚川站。午餐就吃糸魚川的特色美食「黑炒麵」。

➋ 大出公園內能欣賞到由橫跨在姬川上的吊橋和白馬連峰、茅草屋頂民家交織而成的迷人景色

JR指宿枕崎線

◆ジェイアールいぶすきまくらざきせん

鹿兒島中央站~枕崎站（鹿兒島縣）87.8km

環繞薩摩半島一周

來趟ＪＲ最南端的鐵道路線之旅

⬆列車正行經有「薩摩富士」之稱的開聞岳山麓、東開聞站附近。突出於海岸的周邊是一片平坦的台地，讓海拔924公尺的山容顯得更加醒目

照片：東迫和孝 ／ @kapibara41 on Instagram **1**

1 通過開聞岳前方的平緩彎道，列車正要駛進松浦站　**2** 平川站～瀨瀨串站間是熱門的拍照景點，能見到列車沿著錦江灣南北行走　**3** JR日本最南端的西大山站是從正面就能望見開聞岳的無人車站，也是絕景點之一　**4** 列車正橫越穎娃站～西穎娃站間的集川橋梁。穎娃地區的方言號稱是全鹿兒島中最難理解的　**5** 此為枕崎站。使用當地的杉木材和石材，打造出溫潤質感的六角屋簷木造站舍也十分吸睛　**6** 行經東開聞站周邊的列車，彷彿一路穿梭在鐵軌沿線的茂密林木間

遙望櫻島和開聞岳兩座活火山
沿著綠意蔥蘢的南國薩摩海岸而行

　　從鹿兒島中央站循著鹿兒島縣西南部的沿岸環繞一周，最後抵達JR本土最南端的發抵站「枕崎站」。由水戶岡銳治操刀設計的黑白雙色觀光列車「特急指宿之玉手箱號」也廣受好評。

　　列車自鹿兒島中央站出發後，一開始是在市區之間行走，過了平川站就能看到至今仍持續噴發的櫻島和鹿兒島灣（通稱為錦江灣）等極具地方特色的景觀。指宿站、山川站以西的列車班次會明顯減少，行經擁有美麗圓錐形山容的開聞岳山麓後，沿著東海沿岸繼續往枕崎站前進。在一片田園風景中還能望見椰子樹之類的亞熱帶植物，也是氣候溫暖的鹿兒島特有景觀。

路線&乘車資訊

　　連結全線的列車一天有6班往返，上午的班次特別少鹿兒島中央站～枕崎站的車程約2小時40分，部分班次必須在指宿站或山川站轉乘。在一天6班的往返當中，山川站～枕崎站間只有普通列車運行，當6～7點的班次出發後，直到中午都沒有車，下午時段也要2～3小時才有1班車。鹿兒島中央站～指宿站·山川站間每小時最少有1班車，除了普通列車外還有連結至指宿站的特急「指宿之玉手箱號」，以及早上和傍晚運行的快速「油菜花號」。鹿兒島中央站～喜入站間班次會增加。從鹿兒島中央站到喜入站約50分，到指宿站·山川站約1小時～1小時35分。

洽詢處 JR九州諮詢中心 ☎0570-04-1717

途中下車範例行程

到指宿溫泉一遊，仰望壯闊的開聞岳

第1天

上午＊從鹿兒島市區沿著錦江灣南下

鹿兒島市內的班次很多，相對而言較無地方特色。搭乘9:17從鹿兒島中央站出發的列車，在五位野站下車後約步行20分鐘，到平川動物公園參觀。

下午＊在人氣溫泉地指宿的旅館住一晚

喜入站以南的列車約每30分～1小時1班。16:02從五位野站上車，在指宿站下車，到站前的指宿溫泉街找間旅館住宿。以砂蒸風呂聞名的觀光地「指宿」，美食、景點、住宿多集中在車站周邊相當方便。

第2天

上午＊水成川站下車，到番所鼻自然公園觀光

11:30從指宿站搭乘往枕崎方向的列車，不到1小時即可抵達水成川站。途中會經過西大山站和開聞岳。下車後以徒步方式前往番所鼻自然公園。

下午＊從潁娃大川站再次上車，往終點枕崎站前進

從番所鼻自然公園繼續走到釜蓋神社，路程約30分鐘。參觀完釜蓋神社，再步行至潁娃大川站，搭乘18:12出發的列車前往枕崎。

前往始發站的交通方式

| 博多站 | 搭JR九州新幹線瑞穗號約1小時20分 | 鹿兒島中央站 |
| 鹿兒島中央站 | 搭鹿兒島交通巴士金生町-枕崎線約1小時25分 | 枕崎站 |

途中也會停靠熊本站的JR九州新幹線瑞穗號是以新大阪站為起訖站，也可搭乘停靠站比瑞穗號還要多的櫻花號。此外，也可從宮崎站搭JR日豐本線的特急霧島號前往鹿兒島中央站，每1～2小時1班車，所需時間約2小時10分。若搭乘普通列車，包含在都城站轉乘的時間在內約需3小時，不僅班次少而且多集中在上午和傍晚時段。鹿兒島中央站和枕崎站間也可以搭乘巴士移動，一天有9班往返。

沿線地區

喜入 ●きいれ

擁有全世界最大規模的ENEOS原油儲備基地。喜入舊麓地區還保留著室町～江戶時代的街景及薩摩武士的武家房屋。

沿線地區

指宿 ●いぶすき

以豐富湯量著稱的溫泉地，也是鹿兒島屈指可數的觀光景點。著名的砂蒸風呂就是利用海岸天然湧出的溫泉地熱。

沿線地區

枕崎 ●まくらざき

以鰹魚的卸魚量與水產加工聞名的漁業城市，柴魚片的生產量為全日本第一。也是廣受大眾喜愛的燒酎產地。

沿線地區

開聞 ●かいもん

地處開聞岳的山麓，北側與池田湖相鄰。12月～2月能欣賞到盛開的油菜花海與開聞岳一起競演的美景。

沿線地區

潁娃 ●えい

為薩摩芋（地瓜）和茶葉的產地。位於東海沿岸，祭祀著神武之神素盞嗚尊的釜蓋神社（照片），以及被伊能忠敬譽為「天下絕景」的番所鼻自然公園都是著名的觀光地。

JR小海線
◇ジェイアールこうみせん

小淵澤站（山梨縣）～**小諸站**（長野縣） 78.9km

遙望山岳風景

綠色稻穗搖曳的幽靜高原

從車窗就能望見日本著名的山岳
擁有遼闊視野的高原鐵道

以海拔1345.67公尺，為JR路線最高點的野邊山站為首，甲斐小泉站～海尻站皆座落在海拔1000公尺以上的位置。沿途可以感受到八岳山麓高原地帶的魅力，也能搭乘運行日以週六日、假日為中心的觀光列車「HIGH RAIL 1375」。

從小淵澤站出發後，南阿爾卑斯山、富士山的美景接連映入眼簾，也能欣賞到蔬菜田、牧場等柔和的高原風景。而到了信濃川上站開始與千曲川並行而走，行經青沼站後眼前即為佐久平的田園景致，當接近終點小諸站時還能看到淺間山。由於是非電氣化路線，能拍到毫無電線遮擋的鐵道和絕景的同框畫面，也是小海線的迷人之處。

1 2007年開始投入小海線營運的混合動力式KihaE200柴油車 2 觀光列車「HIGH RAIL 1375」名稱中的「1375」，代表著JR線海拔最高的地點。車內可以從網路接收到觀星知識或挑戰問答遊戲，夜間班次還會在野邊山站停靠50分鐘左右讓乘客觀察星空 3 行駛在松原湖站～小海站間，正橫越千曲川的Kiha200型柴油車 4 信濃川上站～野邊山站等區間能欣賞到整片的高原蔬菜田，為高海拔路線的特有景觀 5 列車正行經太田部站～龍岡城站間的第一離山平交道周邊，淺間山和田園風景美不勝收 6 只要天候條件符合，也能在小淵澤站附近眺望到富士山 7 以八岳為背景，行駛於野邊山站～信濃川上站間的列車。每逢秋天，鐵道兩旁的林木樹葉就會陸續變色，八岳也開始出現積雪

路線指南

信濃鐵道
しなのてつどう
連結輕井澤站～篠之井站，為北陸新幹線開通後才營運的路線，也是日本第一條與新幹線並行的在來線。以復古車輛和優美的景色著稱。

沿線地區

小諸 ●こもろ
曾為江戶時代興盛一時的宿場町。每逢春天小諸城址 懷古園的櫻花盛開，總會吸引許多人來訪。小諸市也是知名的葡萄酒產地。

沿線地區

野邊山 ●のべやま
為符合所有能欣賞到美麗星空條件的區域。雖然公園也能觀測星空，但比較推薦到有舉辦星空觀察會的飯店住一晚。

沿線地區

小淵澤 ●こぶちさわ
區域內有許多時尚店家、美食餐廳散布其間，也有暢貨中心等大型設施和美術館，為目前備受矚目的觀光據點。

沿線地區

清里 ●きよさと
有各種休閒活動的度假勝地。能品嘗高原美食的牧場，與冬天為滑雪場、夏天則是露天展望台的「清里TERRACE」都很有人氣。

路線&乘車資訊

全線的車程約2小時20分

僅普通列車運行。行駛於小淵澤站～小諸站間的列車，除了早上～中午後有時發車間隔會超過3小時以外，其餘時段皆每1～2小時1班車。此外，還有運行於小淵澤站～野邊山站（所需約35分）、小海站～小諸站（所需約1小時）、中込站～小諸站（所需約30分）的區間列車。

洽詢處 JR東日本諮詢中心
☎050-2016-1600

前往始發站的交通方式

| 新宿站 | 搭JR中央本線 特急梓號 約1小時50分 | ➡ 小淵澤站 |
| 輕井澤站 | 搭信濃鐵道 普通列車約25分 | ➡ 小諸站 |

連結新宿站和松本站的梓號，會經由甲府等站，每小時1班車。以小淵澤站為起訖站的普通列車每隔30分～1小時30分有1班車，從甲府站過來的班次較多。從甲府站過來約需40分，從松本站過來約需1小時10分。若從遠方過來，可先搭北陸新幹線到JR小海線的佐久平站、信濃鐵道的輕井澤站・上田站其中任何一站，再前往小諸站。信濃鐵道以輕井澤站為起點，途經上田站、最終駛入JR信越本線的長野站。約每30～40分就有1班普通或快速列車運行，從上田站到小諸站約20分。

📎 途中下車範例行程

到高原度假勝地療癒身心 追憶過往的歷史

第1天

上午＊在綠意盎然的 絕景中放鬆身心
搭乘10:07從小淵澤站出發的列車，在清里站下車，前往高原度假勝地享受絕景和美食。

下午＊下榻以星空為賣點的飯店
搭到與清里站一站之隔的野邊山站，從車站坐接駁巴士到飯店。晚餐後和導覽人員一同觀星，躺在草坪上仰望滿天星斗，絕對是令人感動的體驗。飯店備有天文望遠鏡和雙筒望遠鏡。

第2天

上午＊造訪信州的五稜郭
搭乘10:41從野邊山站出發的列車，約1小時後在龍岡城站下車。遊逛星型城郭「龍岡城」後，不妨也到附近的資料館參觀一下。

下午＊漫遊小諸的城下町
搭乘13:36的列車，約35分後抵達終點小諸站，前往離車站步行3分鐘的小諸城址 懷古園。參觀完園內的美術館、紀念館後，也可順道造訪城下町的老舖蕎麥麵店和味噌釀造廠。

補充資訊 加了大量生菜的「高原野菜雞排便當（P.179）」是平常只有在小淵澤站才買得到的名物鐵路便當。

76 秋田縣

由利高原鐵道 鳥海山麓線
◇ゆりこうげんてつどう ちょうかいさんろくせん

羽後本莊站~矢島站（秋田縣）23.0km

私心推薦！

在矢島站賣店內工作的「松子婆婆」（照片）天性開朗，總是笑瞇瞇地對每位旅客打招呼，因此店內隨時都擠滿著人。

由利高原鐵道全體員工

■ 車身上有橘色線條的鳥海玩具列車，正行經春天櫻花和水仙花盛開的西瀧澤站　■ 川邊站~吉澤站間是離子吉川最近的路段，附近也有可釣魚的地方　■ 站務員遞交給司機的金屬製圓盤（路牌）是運行前鄉站~矢島站間的通行證。此舉是為了預防相撞事故的發生，目前只有少數地方才看得到　■ 在真心列車上身穿傳統Obako服飾的乘務員，「Obako」在東北方言中有村姑之意

■■照片：渡會哲

在山川、農田綿延的高原上
享受悠閒緩慢的列車之旅

從羽後本莊沿著恬靜田園風情的子吉川行駛，一路往靈峰鳥海山山麓的城下町「矢島」前進。玩具列車、活動列車等別出心裁的內裝，及樣式豐富的彩繪塗裝設計都很有魅力，又以「Obako號」的暱稱廣為人知。過了曲澤站後，鳥海山的絕景陸續映入眼簾。在單線、上行下行列車需進行交會的前鄉站，如今仍保留著全日本也很罕見的路牌傳遞方式。吉澤站（P.64）為靜靜佇立於農田間的無人車站，也是熱門的拍照打卡景點。

從曲澤站～矢島站間，能眺望到海拔2000公尺等級的獨立山峰「鳥海山」美麗山容。紅色YR3002號車的設計概念為白雪映照下的夕陽紅光

邊仰望鳥海山的雄姿 從由利地區駛往美田地帶

路線&乘車資訊

可搭乘有Obako打扮的乘務員隨車的真心列車

僅普通列車運行，除了早上和中午的發車間隔為2小時外，其餘時段基本上每小時1班。此外還有每天1班往返（週三、四除外）的「真心列車」，車上會有穿著傳統絣織衣服的乘務員（秋田村姑），負責介紹沿途的觀光資訊和販售鐵道商品。矢島站的出發時間為9:40，羽後本莊站為10:43。優惠票券主要有兩種，分別是只能在週六日、假日、黃金週、盂蘭盆節、過年期間使用的一日乘車券（1100円），以及平日也能利用的鳥海山木玩具美術館門票＋一日乘車券的套票（1700円）。

[洽詢處] 由利高原鐵道 ☎0184-56-2736

↑鮎川站設有可讓小朋友遊玩木製玩具的「兒童候車室」

沿線地區 前鄉 ●まえごう
有佐佐木家住宅養老閣、森子大物忌神社等景點的歷史悠久地區。前鄉站為單線軌道，上行下行列車需進行交會。

沿線地區 吉澤 ●よしざわ
座落在農田中的吉澤站（P.64）是一個無人車站，望去盡是悠閒的田園景致。古老的吉澤神明社已被登錄為國家有形文化財。

途中下車範例行程
在恬靜的田園地帶感受自然的溫度

上午＊從療癒的木質玩具感受天然素材的魅力
10:43從羽後本莊站上車，搭乘身穿Obako服飾的乘務員隨車的真心列車。在鮎川站下車，搭接駁巴士前往鳥海山木之玩具美術館。參觀木製玩具的展示後，到咖啡廳享用午餐。
下午＊在產地直銷市場購買當地蔬菜或加工品
返回鮎川站搭車，在曲澤站下車。步行15分鐘到「ゆりちゃん市場」選購秋田的特產品。接著再上車前往終點矢島站。

前往始發站的交通方式

秋田站	搭JR羽越本線 普通列車約50分	➡ 羽後本莊站
酒田站	搭JR羽越本線 普通列車約1小時5分	➡ 羽後本莊站

酒田站位山形縣庄內地方的中心，連結秋田站和酒田站的普通列車（P.32）白天每2～3小時1班。此外，JR羽越本線內有以新潟為起訖站的特急稻穗號運行，與酒田站間一天有5班往返（單程約2小時10分），與秋田站間一天有2班往返（單程約3小時45分），途中也會停靠羽後本庄站（單程約3小時10分）。

補充資訊 真心列車的車輛是採用以鳥海山木玩具美術館為設計主題的「鳥海玩具列車」（若遇定期維修則改以其他車輛運行）。

JR豐肥本線

◆ジェイアールほうひほんせん

熊本站（熊本縣）～**大分站**（大分縣）148.0km

雄偉壯觀的阿蘇山令人震懾

風光明媚的九州橫貫鐵道

Kiha147型柴油車與阿蘇山（阿蘇五岳）同框的景色。阿蘇山主要由根子岳、高岳、中岳、烏帽子岳、杵島岳等五座相連的山岳構成

橫貫火之國·熊本的象徵「阿蘇山」 奔馳在群山和草原環繞的鐵道上

　　為橫貫九州中央地帶的鐵道路線，又被暱稱為「阿蘇高原線」。從熊本平原經由豐後街道（肥後街道）、火山活動仍活躍的阿蘇山山麓，一路越過大分平原。

　　從熊本站出發過了肥後大津站後，被外輪山包圍的巨大窪地「阿蘇破火山口」就在不遠處。立野站周邊有著名的「三段式之字形折返軌道」，為了穿越陡峭的山地，透過更換列車的行進方向緩步爬升30公尺的高低落差。從市之川站到阿蘇站的區間，可以在行進方向的右手邊望見阿蘇五岳，左手邊則是外輪山。離開阿蘇、進入大分縣後，會行經還保留著武家屋敷的城下町「竹田」、覆蓋著雙層火山碎屑流的絕壁「岩戶」等觀光名勝。

路線&乘車資訊

連結熊本·阿蘇和大分·竹田的普通列車一天有5班往返

搭乘普通列車是最主要的移動方式。從熊本站到離阿蘇熊本機場最近的車站「肥後大津站」約每2～3小時1班（所需約35分）；肥後大津站～宮地站間（所需1小時）每每1～2小時1班；宮地站～豐後竹田站（所需約45分）一天僅5班往返；豐後竹田站～大分站（所需1小時20分）約每1～2小時1班。另外還有一天1～2班往返熊本站～大分站的「九州橫斷特急」、熊本站～宮地站間每天1班往返的「阿蘇號」，以及運行日以旺季期間、週六日、假日為中心的觀光列車「阿蘇男孩號」。

洽詢處 JR九州諮詢中心 ☎0570-04-1717

→P.179

沿線地區
阿蘇 ●あそ
大觀峰（照片）是能將阿蘇群山盡收眼底的觀景點。阿蘇神社擁有超過2300年以上的歷史，依季節推移所舉行的農耕祭事更是不容錯過。

沿線地區
南阿蘇村 ●みなみあそむら
地處阿蘇五岳南側一帶的村莊。阿蘇農場樂園、葉祥明阿蘇高原繪本美術館都是以阿蘇的大自然為主題的觀光景點。擁有多個大大小小的湧泉，白川水源也是其中之一。

↑阿蘇山周邊的草原能看到放牧的牛群

沿線地區
內牧溫泉 ●うちまきおんせん
位於阿蘇市內的溫泉地，廣受夏目漱石、與謝野鐵幹等知名文豪的青睞。推薦造訪當地居民也非常喜愛的公眾浴場「町湯」。

沿線地區
竹田 ●たけた
以棋盤式格局為特色的城下町，有武家屋敷街、《荒城之月》作曲家瀧廉太郎的紀念館等景點。

沿線地區
豐後大野 ●ぶんごおおの
在大分豐後大野地質公園內，可一窺岩戶景觀、沉墮瀑布等數萬年前阿蘇山火山爆發後所留下的痕跡。

↑大分站的名物鐵路便當「山海三昧」1400円，能吃到以炙燒豐後牛、豐後水道捕撈的海鮮等大分特有食材做成的壽司。
☎097-513-5612（寿し由）　休週三

路線指南
南阿蘇鐵道 高森線
みなみあそてつどう たかもりせん
因在熊本地震中受損，即將在2023年7月通車。3月中旬～11月期間也會有觀光小火車運行。
預計2023年7月全線開通

1 通過JR豐肥本線著名的「三段式之字形折返軌道」後，Kiha185系特急列車繼續朝著阿蘇外輪山前進
2 Kiha200系普通列車正穿越犬飼站～菅尾站間的第二大野川橋梁
3 列車正行經冬天有時會結冰的古閑瀑布附近，到處還留有殘雪
4 通過百枝隧道，從高50公尺的斷崖中駛出的列車，正橫越架設在奧岳川上的百枝鐵橋
5 紅色的笹無田川橋梁與建於1917年的石造拱型水路橋平行

途中下車範例行程

造訪壯闊的景色與歷史名勝

第1天
下午＊眺望阿蘇山，入住擁有名湯湧泉的旅館
搭乘11:57從熊本站出發的列車，途中在肥後大津站轉乘，13:38抵達阿蘇站。坐上13:50發車的九州產交巴士小國杖立線，在大觀峰入口下車。步行20分鐘後到達展望台，欣賞被稱為「涅槃像」的阿蘇五岳絕景。之後搭乘巴士或計程車往阿蘇站的方向前進，於途中的內牧溫泉下車到溫泉旅館住一晚。

第2天
上午＊參拜阿蘇神社
搭乘9:11從阿蘇站出發的列車，前往相隔兩站的宮地站，下車後先走15分到阿蘇神社參拜。周邊有多個泉水湧出的景點，還能品嘗到「寒湯圓」等利用豐沛湧泉製作的名產。返回宮地站，搭乘11:06出發的普通列車。
下午＊造訪豐後竹田的老街和岡城跡
11:51抵達豐後竹田站，先到竹田深受在地人喜愛的炸雞老店「丸福」享用午餐。吃飽後前往老街，遊逛武家屋敷街、竹田市歷史文化館·由學館、瀧廉太郎紀念館等可一窺竹田歷史的景點。或是再走遠一點、到佇立在斷崖上、還殘留著堅固石牆的岡城跡逛逛。返回車站，搭乘傍晚的列車往終點大分站前進。

前往始發站的交通方式

博多站	搭JR九州新幹線櫻花號等約40分	→ 熊本站
小倉站	搭JR日豐本線 特急音速號約1小時30分	→ 大分站

九州新幹線的所有列車皆會停靠熊本站。從新大阪站以西的主要車站過來若是搭乘櫻花號、瑞穗號，則不需轉乘就能直達熊本站。小倉站也是所有新幹線列車的停靠站。連結博多站和大分站的特急音速號每30分～1小時1班車。

補充資訊 以週六、日、假日為主的展望特急列車「阿蘇男孩號」，4節車廂皆為對號座。前後兩節車廂設有全景座席，能欣賞到震撼力十足的景色。

JR宗谷本線

◇ジェイアールそうやほんせん

旭川站~稚内站（北海道）259.4km

在優美的利尻富士的守護下
馳騁於遼闊的佐呂別原野

↑Kiha54型普通列車正行經以佐呂別原野聞名的豐富町。當望見轟立於利尻島、還留有殘雪的利尻富士（利尻山）時，來到最北端之地的真實感也越發強烈

沿著日本最北端的鐵道路線
遠眺海另一端雄偉壯麗的利尻富士

朝著日本最北端的稚內站一路北上的JR宗谷本線，過去有分歧出幾條支線，曾為道北地區的主要幹線。

從旭川站出發後，翻越以三浦綾子小說背景舞台聞名的鹽狩峠，通過西側有天鹽山地、東側有北見山地的名寄盆地稻作地帶。於美深站附近開始沿著天鹽川北上，途中在音威子府站，筬島站～佐久站間能望見景色優美的溪谷。過了下沼站，列車繼續馳騁在遼闊的佐呂別原野上，不久就能見到日本海現身在眼前。從日本最北端的無人車站「拔海站」駛出，當望見彷彿漂浮在海面上，靜靜佇立的利尻富士（利尻山），離終點稚內站也就不遠了。

路線&乘車資訊

越接近最北端，普通列車的班次越少

旭川站～名寄站間的運行班次相對較多，還有一天4班往返的快速列車「名寄號」。發車間隔不一，短則1小時、長則3小時以上。到了名寄站～稚內站間，班次剩下不到一半，為全程約需4小時以上的長途旅程。從名寄站前往稚內站的班次只有7:53和14:59兩班，傍晚以後還有2班只運行到音威子府站。從稚內站出發前往名寄站的列車有5:21、10:28、18:03共3班，從音威子府站出發的列車為清晨和傍晚各1班。全線運行的特急列車「宗谷號」、「佐呂別號」於早、午、晚各1班往返，總計一天有3班往返。「宗谷號」會繼續駛入札幌站。旭川站～稚內站的車程約3小時40分。

洽詢處 JR北海道電話諮詢中心 ☎011-222-7111

1 黃昏時分朝著稚內站方向行駛的特急列車。利尻富士並非隨時都見得到，因此偶爾望見時格外令人感動　2 四周沒有住家，孤零零佇立於廣大農田間的糠南站，設有由倉庫改造而成的候車室和月台　3 日本最北端的車站「稚內站」。若從這裡搭乘鐵道到最南端的JR指宿枕崎線（P.212）西大山站，約需一天半的時間　4 邊清除軌道上的積雪邊往前奔馳的犁式除雪車，是宗谷本線的人氣亮點　5 行駛於南稚內站～拔海站間、稚內西海岸周邊平緩丘陵地的列車　6 沿著被冰雪覆蓋的天鹽川往信內站的周邊行走　7 H100型柴油車正穿越白雪皚皚的鹽狩峠。三浦綾子的小說《鹽狩峠》就是以曾在這裡發生的列車事故為題材

→P.178

沿線地區 稚內市 ●わっかないし
稚內站是日本最北端的車站，宗谷岬的尖端還立有日本最北端之地碑。除了海鮮外，宗谷黑牛也很有人氣。

沿線地區 豐富町 ●とよとみちょう
豐富溫泉是日本最北的溫泉鄉，泉水與天然氣同時湧出。在橫跨豐富町和幌延町的佐呂別原野上，可以見到蝦夷萱草等多種多樣的植物。

→P.64

前往始發站的交通方式

札幌站	搭JR函館本線特急神威號等約1小時30分 →	旭川站
稚內機場	搭機場連絡巴士約30分 →	稚內站

札幌站～旭川站約每30分～1小時有1班特急列車運行。JR宗谷本線直通的特急宗谷號也有行經此區間。普通列車一天只有7班，包含在岩見澤站轉乘的時間在內約需2小時30分。從旭川機場搭機場連絡巴士到旭川站約需35分。目前只有札幌新千歲機場和東京羽田機場有航班飛往稚內機場。

途中下車範例行程

縱貫道北，往日本最北端前進

第1天

下午＊欣賞牧場的羊群，品嘗士別產羊肉
搭乘11:30的快速名寄1號從旭川站出發，約50分抵達士別站。從車站預約SAHOCCHI TAXI前往「羊與雲之丘」。除了大啖成吉思汗烤肉外，還能親自餵食羊群。返回士別站，搭乘傍晚的列車到名寄站，在車站周邊的飯店住一晚。

2日目

上午＊欣賞最北端之地的壯麗景觀
搭乘7:53的普通列車從名寄站出發，約1小時後在音威子府站下車，造訪公路休息站、已廢線的天北線資料室。搭乘10:41的特急宗谷號在豐富站下車，坐計程車或在站前租輛自行車到約6公里遠的佐呂別濕原。珍貴的動植物和一望無際的綠意大地，令人感動不已。返回車站，前往豐富溫泉享受泡湯的樂趣，能體驗含有石油成份的罕見溫泉水。

下午＊行走在絕景區間，往日本最北端的車站前進
搭乘16:43從豐富站出發的特急佐呂別號前往稚內站，左手邊的是利尻富士。也可多停留一天到日本最北端的宗谷岬走走，從稚內站搭路線巴士約需1小時。

沿線地區 士別市 ●しべつし
以飼養頭和四肢為黑色的「薩福克羊」品種廣為人知，也能在餐廳吃到羊肉料理。在羊與雲之丘還能跟羊群近距離接觸和互動。

路線指南
JR留萌本線 ジェイアールるもいほんせん
連結深川站和留萌站、全長50.1公里的鐵道路線。惠比島站的周邊曾為NHK晨間劇的取景地。已達成廢線的協議，全線將改以巴士行駛。

美深小火車王國→P.237

地圖標示地名

ノシャップ岬
宗谷岬 ─日本最北端之地碑
宗谷海峽
宗谷灣
鄂霍次克海
禮文岳
禮文島
利尻機場
利尻山（利尻富士）
利尻島
利尻水道
稚內 わっかない
稚內駅
稚內機場
南稚內駅 みなみわっかない
大沼
稚內市
拔海駅 ばっかい
知來別川
勇知駅 ゆうち
兜沼駅 かぶとぬま
狩別川
猿払川
サマキシリ山
佐呂別原野
サロベツ濕原中心
とよとみ駅
豐富駅
豐富川
豐富町 ♨豐富溫泉
下沼駅 しもぬま
幌延駅
天鹽川
南幌延駅 みなみほろのべ
ボロヌプリ山
糠南駅 ぬかなん
摺鉢山
問寒別駅 といかんべつ
雄信內駅 おのっぷない
クンネシリ山
敏音知岳
天鹽中川駅 てしおなかがわ
筬島駅 おさしま
音威富士
道の駅 おといねっぷ
佐久駅 さく
音威子府駅 おといねっぷ
神居古丹
咲來駅 さっくる
天鹽川溫泉駅 てしおがわおんせん
函岳
南岳
毛登別川
日本海
天鹽山地
北海道
遠別川
遠別川
雨龍川
恩根內駅 おんねない
初野駅 はつの
美深駅 びふか
北見山地
智北駅 ちほく
智惠文駅 ちえぶん
名寄盆地
日進駅 にっしん
名寄駅
名寄高校駅 なよろこうこう
朱鞠內湖
羽幌岳
瑞穗駅 みずほ
風連駅 ふうれん
多寄駅 たよろ
羊與雲之丘
士別市
士別駅 しべつ
劍淵駅 けんぶち
和寒駅 わっさむ
鹽狩峠紀念館
鹽狩峠 しおかり
鹽狩駅
蘭留駅 らんる
遠輕駅
JR石北本線 →P.134・146
比布駅 ぴっぷ
北永山駅 きたながやま
JR富良野線 →P.84
永山駅 ながやま
旭川駅
新旭川駅 しんあさひかわ
旭川四条駅 あさひかわよじょう
旭川機場
神居山
富良野駅
道央自動車道
留萌駅
深川留萌自動車道
惠比島駅
石狩沼田駅
深川駅
深川JCT
石狩川
函館本線
札幌駅

0 15km

補充資訊 以黑色麵條、口感具嚼勁為特色的「音威子府蕎麥麵」十分有名，可到離音威子府站約步行4分的「公路休息站 おといねっぷ」品嘗。

北越急行 北北線

◆ほくえつきゅうこう ほくほくせん

六日町站~犀潟站（新潟縣） 59.5km

由豪雪地帶的魚沼盆地
前往臨日本海的頸城平原

通過一個又一個隧道
穿越群山橫貫新潟南部

於1997年開業，為連結上越新幹線與北陸地方的交通動脈。北陸新幹線於2015年延伸開通後，北北線結束了原本的任務，特急列車也隨之停駛，現在只剩下地方列車行駛其間。

從六日町站出發後，望見以日本酒品牌為人熟知的八海山，通過貫穿魚沼丘陵的赤倉隧道，前往十日町。駛離車站橫渡信濃川，陸續穿越藥師峠隧道等多個隧道，接著行經東頸城丘陵，前方就是臨近日本海的頸城平原。列車行走在可居高眺望農田景致的高架橋上，一路朝著終點犀潟站前進。

1 列車奔馳在頸城平原的高架橋上，下方是綿延的農田，背後還能眺望米山 **2** 位於赤倉隧道內的美佐島站，由於列車通過時的風壓極大，因此除了普通列車停靠站內的時間外，一律禁止進入月台 **3** 週日運行的「夢空號」車內模樣，其構想來自於沿途經行的多座隧道

在海拔1778公尺的越後靈峰「八海山」守護下，正穿越田園地帶的HK100型列車。過了魚沼丘陵站後，馬上就會進入長達10公里以上的赤倉隧道

私心推薦！

北北線最大的特色就是隧道！每穿過一座冗長的隧道，眼前的景色也會跟著變化。還有車站的月台就設在隧道中間呢！
北越急行 水澤 孝太

路線&乘車資訊

泰半班次會繼續駛入越後湯澤站和直江津站

列車會延伸駛入JR上越線的越後湯澤及JR信越本線的直江津站。上行下行皆為每小時1班車，除了越後湯澤站～直江津站間車程約1小時20分的普通列車外，還有一天3班的快速列車和9:14從越後湯澤站出發、10:15抵達直江津站的超快速列車「Snow Rabbit」。週日運行的普通列車中有2班往返為「夢空號」，當車輛在隧道內行駛時還會在車廂的天花板上放映CG影像。

洽詢處 北越急行 ☎025-752-0770（十日町站）

前往始發站的交通方式

| 越後湯澤站 | 搭JR上越線 普通列車約20分 | 六日町站 |

| 上越妙高站 | 搭越後心動鐵道 妙高躍馬線、JR信越本線30分～1小時（於直江津站轉乘） | 犀潟站 |

可由上越新幹線會停靠的越後湯澤站或浦佐站，搭乘JR上越線至六日町站。若要前往犀潟站，可從北陸新幹線會停靠的上越妙高站搭乘越後心動鐵道 妙高躍馬線和JR信越本線。所需時間則視在直江津站的轉乘等候時間而定。

📎 途中下車範例行程

現代藝術&繩文文化的體驗之旅

上午＊從十日町站前徒步前往博物館參觀
9:30從六日町站搭乘往直江津站方向的超快速列車Snow Rabbit，約10分鐘後抵達十日町站。造訪越後妻有 里山現代美術館MonET、十日町市博物館TOPPAKU。午餐就吃十日町知名的「片木盒蕎麥麵」。
下午＊欣賞草間彌生的代表作《花開妻有》
搭乘14:04從十日町站往直江津站方向的列車，約10分後在まつだい站下車。到松代「農舞台」參觀展示在戶外的草間彌生作品。搭乘16:05出發的列車，前往終點站直江津站。若還有時間，也可在松之山溫泉住一晚，或是到星峠梯田一睹由雲海和水田交織而成的絕景。

沿線地區
六日町 ●むいかまち
曾為上杉景勝和直江兼續治理的城町，還保留許多戰國時代的史跡和城跡。也是日本知名的豪雪地帶。

沿線地區
十日町 ●とおかまち
→P.165

沿線地區
松之山溫泉 ●まつのやまおんせん
位於山谷間的溫泉，也是越後守護上杉家的秘湯。富含鹽分，即便冬天也不易降溫。可由まつだい站搭巴士前往。

N ← 0 5km →
日本海
柏崎駅
越後心動鐵道 日本海翡翠線 →P.58・112
舊直江津機關庫 →P.207
黑井駅
直江津駅
越後心動鐵道 妙高躍馬線
上越妙高駅
新井駅
豐野駅
長野駅
糸魚川駅
頸城平原
上信越自動車道
くびき駅 →P.65
大池いこいの森駅
虫川大杉駅
うらがわら駅
ほくほく大島駅
星峠梯田
北越急行 北北線
新潟縣
鍋立山隧道
まつだい駅
天王山
まつだい芝峠溫泉
雲海
松代「農舞台」
荻ノ島環状かやぶき集落
信濃川
下條駅
JR飯山線 →P.162
上越新幹線
越後川口駅
長岡駅
魚沼丘陵
浦佐駅
上越線
しんざ駅
藥師峠隧道
美佐島駅
十日町駅
十日町
魚沼丘陵駅
赤倉隧道
六日町
六日町駅
八海山
越後妻有 里山現代美術館 MonET
十日町市博物館TOPPAKU
越後川西駅
津南駅
松之山溫泉
東頸城丘陵
山伏山
三方岳
津南駅
飯山駅
越後湯澤駅

JR身延線

◆ジェイアールみのぶせん

富士站（靜岡縣）～甲府站（山梨縣）88.4km

越過山間的急彎和斜坡
從駿河灣朝著甲府盆地前進

連結靜岡縣和山梨縣的唯一鐵道路線。由富士山西麓沿著富士川一路北上，途中會行經多個急彎。

從離駿河灣也很近的富士站出發後，雄偉的富士山和山腳下的街道景致隨即映入眼簾，過了富士宮站還能見到富士山本宮淺間大社的鳥居。接著列車沿著富士川往山間行駛，連續越過急彎和狹窄隧道後，抵達路線名稱由來的身延站。

行經日蓮宗的總本山「身延山久遠寺」、富士川支流沿岸的下部溫泉，以及再往前的鰍澤口站後，開始進入甲府盆地。當左手邊看到甲府城的稻荷櫓時，終點甲府站就快到了。

1 富士山和越過潤井川橋梁的列車也是身延線的必拍人氣景點　**2** 每到春天，列車與鹽之澤站的月台都被盛開的櫻花所簇擁　**3** 行經甲府盆地時可從車窗望見佇立於北邊的八岳

正行經西富士宮站～沼久保站間，以富士山全景為背景的313系普通列車，過了沼久保站後會沿著富士川畔行駛

在富士山的守護下
奔馳於由富士川沖刷形成的山谷間

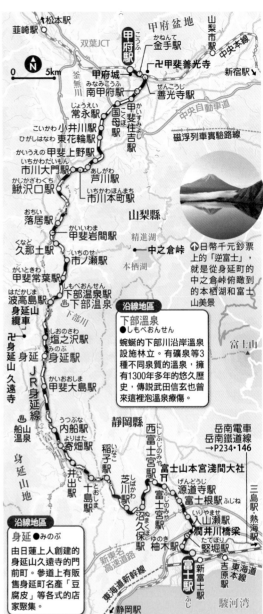

⬆日幣千元鈔票上的「逆富士」，就是從身延町的中之倉峠俯瞰到的本栖湖和富士山美景

沿線地區
下部溫泉
●しもべおんせん
蜿蜒的下部川沿岸溫泉設施林立。有礦泉等3種不同泉質的溫泉，擁有1300年多年的悠久歷史，傳說武田信玄也曾來這裡泡溫泉療傷。

沿線地區
身延●みのぶ
由日蓮上人創建的身延山久遠寺的門前町。參道上有販售身延町名產「豆腐皮」等各式的店家聚集。

路線&乘車資訊

西富士宮站～鰍澤口站間普通列車的班次較少

除了普通列車外，特急富士川號每天有7班往返於靜岡站～甲府站。富士站～西富士宮站間與鰍澤口站～甲府站間，每小時有1～3班車，相當方便。但西富士宮站～鰍澤口站間每小時只有1班，而且是普通或特急列車交互發車。搭乘普通列車的所需時間，富士站～西富士宮站間約25分、西富士宮站～鰍澤口站間約1小時50分、鰍澤口站～甲府站間約50分。

洽詢處 JR電話服務中心 ☎050-3772-3910（依語音指示按「2」，6～24時）

前往始發站的交通方式

熱海站	搭JR東海道本線 普通列車約45分	富士站
新宿站	搭JR中央本線 特急梓號約1小時30分	甲府站

若利用東海道新幹線前往富士站，必須在三島站、靜岡站轉乘JR東海道本線，約30～40分可抵達富士站。新幹線的新富士站並沒有與在來線交會，但有巴士運行至富士站。特急梓號連結新宿站和長野縣的松本站，從松本站過來約需1小時10分。另外，從新宿站也可搭乘停靠站比梓號多的特急甲斐路號，若全程都搭普通列車的話約需2小時40分（於高尾站轉乘）。

途中下車範例行程

造訪富士山麓的寺院&溫泉的悠閒旅程

第1天
上午＊從車窗和山上飽覽富士山美景
搭乘9:12從富士站出發的普通列車，沿途與富士山相伴相隨直到身延站。參拜完身延山久遠寺後，搭乘身延山纜車到山頂，眺望市區及遠方的富士山。
下午＊到「武田信玄的祕湯」療癒旅途疲憊
搭乘15:45從身延站出發的列車，前往下部溫泉站。到江戶時代以溫泉療養地聞名的溫泉鄉住一晚。

第2天
上午＊參觀由武田信玄創建的甲斐善光寺
搭乘9:17的普通列車從下部溫泉站出發，越過山谷後眼前即南阿爾卑斯山和八岳。於善光寺站下車，造訪由武田信玄創立的甲斐善光寺。11:50從善光寺站上車，11:55抵達終點甲府站。

補充資訊 富士宮炒麵是富士宮市的在地美食，以帶嚼勁的粗麵為特色，在富士宮站周邊就吃得到。

映入眼簾的當地特有景色引人入勝

從車窗一窺地方產業及名峰風采

岳南電車 岳南鐵道線和弘南鐵道 大鱷線的窗外風景擁有無窮魅力，坐在搖搖晃晃的車廂中，沿途上的名峰「富士山」、工廠地帶夜景，或是有津輕富士之稱的岩木山、熟成的紅蘋果都很吸引人。

81 靜岡縣 | 能望見富士山和茶園的鐵道 享受工廠地帶的夜景

岳南電車 岳南鐵道線

●がくなんでんしゃ がくなんてつどうせん

吉原站~岳南江尾站（靜岡縣）9.2km

行駛於靜岡縣富士市，以沿線所有車站皆能眺望到富士山而著稱。除了作為當地居民的代步工具，也很積極推動觀光產業的發展。由於會行經造紙業等產業興盛的工業地帶，便順勢推出了關掉車內照明讓乘客能盡情欣賞工廠夜景的「夜景列車」，不僅大受歡迎還在2014年獲得「日本夜景遺產」的認定，並於2021年開始透過影片播放沿線的魅力，企圖以各種方法來吸引遊客的青睞。

路線&乘車資訊

作為活動列車運行的「夜景列車」有兩種

定期列車每小時有2~3班往返，不會有等候太久的困擾。活動列車的「夜景列車」有兩種，皆須以電話預約，請先上官網確認運行日。一種是在特定日期從定期列車中選1~2班往返來實施，關掉兩節車廂其中一節的照明，讓乘客邊聆聽車內導覽邊觀賞沿線的工廠夜景。附紀念品的票價為1200円；另一種則是特別加開的班次，欣賞夜景之餘還能品嘗特製的鐵路便當、順路造訪本吉原站等3站，讓夜景之旅的樂趣更加滿載。附鐵路便當和紀念品的票價為4000円。

洽詢處 岳南電車 ☎0545-53-5111

前往始發站的交通方式

●從熱海站搭JR東海道本線 普通列車到吉原站約35分
●從靜岡站搭JR東海道本線 普通列車到吉原站約40分

JR東海道本線是每小時有3~4班的主要幹道，很容易銜接，或從東海道新幹線有停靠的熱海站、三島站、靜岡站上車也很方便。此外，新富士站只有新幹線停靠，無法轉乘到來線，但只要搭乘富士市的市內循環巴士就能前往吉原本町站或JR富士站。巴士路線會視時段而變動，請事先確認。

⊙ 到處都能看到名峰「富士山」，眼前的景色十分壯觀。照片取景自ジャトコ前站~吉原站間

夜間在岳南原田站與列車交會的畫面，矗立於後方的就是造紙工廠

⬆ 在關掉車內照明的夜景列車上，能感受籠罩在黑暗中的工廠燈光散發出的夜色風情。運行時會將上方的窗戶打開

蘋果每到秋天便會逐漸轉紅，結實累累，行走其間的列車身影的確是名符其實的蘋果園鐵道

82
青森縣

能欣賞鈴鐺般的紅色果實和白色小花美景的「蘋果園鐵道」

弘南鐵道 大鰐線

● こうなんてつどう おおわにせん

⬆春天能見到白色的蘋果花和岩木山（左）。除了以蘋果為意象的紅色吊環外，還有能實現戀情的心型吊環（右）

大鰐站~中央弘前站 （青森縣） 13.9km

　弘南鐵道由以弘前為起點的大鰐線和弘南線兩條路線組成。青森縣以蘋果產地知名，行駛至大鰐站的大鰐線會穿梭在蘋果園間，因此又以「蘋果園鐵道」的暱稱廣為人知，還可隔著車窗望見也被稱作津輕富士的岩木山。每逢果實逐漸轉紅的秋天和開滿白花的春天，列車在穿越蘋果園時還會刻意放慢速度，好讓乘客欣賞成熟的蘋果與可愛小花，此舉也廣受好評。

路線&乘車資訊

津輕大澤站~松木平站間會放慢列車速度

為全線車程僅35分鐘的鐵道路線，上行下行每小時有1班。每年蘋果花盛開的5月上旬、果實成熟的10月中旬~11月上旬，早上~中午過後的班次都會實施慢速運行。在蘋果樹的花期前登場的則是櫻花，弘前櫻花季期間不僅會增加班次，車廂內還運用櫻花來裝飾增添氣氛。

[洽詢處] 弘南鐵道 ☎0172-44-3136

前往始發站的交通方式

●從秋田站搭JR奧羽本線 特急津輕號到大鰐溫泉站約1小時55分
●從新青森站搭JR奧羽本線 特急津輕號到大鰐溫泉站約40分

起點大鰐站與JR大鰐溫泉站毗鄰。從新幹線有停靠的新青森站搭乘普通列車，包含轉乘時間在內也不過1小時左右。從秋田站搭乘每2~3小時1班的普通列車約需2小時30分。行駛於秋田站~新青森站‧青森站間的特急津輕號一天有3班往返。若在特急列車也會停靠的弘前站下車，則可選擇步行20分鐘或是搭路線巴士、計程車到中央弘前站。大鰐溫泉站~弘前站間搭列車約10~15分。

懷念過往風華的廢線遺跡之旅

在路線停止營運後，仍以別的形式吸引各界目光的廢線遺跡。
可以透過遊樂設施、健行步道等直接的體驗，一窺其中的無窮魅力。

體驗各種遊樂設施

有鐵道自行車、小火車等能實際行走
在廢線遺跡上的設施。

宮崎縣
高千穗天照鐵道Grand Super Cart
●たかちほあまてらすてつどう グランドスーパーカート

利用舊高千穗鐵道的廢棄路線所打造的遊樂設施，全長約5公里。坐上柴油引擎的小火車從高千穗站出發，行經高架鐵橋時能近距離欣賞美麗的景色。

☎0982-72-3216 住宮崎縣西高千穗町三田井1425-1 交宮崎站搭JR日豐本線特急列車1小時10分，延岡站下車，換搭宮崎交通巴士往高千穗バスセンター1小時20分，終點下車步行10分 費1500円 時9時40分～15時40分（1天10班）休第3週四（黃金週、夏季休假期間照常運行，遇惡劣天候、強風時停駛）

群馬縣
碓冰峠鐵道文化村
●うすいとうげてつどうぶんかむら

將舊信越本線（橫川站～輕井澤站間）長2.6公里的下行路段，改為行駛小火車「Sherpa君」。從沒有玻璃窗的開放式車廂上，能將碓冰峠的景色一覽無遺。

☎027-380-4163 住群馬縣安中市松井田町橫川407-16 交高崎站搭JR信越本線35分，橫川站下車即到 費入園500円（體驗須另外付費）時9～17時（11～2月至16時30分，入場至16時）休週二（8月照常營業，逢假日則翌日休）、12月29日～1月4日

岐阜縣
鐵道自行車GattanGo!!
●レールマウンテンバイク ガッタンゴー!!

只要腳踩固定在鐵軌上的登山腳踏車，就能沿著舊神岡鐵道前進，又分成輕鬆悠閒的「城鎮路線」和一路會行經鐵橋的「溪谷路線（照片）」。

☎090-7020-5852 住岐阜縣飛驒市神岡町東雲1327-2（城鎮路線）交JR高山本線（P.156）豬谷站開車30分／參加由JR高山本線高山站出發的路線巴士套裝行程 費城鎮路線：電動輔助自行車一台（2人）3200円／溪谷路線：觀覽席＋電動輔助自行車一台5200円 時3月下旬～11月下旬營業（時間視路線而異）休營業期間中的週三（逢假日則營業）

北海道
故鄉銀河線 陸別鐵道
●ふるさとぎんがせん りくべつてつどう

曾經是連結道東的池田站和北見站的北海道池北高原鐵道，廢線後（舊陸別站～舊分線站間）改造成為觀光設施，提供搭乘體驗、駕駛體驗、小火車等各種行程。

☎0156-27-2244 住北海道陸別町陸別原野基線69-1道の站オーロラタウン93内 交JR石北本線（P.134）北見站搭北見巴士往陸別1小時30分，終點下車即到 費視行程而異（搭乘體驗300円、S路線駕駛體驗2000円等）時9～16時（受理至15時30分）休週二、11月～4月下旬 ※體驗行程的實施日期請上官網確認

岡山縣
柵原交流礦山公園
●やなはらふれあいこうざんこうえん

在舊片上鐵道的吉原站原址上所建造的設施。動態保存著以前的車輛，每月還會舉辦一次在設施内的廢線遺跡上行駛保存車輛的活動（2023年5月現在暫停中）

☎0868-62-7155（柵原礦山資料館）住岡山縣美咲町吉ケ原394-2 交JR姬新線（P.92）等路線的津山站搭中鐵巴士往高下35分，吉ヶ原下車即到 費入園520円 時9～17時（入園至16時30分）休週一（逢假日則翌日休）、12月28日～1月4日

秋田縣
小坂鐵道公園
●こさかてつどうレールパーク

蓋在至2009年廢線為止已營運近百年的礦山鐵道「小坂鐵道」原址上的複合設施，可搭乘鐵道自行車或小火車（週二、三停止運行）。

☎0186-25-8890 ℍ秋田縣小坂町小坂鑛山古川20-9 ☒JR花輪線（P.128）等路線的大館站搭秋北巴士往小坂操車場50分，小坂小學校前下車步行2分 ￥入園550円（遊樂設施須另外付費） ⏰9～17時（入園至16時30分） ℍ11月24日～3月，遊樂設施為週二、三

島根縣
三江線鐵道公園
●さんこうせんてつどうこうえん

將廢線的舊JR三江線鐵道遺產再利用才得以重新開園。目前是由NPO法人負責營運，每個週末會有小火車運行。

☎090-3221-5040（江の川鐵道）ℍ島根縣邑南町宇都井1041-1 ☒JR藝備線（P.194）三次站備北交通巴士往作木線伊賀和志50分，口羽大橋下車即到 ￥小火車搭乘費用1200円～ ⏰11～16時 ℍ請上官網確認 ※公園可自由參觀，搭乘小火車需預約

沿著鐵道軌跡漫步

走在廢線的軌道上，細細品味鐵道過去的歷史和風景。

福島縣
舊國鐵日中線
●きゅうこくてつにっちゅうせん

曾為連結福島縣喜多方站和熱鹽站的路線，還沒民營化就遭廢線。目前被規劃成兩旁種滿櫻花樹的遊步道，每逢春天總吸引許多觀光客來訪。

照片提供：喜多方市教育委員會

☎0241-24-5200（喜多方觀光物產協会）ℍ福島縣喜多方市押切東2ほか ☒郡山站搭JR磐越西線普通列車1小時30分，喜多方站下車步行5分 ￥⏰無 ℍ自由參觀

京都府
嵯峨野遊覽小火車
●さがのトロッコれっしゃ

原為JR山陰本線在嵯峨站～馬堀站間的舊線，由於雙軌化的工程而被廢棄，因此改為行駛觀光小火車。全長7.3公里，車程約25分鐘，沿途能欣賞京都的風景名勝「保津峽」及復古的紅磚隧道等景觀。

☎075-861-7444（嵯峨野觀光鐵道語音服務）ℍ京都府京都市右京区嵯峨天竜寺車道町（小火車嵯峨站）☒京都站搭JR山陰本線17分，嵯峨嵐山站下車，步行5分到小火車嵯峨站 ￥單程880円（全車對號座，需事前預約）⏰小火車嵯峨站9:02或10:02～16:02發車（每小時1班，一天有8班往返）※旺季時會臨時加開車次 ℍ請上官網確認，12月30日～2月

北海道
美深小火車王國
●トロッコおうこくびふか

利用舊國鐵美幸線的廢線遺跡，從1998年開始運行小火車。附引擎的小火車在鐵道上一路奔馳，車程約40分鐘。

☎01656-2-1065 ℍ北海道美深町仁宇布215（P.226）美深站搭車30分（可預約Demand Bus）￥小火車搭乘費用1500円 ⏰8:30～16:00（小火車9:00發車，每小時1班）ℍ10月下旬～4月下旬

群馬縣・長野縣
碓冰峠 廢線鐵道散步
●うすいとうげ はいせんウォーク

為1997年廢線的舊信越本線，可從橫川站沿著鐵軌一路走到輕井澤站，途中會經過許多座隧道和眼鏡橋等鐵道遺產。

☎027-329-6203（安中市観光機構）ℍ群馬縣安中市松井田町橫川441-6 ☒高崎站搭JR信越本線普通列車35分，橫川站下車，搭車30分（可預約Demand Bus）￥⏰ℍ視行程而異

鳥取縣
舊國鐵倉吉線
●きゅうこくてつくらよしせん

廢線後仍保留著部分的月台和鐵軌，鐵道兩旁竹林環繞，又被譽為「日本最美的廢線遺跡」。還可參加廢線遺跡健行行程。

☎0858-24-5371（倉吉観光MICE協会）ℍ鳥取縣倉吉市関金町泰久寺 ☒鳥取站搭JR山陰本線特急列車30分，倉吉站下車，轉乘日本交通巴士関金線（明高）45分，泰久寺下車步行15分 ￥⏰無 ℍ自由參觀

83 靜岡縣

天龍濱名湖鐵道

◆てんりゅうはまなこてつどう

掛川站~新所原站（靜岡縣）67.7km

照片提供：天龍濱名湖鐵道株式會社

越過茶園和蜜柑果園
濱名湖北岸的美景就在眼前

TH2100型Re+車輛正行經濱名湖北邊的細江湖（引佐細江），車身上的塗裝顏色以靜岡盛產的茶葉和蜜柑為主題

從東海工業地區到偏遠村落
有許多仍在現役中的鐵道文化財

為經由濱名湖北岸的東海道本線繞行道路，又被暱稱為「天濱線」，還保留許多國鐵路線時代建造的設施。站舍、月台等36件已登錄為國家有形文化財，天龍二俣站的轉車台、扇形車庫皆為蒸汽機關車時代的設備，且目前仍持續在服役中。

從掛川站出發，行經磐田原台地的茶園後，橫渡流入信州的伊那谷和濱松市平原地區的天龍川。過了前往女城主井伊直虎淵源之地的金指站‧氣賀站，左手邊便可以望見濱名湖。接著會越過三日町的蜜柑果園，從知波田站後逐漸遠離濱名湖，最後抵達終點新所原站。

路線&乘車資訊

全線運行的普通列車約每小時1班

僅普通列車運行，除了全程行駛的班次外，早、晚還有幾班區間運行的列車。有多種優惠的乘車券，可全線自由上下車的一日券1750円，天龍二俣站～新所原站和掛川站～西鹿島站的限定區間內可無限次搭乘的一日券各1430円，上述兩個區間各再加上可搭乘遠州鐵道的票券為1480円。
洽詢處 天龍濱名湖鐵道 ☎053-925-6125

前往始發站的交通方式

| 靜岡站 | 搭JR東海道本線 普通列車約45分 | ➡ | 掛川站 |
| 豐橋站 | 搭JR東海道本線 普通列車約10分 | ➡ | 新所原站 |

先從東海道新幹線有停靠的掛川站、濱松站、豐橋站中，依照自己的行程選擇起點站。從與濱松站毗鄰的新濱松站搭乘遠州鐵道也能到西鹿島站，車程約30分。由濱松站搭JR東海道本線普通列車到掛川站‧新所原站約25分。

1 全長403公尺的天龍川橋梁是天龍濱名湖鐵道中最長的橋，由北側的三座桁架橋和南側的七座鋼製梁橋構成 **2** 綿延於濱名湖北岸的三日蜜柑果園 **3** 天龍二俣站的轉車台和扇形車庫，是日本國內也很罕見，現今仍在使用中的鐵道設施 **4** 列車正行經袋井市山田的茶園 **5** 11～3月期間在濱名湖佐久米站，可以看到候鳥百合海鷗的身影 **6** 尾奈站每逢春天就會被櫻花、油菜花等各種花海包圍 **7** 融入了芬蘭品牌「Marimekko」經典印花元素的慢活列車

📎 途中下車範例行程

巡訪鐵道遺構和古社的歷史之旅

第1天

上午＊前往1460餘年歷史的神社參拜
搭乘9:32從掛川站出發的列車，10:03在遠江一宮站下車。搭車前往以結緣神社聞名的神社「小國神社」。
下午＊參觀已登錄為國家有形文化財的轉車台
搭乘12:31從遠江一宮站出發的列車，12:45抵達天龍二俣站。在車站前吃完午餐後，參加13:50開始的轉車台&鐵道歷史館導覽。於車站周邊的旅館或民宿住一晚。

第2天

上午＊造訪井伊家的菩提寺和東海地區
　　　規模最大的鐘乳石洞
搭乘8:29從天龍二俣站出發的列車，9:01在金指站下車，步行30分鐘到龍潭寺。飽覽東海首指一指的日本庭園後，搭5分鐘的巴士前往擁有全日本最大地底湖的鐘乳石洞「龍岩洞」。
下午＊購買濱松的代表性品種「三日蜜柑」當伴手禮
從金指站搭13:22的列車，13:46抵達三日站。選購以三日蜜柑製成的甜點，再搭乘約20分鐘的列車抵達終點新所原站。

沿線地區

三日 ●みっかび
面朝猪鼻湖的地區，為溫州蜜柑品種「三日蜜柑」的產地。被譽為是濱名納豆始祖的大福寺納豆也很有名氣。

沿線地區

井伊谷 ●いいのや
江戶時代的彥根藩主井伊家的發祥地。除了井伊家的菩提寺「龍潭寺」外，還有多處有淵源的史跡。

⬆可全線自由上下車的繪馬形狀一日券，使用完後也可寫上願望交給站務員代為奉納給神社

照片提供：天龍濱名湖鐵道株式會社

沿線地區

森町 ●もりまち

還留有許多歷史名勝和傳統文化，又有「遠州的小京都」之稱。當地有三大民俗藝能的舞樂被統稱為「遠江森町的舞樂」，已被指定為國家的重要無形民俗文化財。

沿線地區

都田 ●みやこだ

放眼望去盡是悠閒的田園風景，還可到「濱松果園時之栖」體驗採果的樂趣。

沿線地區

二俣町 ●ふたまたちょう

三面皆被蜿蜒的天龍川所環繞，曾經是二俣城的城下町。有濱松市秋野不矩美術館、本田宗一郎工藝傳承館等著名景點。

路線指南

遠州鐵道西鹿島線

えんしゅうてつどうにしかじません

全線皆在濱松市內，連結新濱松站與西鹿島站，全長17.8公里。由於外觀為紅色車身塗裝，因此又被稱為「赤電」。

私心推薦！

最推薦的就是能見到已登錄為國家有形文化財的轉車台、扇形車庫的轉車台導覽。能近距離觀賞轉車台360度旋轉的樣子，極具迫力。

天龍濱名湖鐵道
營業課　橫地 雛

一畑電車 北松江線‧大社線

◇いちばたでんしゃ きたまつえせん‧たいしゃせん

北松江線：電鐵出雲市站~松江しんじ湖溫泉站（島根縣）**33.9km**

大社線：川跡站~出雲大社前站（島根縣）**8.3km**

有一半的區間皆沿著宍道湖岸前行
通稱為「畑電」且廣受鐵道迷喜愛

　　沿著以湖上夕陽、蜆貝著稱的宍道湖北岸行走，連結緣之地「出雲」和松江的鐵道路線。從出雲大社前站出發的大社線，會在川跡站與北松江線接續。

　　以出雲今市站（現在的電鐵出雲市站）為起點的鐵道路線於1914年開始營運，原本是為了載運前往一畑藥師參拜的旅客。但在戰爭期間，到寺院為止的路段被迫停止營運，只留下了之字形折返軌道的一畑口站。於2010年上映，由中井貴一主演的電影《49歲的電車夢》就是以一畑電車為背景，在拍攝過程中也獲得鐵道公司與沿線地方政府的全力協助。

1 從三個方向過來的列車皆抵達川跡站，旅客正穿越軌道轉乘中　**2** 橘色車身的1000系車輛越過出雲大社前站附近的堀川　**3** 粟津稻生神社。電車會橫越社殿前方，鳥居林立的細長參道　**4** 可愛的粉紅結緣電車「島根貓號」以名峰、大山為背景一路向前奔馳。車廂內還在長椅上放置了一個島根縣的觀光吉祥物「島根貓」作為裝飾（島觀連許諾第7131號）

私心推薦！

大山會隨著觀看角度而有伯耆富士、出雲富士、秋鹿富士等不同的名字，備受大家愛戴。沿線也有許多拍照景點，能欣賞到四季應時的大山美景和一畑電車同框的畫面。

一畑電車應援團
公認團長
玉井 謙治

從出雲大社行駛至松江

島根縣內唯一的私鐵

北松江線的園стан間及松江しんじ湖溫泉站站附近，都能見到幽靜的宍道湖景色。運行中的7000系列車共有4輛，車身上都繪有島根縣的代表象徵物。照片中的車輛是以三瓶山為設計主題。

路線&乘車資訊

請事前確認是否得在川跡站轉乘

兩條路線皆每1～2小時1班車，於川跡站轉乘時也不需等候。有只在北松江線或大社線內運行的列車，也有像行駛於電鐵出雲市站～出雲大社前站、松江しんじ湖溫泉站～出雲大社前站等橫跨兩條路線的列車。列車的目的地和時間，平日與週六日、假日會有些差異。除了普通列車以外，還有運行日以週六日、假日為主，非各站皆停的特急和急行列車。從電鐵出雲市站・出雲大社前站搭普通列車到途中的川跡站為止約需10分，從松江しんじ湖溫泉站出發的話約需50分。可於一日內全區間不限次數搭乘的周遊券為1600円。

洽詢處 一畑電車 ☎0853-22-5905（電鐵出雲市站）／0852-21-2429（松江しんじ湖溫泉站）

前往始發站的交通方式

| 岡山站 | 經由JR伯備線 搭特急八雲號約3小時，出雲市站下車步行3分 | → 電鐵出雲市站 |

| 岡山站 | 經由JR伯備線 搭特急八雲號約2小時30分，松江站下車，轉乘路線巴士約20分 | → 松江しんじ湖溫泉站 |

從山陽方向過來的話可利用每小時1班的特急八雲號，從山陰方向過來則搭乘以鳥取站、益田站、新山口站為起迄站的特急列車比較方便。電鐵出雲市站和松江しんじ湖溫泉站皆離JR車站較遠，但路線巴士的班次密集所以移動上並不困難。從電鐵出雲市站搭路線巴士到出雲大社前站，只需20分即可抵達。

途中下車範例行程

享受歷史文化和主題樂園的一日遊

上午＊從大社線的出雲大社前站前往木綿街道
參拜完出雲大社，從出雲大社前站上車，約25分鐘後在雲州平田站下車。依列車的目的地而定，有些必須在川跡站轉乘。從雲州平田站步行10分，到白牆建築物林立的木綿街道散步，沿途也有許多可以用餐的地方。

下午＊造訪松江花鳥園
從雲州平田站搭乘普通列車，約20分鐘後在松江フォーゲルパーク站下車。園內有多達數千種的花卉品種與約90種的鳥種，也能見到企鵝、鯨頭鸛等中國地方稀有的珍奇鳥類。傍晚時分搭乘列車前往終點「松江しんじ湖溫泉站」，周邊有多家溫泉旅館，不妨在此留宿一晚。

沿線地區
出雲 ●いずも
以結緣之神知名的出雲大社，相傳創建於日本的神話時代。市內散布著如出西窯等受到民藝運動影響的燒陶窯場。

沿線地區
平田 ●ひらた
雲州平田在江戶時代～明治初期是因水運和木綿產地而繁榮的商人街區，還保留著饒富歷史韻味的木綿街道。

日本海

一畑藥師 卍
島根半島
一畑口駅
伊野灘駅
津ノ森駅
高ノ宮駅
松江花鳥園
松江しんじ湖溫泉
松江城
松江城駅
秋鹿町駅
朝日ケ丘駅
長江駅
あいかみ
松江イングリッシュガーデン前駅
松江フォーゲルパーク駅
松江しんじ湖溫泉駅
米子駅・鳥取駅
宍道湖
玉造温泉
山陰自動車道
一畑電車 北松江線
布崎駅
湖遊館新駅駅
にゅうかんしんえき
園駅
斐伊川
出雲緣結機場
木綿街道
平田
旅伏駅
たぶし
雲州平田駅
うんしゅうひらた
出雲科学館パークタウン前駅
宍道駅
島根縣
JR山陰本線 →P.12
JR木次線 →P.126
松江自動車道
宍道JCT
一畑電車 大社線
鰐淵寺 卍
高浜駅
たかはま
川跡駅
かわと
美談駅
みだみ
武志駅
たけし
出雲大社
出雲
浜山公園北口駅
はまやまこうえんきたぐち
出雲大社前駅
いずもたいしゃまえ
遙堪駅
ようかん
一畑電車 大社線
粟津稻生神社 卍
でんてつついもじ
電鉄出雲市駅
大津町駅
おおつまち
大津町駅
いずもかがくかんパークタウンまえ
出雲市駅
出西窯
益田駅
木次駅

0 3km
N

一畑藥師以「眼睛的藥師」廣受民眾信仰，從觀音堂附近能眺望到宍道湖。

補充資訊 一畑電車有推出「RAIL＆CYCLE」的服務，所有區間、全天皆能將自行車帶到車廂內。單程一律一台320円（不包含乘車券）。

243

JR北上線

◆ジェイアールきたかみせん

北上站（岩手縣）～**橫手站**（秋田縣）61.1km

鐵道也屬於風景的一部分

穿越橫跨在錦秋湖上的鐵橋

①架設在ほっとゆだ站附近的鐵橋（照片是從川尻橋的角度所拍攝）。每當新綠季節融化的雪水流入錦秋湖後，就能欣賞到水中森林的景致

從車窗能眺望到壯觀的水壩湖
連結岩手縣和秋田縣的鐵道

　　車窗風景中的最大亮點當屬錦秋湖，新綠時期融化的雪水流入後出現的水中森林，或是湖水顏色呈美麗對比的紅葉、整片銀白世界的雪景色，一年四季皆有不同的樣貌。當水位下降時，還能見到因興建水壩而被淹沒的舊線遺構。

　　前身為輕便鐵道橫黑線，直到新幹線通車前，都是連結岩手縣和秋田縣間路程最短的路線。有時也會作為工程列車、觀光列車等移動時的回送路線或迂迴路線使用，由於可以見到稀有的車輛因此也累積了不少人氣。全日本也很罕見，在站舍內就附有溫泉設施的安心湯田站（ほっとゆだ駅）也廣受矚目。

1架設在安心湯田站～湯田錦秋湖站（ゆだ錦秋湖駅）間的第二和賀川橋梁，是一座與四周風景相互映襯的紅色桁架橋 **2**紅葉時期能見到美麗的群山景致，也是錦秋湖的名稱由來 **3**擁有尖屋頂的木造站舍「安心湯田站」。在日歸入浴設施「ほっとゆだ」內還設有信號機，泡湯時也能掌握列車的抵達時間

路線&乘車資訊

白天的發車間隔約3～4小時

全線運行的列車從北上站出發的一天有7班，從橫手站出發的一天有6班，北上站～安心湯田站間在傍晚時段有1班往返。基本上為各站皆停，但小松川站有部分列車會過站不停。北上站～橫手站的車程約1小時20分，北上站～安心湯田站間約45分。

洽詢處 JR東日本諮詢中心 ☎050-2016-1600

前往始發站的交通方式

盛岡站	搭JR東北本線 普通列車約50分	→	北上站
秋田站	搭JR奧羽本線 普通列車約1小時15分	→	橫手站

與北上站交會的JR東北本線約每30～50分有1班車。若從遠方來，可以搭JR東北新幹線山彥號（部分隼號）前往北上站。上行下行每小時1班車，從仙台站過來約50分，從東京站過來約3小時。JR奧羽本線也會停靠橫手站。從秋田站出發的列車每小時1班，由秋田新幹線小町號有停靠的大曲站過來約20分。從山形新幹線翼號的終點站「新庄站」過來約1小時30分，但白天每2小時才有1班車。

途中下車範例行程

眺望壯觀的水壩湖，前往知名溫泉泡湯

第1天

上午＊環繞錦秋湖一周，感受豐富的大自然魅力
搭乘10:03從北上站出發的列車，於安心湯田站下車。在站前的觀光諮詢中心收集資訊後，到錦秋湖徒步環繞一圈。距離約5公里，全程需1小時30分。

下午＊在溪谷沿岸的溫泉設施度過悠閒時光
除了日歸入浴設施外，也很推薦從安心湯田站搭岩手縣北巴士到槻澤溫泉砂ゆっこ，體驗使用西和賀町天然硅砂的砂風呂。住宿的話就選湯田溫泉峽的旅館。

第2天

上午＊進入秋田縣內，漫步橫手街區
搭乘10:46從安心湯田站出發的列車前往橫手站。品嘗B級美食，若是冬天來訪還可參觀橫手雪祭。也可在橫手站轉乘JR奧羽本線，繼續下一段的鐵道旅程。

沿線地區
西和賀 ●にしわが
當地還保留著獨特的「又鬼」文化和歷史，設有展示狩獵用具等文物的博物館。

沿線地區
橫手 ●よこて
曾為戰國時代的城下町。有B級美食「橫手炒麵」及雪祭、橫手市增田漫畫美術館等觀光焦點。

沿線地區
北上 ●きたかみ
江戶時代曾作為北上川舟運的據點而蓬勃發展。陸奧三大櫻名所之一的北上展勝地，是不容錯過的賞櫻景點。

補充資訊 里芋口感獨特的北上可樂餅、西和賀町的郷土料理「餅乾天麩羅」等名物美食都很值得品嘗看看！

鹿島臨海鐵道 大洗鹿島線

◆かしまりんかいてつどう おおあらいかしません

水戶站~鹿島足球場站（茨城縣）**53.0km**

朝著關東最古老的神社前進

穿越霞之浦的水鄉地帶

從北浦湖畔站周邊眺望「霞之浦」水域之一的北浦湖

1 北浦湖畔站是一座被農田環繞的無人車站 2 車輛彷彿漂浮在田園上的模樣為高架鐵道特有的風景 3 涸沼已是拉姆薩公約登錄的濕地，也是關東唯一的半湖半海汽水湖 4 列車行駛在如水鏡般的水田與天空交界處的美麗景色

4 照片：渡邊貴宣

大洗站的知名鐵路便當「大太法師蛤蜊飯」1080円，名字取自茨城當地的民間故事「大太法師」 029-267-5104（お弁当の万年屋） 8~18時（大喜站賣店） 平日（僅週六日、假日販售）

沿著鹿島灘南下往鹿島神宮的方向行駛
隨著工業地帶的發展而誕生的路線

依著茨城縣東南部的海岸線行走的鐵道路線。水戶站以南屬於非電氣化路段，且為少見的高架鐵道。一路會行經動畫《少女與戰車》的舞台「大洗站」、以哈密瓜產地廣為人知的新鉾田站、能眺望湖景的北浦湖畔站，可享受中途下車觀光的樂趣。沿著北浦湖走到底，即進入眼前一片田園風景的鹿行地區，最後抵達JR線的鹿島神宮站。

原本是為了以鹿島港為中心的鹿島臨海工業地帶的發展而規劃的路線。與貨物線的鹿島臨海線互相接續，是一條支撐著沿線居民的日常生活與工業發展的鐵道。

路線&乘車資訊

只需留意中午前後的班次，就能輕鬆搞定行程

鹿島足球場站（鹿島サッカースタジアム駅）僅在舉辦足球比賽時才有停靠，列車會繼續駛入JR鹿島線的鹿島神宮站。從水戶站出發約需1小時15分。全線運行的列車約每小時1班車，但白天有些時段得等上2小時。水戶站～大洗站間約每30分1班車。

洽詢處 鹿島臨海鐵道 ☎029-267-5200

沿線地區

大洗 ●おおあらい
為茨城縣數一數二的觀光勝地。除了Aqua World茨城縣大洗水族館、大洗海洋塔等景點外，還有許多住宿設施和溫泉。

沿線地區

鉾田 ●ほこた
除了哈密瓜產量為日本第一外，亦為草莓、西瓜、番茄等農作物的產地。海水浴場也很有人氣，吸引不少前來享受海水浴和衝浪的遊客。

沿線地區

鹿島 ●かしま
鹿島神宮的鳥居前町。為日本職業足球聯賽（J聯賽）鹿島角隊的主場和足球俱樂部的所在地，也是關東屈指可數的足球城市。

途中下車範例行程

飽享鹿島灘的美景與當季海鮮

上午＊到大洗市區觀光，大啖鮮美海味
搭乘10:19從水戶站出發的列車，約15分可抵達大洗站。在港町悠閒漫步後，前往大洗港周邊能吃到當季海鮮的餐廳，絕不可錯過冬天特有的名物鮟鱇魚。

下午＊順道前往能欣賞太平洋的高塔賞景，再到鹿島神宮
中午過後搭乘列車，中途在日本最長站名之一的「長者ヶ浜潮騒はまなす公園前駅」下車，到佇立著展望塔的大野潮騒玫瑰公園飽覽太平洋的風光。再次上車後搭到終點鹿島神宮站，前往鹿島神宮參拜。

前往始發站的交通方式

東京站	搭JR常磐線特急常陸號・常磐號 約1小時30分	水戶站
成田站	搭JR成田線・鹿島線 普通列車約1小時	鹿島神宮站

每30分就有1班從品川站發車，經由東京、上野站的特急列車。常陸號會行駛至磐城站（いわき駅）、仙台站。如果是利用JR總武本線到成田站，可由東京站、千葉站、橫濱站等車站上車。若搭乘JR成田線，可在途中的佐原站轉乘鹿島線。連結至鹿島神宮站的列車約每1～2小時1班。

不但吸引觀光客目光，也是當地居民重要的交通工具
備受市民好評的短距離地方線

三條都是短程距離路線，但沿線上有豐富景點，亦擁有獨特創舉。
開業皆已逾90多年，吸引許多鐵道迷前來造訪，如今仍作為當地人的代步工具持續運行中。

87
和歌山縣

深得御坊市民喜愛
日本屈指可數的「短鐵道」

紀州鐵道
● きしゅうてつどう

御坊站~西御坊站（和歌山縣）2.7km

　行駛於紀伊半島與四國之間、面紀伊水道的和歌山縣御坊市的紀州鐵道，全部共5個車站，車程約8分鐘。以時速20～35公里緩緩穿梭在住宅區及農田間，為御坊市民不可或缺的交通工具。距離雖然很短但能欣賞到田園和市區兩種風景，沿途還有日高川站遺跡、廢線遺跡等景點，也深受鐵道迷歡迎。

路線&乘車資訊

白天每小時有1班車，有些區間的站間距離較短

通勤通學的尖峰時段為每1小時2班車。學門站～紀伊御坊站間的距離僅350公尺，走路也只需5分鐘而已。票價為一次120～180円。

洽詢處 紀州鐵道 ☎0738-23-0001（紀伊御坊站）

前往始發站的交通方式

●從和歌山站搭JR紀勢本線 普通列車到御坊站約1小時
●從新宮站搭JR紀勢本線 普通列車到御坊站約3小時40分
（途中在紀伊田邊站轉乘）

JR紀勢本線請參照P.40。從和歌山站出發的普通列車每小時1班，從與名古屋・三重方向相接續的新宮站發車班次約2～3小時1班。此外，連結新大阪站～白濱站・新宮站的特急黑潮號，上行下行每小時會有1班停靠御坊站，從新大阪站過來約1小時54分，從新宮站過來約2小時30分。

→ 從西御坊站一路延伸700公尺到以前終點站「日高川站」的鐵道遺跡

↑於2009年退役的Kiha600型車輛，如今被放置在紀伊御坊站旁邊的本町廣場603展示

從御坊站搭8分鐘即可抵達紀州鐵道的終點站「西御坊站」。開業於1931年

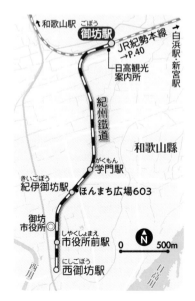

88 大阪府｜被當地居民暱稱為「水鐵」車程僅15分鐘的地方線

水間鐵道 水間線
● みずまてつどう みずません

貝塚站~水間觀音站（大阪府）5.5km

　南北走向的水間鐵道 水間線行駛於大阪府貝塚市內，開業至今已有90多年，現在仍然是通勤通學、前往水間觀音參拜的交通工具，已經成為當地居民生活中必要的存在。自2014年以來開始在車頭裝上原創設計的銘版，獨特的創舉博得不少人氣。2021年又透過群眾募資製作連續劇，各式各樣的嘗試也為路線再生帶來了新契機，備受當地民眾喜愛。

路線&乘車資訊

基本上每30分鐘1班車，只有普通列車運行

平日通勤通學的時段，以及週六日、假日的清晨每小時都有3班。若搭乘10～16時從貝塚站和水間觀音站出發的列車則可利用「白天優惠周遊券」，只需360円就能不限次數搭乘。

洽詢處 水間鐵道 ☎072-433-4709（貝塚站）

前往始發站的交通方式

●從難波站搭南海本線 急行列車到貝塚站約30分
●從和歌山市站搭南海本線 特急南方號等到貝塚站約40分（於泉佐野站轉乘急行）

貝塚站與南海本線相接續，有許多列車都能連結大阪・難波和關西國際機場、和歌山市。若搭乘JR線，從阪和線・東貝塚站走20分鐘左右就能抵達近義之里站。

為日本第一款全不鏽鋼製的列車，從原本運行於東急電鐵的列車改造而來

⬆正面中間設計成寺院風格，已登錄為有形文化財的水間觀音站（左）。水間觀音站的月台垂掛著許多小苔球（右）

↖正停靠在近義之里站，幾乎貼著住宅區的建築物行駛

千葉縣｜沿線景點魅力無窮 開業100年的人氣列車

銚子電氣鐵道 →P.110
● ちょうしでんきてつどう

銚子站~外川站（千葉縣）6.4km

　為關東最東的路線，共有10個車站，車程約20分鐘。沿線會行經醬油工廠、高麗菜田等，距離雖短但從車窗可一窺銚子市的樣貌。

犬吠埼燈塔是銚子的象徵地標，離犬吠站步行約7分鐘

地方鐵道乘車指南

～希望各位讀者都能有趟安全愉快的旅程～

事先查詢運行班次和轉乘資訊
搭車前

● 決定好想去的路線後開始蒐集資訊

地方鐵道之旅的第一步，就是先找出想搭乘的路線。決定後，首先要查詢路徑、時間和班次，請注意很多觀光列車並非每天都有運行。接下來請蒐集周邊相關資訊。可透過旅遊書或官網等管道，查出沿線的景點、出車站後的交通方式、所需時間、周邊的觀光地、溫泉、知名料理與店家等。為符合列車之旅的悠閒步調，請不要將行程排得太過緊湊。

● 掌握大致的運行狀況

地方鐵道為了通勤通學的族群，多傾向將班次集中在清晨和傍晚，並拉長白天的發車間隔。相隔2～3小時是常態，有時甚至長達5～6小時，若是在中途下車遊逛或是要轉搭巴士，一定要確實計算好返回車站的時間。部分路線每個月會有一次維修作業而導致該區間停駛，得確認是否有替代巴士運行。此外以週六日、假日、旺季期間為主，只在特定日運行的特急和快速列車也十分方便。

● 將行程安排得寬鬆一些

列車之旅很容易因某些突發狀況而打亂行程，除了颱風、大雨（雪）、強風等天候不順外，事故、車輛或設備故障也會造成延遲或停駛。尤其是需要轉乘時，若原本搭乘的班次誤點則可能導致銜接上的問題，因此盡量不要將時間抓得太緊，做行前計畫時請將時間預留寬鬆一些。但如果要在運行班次較少的路線轉乘，有時會等到列車抵達後才會出發，可向站務員或乘務員詢問。

● 選擇最適合旅程的票券

全程都搭乘普通和快速列車的話，只購買乘車券即可（若要指定座位則需另購指定席券）。若要搭特急就得購買特急券（又分成對號座與自由座），大多數觀光列車的座席指定席券都必須另外加購。尤其觀光列車的指定席券通常在搭乘前就已經售完，或是只剩下走道側的座位，所以請先確認何時開始發售（JR為運行日的一個月前），以便提早確保座位。

如果想享受途中下車遊逛的樂趣，不妨考慮購買可自由上下車的周遊券。有一日內可不限次數搭乘該路線全線，或是期間內可自由搭乘規定區間內的鐵道（有的還包含路線巴士在內）等各式各樣的票券。除了可查詢JR或JTB時刻表，鐵道公司的官網也會列出「優惠票券」的訊息，規畫行程時記得參考一下。但是要留意每種票券背後的使用規則，例如最具代表性的周遊券「青春18車票」就規定只能搭乘JR線的普通、快速列車（若要指定座位則需另購指定席券），特急列車和新幹線皆不可使用，就算加購特急券也不行（部分特例區間除外）。私鐵和第三部門鐵道除了部分特例外也不可搭乘。

除了周遊券外，搭乘JR時若購買101公里以上的乘車券，則會依照距離設定有效期間，可以在購入區間‧期間內中途下車（可走出剪票口，但不能往回搭）。私鐵和第三部門鐵道路線（JR以外）也大多會販售可於一日內不限次數搭乘全線的票券。

● 多準備一些現金

地方車站的附近並不會有銀行、郵局或便利商店，有些旅館或店家也無法使用信用卡，因此現金最好多帶一些。例如VISA、JCB、Master Card等國際PLUS提款卡，就能在便利商店的ATM提取現金，除了要先確認郵局、便利商店的位置和有無ATM機台，也要留意是否有先在臺灣開通「國際提款」的功能。此外有許多路線都無法使用交通IC卡，下車時必須在列車內支付車資。雖然設有兌幣機，但還是預先備妥零錢或千元鈔比較方便。

在這裡列出地方鐵道會碰到的行前注意事項，
例如運行班次較少、列車的搭乘方式等，
規劃行程時，除了列車的發車時刻，
也必須考量到長時間坐車時會遇到的狀況。

有些地方鐵道有特殊的搭乘方式
搭車當天

● 有附餐點和飲料？廁所？

有些列車得坐上數小時才能抵達目的地，因此請備妥足夠的食物和飲料。僅有特急列車和新幹線會於車內販售食物，且有逐漸減少的傾向，請先做好確認或是在車站、周邊買了再帶上車享用，挑選當地的鐵路便當（P.178）也是旅途中的一種樂趣。有些鐵路便當需事先預訂，購買車票時請記得確認。但如果是搭乘普通和快速列車，用餐前請先觀察周圍的狀況。在通勤通學的尖峰時段，或附近有其他乘客時，有時食物的味道會引起別人不愉快。另外，有些普通列車內並無設置廁所，建議在搭車前預留些時間先行解決。

● 若有餘裕，挑選座位也是重點之一

列車的座位大致有兩種，一種是沿著車體壁面、隔著車門而設的「長條椅」，一種是常見於新幹線和特急列車，朝著行進方向（背部朝後）而設的「橫式座椅」。旅行時為了要從車窗欣賞風景、用餐方便等理由，大多會比較偏好橫式座椅。而不需指定座位的普通和快速列車，「行進方向的靠窗橫式座椅」就是優先首選。為了確保自己想要的座位，也有人會在列車抵達前就開始排隊。

● 上下車時的注意事項

地方線的車站並非每站都有乘客上下車，有時車門不會自動開啟，而是要自己壓下車門旁的按鈕才能開關。開關時請留意周圍是否有人。

此外在地方也很常見到司機兼乘務員的「一人列車」，尤其連站務員也沒有的無人車站在上下車時更要特別注意。上車前請抽取整理券，並從月台上指示的乘車位置上車（指定乘車位置以外的門，即便壓下按鈕，車門也不會開啟），下車時請從駕駛座後方的車門離開。在第1節車廂最前方的票價表確認車費後，將整理券與車費投入車費箱（若持周遊券請向司機出示）。車站和鐵道公司的官網都會列出上車和下車的方法，先確認清楚也比較安心。

● 中途下車後的移動方式？

離城市地區越遠，就越無法期待會有路線巴士之類的公共交通工具。就算有計程車也只有幾台，不然就是得事前預約、非每日運行的社區聯絡巴士。若為城鎮規模或觀光景點，就可考慮租借自行車。

● 若有東西遺落在列車上？

首先聯絡站務員或鐵道公司的諮詢中心。屆時會需要確認所搭乘的列車詳細資訊（目的地、乘車站和時間、指定席的座位號碼等），所以最好事先記下來。

鐵道小知識

1 何謂之字形折返軌道、迴圈型路線？

鋪設來回曲折的鐵軌讓列車以一進一退的方式往前行的「之字形折返軌道（Switch back）」，以及將軌道鋪設成迴繞圓心一圈的「迴圈型路線（Loop line）」，都是為了降低軌道的坡度而設計的。

2 「Kiha」「Moha」等記號代表什麼？

車輛側面等處的「キハ（Kiha）」「モハ（Moha）」文字，是代表車輛特徵的記號。由車輛種類記號與用途、等級記號組合而成，一般多為2～4個文字。連字號左邊的數字代表電車，柴油車則是引擎的方式與運轉台的數量等。JR東日本的新型車輛會在數字前面再加上代表East的「E」。

□ 記號的代表意義

$$\triangle \ \triangle \ 000-0000$$

車輛種類	用途車輛等級・	電氣方式	用途	區別	製造號碼	編號區分

□ 記號的種類（範例）

〈車輛種類〉
キ（Ki）＝附駕駛座柴油車
ク（Ku）＝附駕駛座操控車
モ（Mo）＝附馬達電動車
サ（Sa）＝無馬達附隨車
クモ（Kumo）＝附駕駛座・馬達操控電動車

〈等級・用途〉
ハ（Ha）＝普通車
ロ（Ro）＝綠色車廂
ネ（Ne）＝臥鋪車
シ（Shi）＝食堂車

INDEX

JR在來線

私鐵·第三部門鐵道

鐵道設施·車輛·廢線遺跡

本書使用方法

本書刊載的內容為2022年7月時調查、確認過的資訊。在出版後，列車編組、路線名稱、站名、行駛車輛、運行時間、各種費用、地圖資訊等都有可能會變動，請務必於行前確認最新的資訊。雖已力求刊載內容的正確性，但若因本書資訊造成個人的損害或糾紛，本公司將不承擔任何賠償責任，敬請理解。

●交通機關的所需時間、班次有時會因季節或時段而變動，僅供參考。

●列車的運行狀況，可能會因車輛維修等因素而出現停止運行或延遲的情形，行前請向各鐵道公司洽詢、確認。

●推薦的季節和時間僅為預估值，每年的開花時間有可能不同，請務必事前確認。

●「途中下車範例行程」會安排沿線的觀光景點，但出發地點、季節若不同，內容也會隨之變動，因此僅供規劃行程時參考使用。

●在季節、時間、拍攝場所等因素影響下，實地見到的風景可能會與照片有所出入。

●由於新冠肺炎的緣故，請於行前以電話或上官網查詢注意事項、條件等相關防疫措施。

照片提供

東迫和孝／@kapibara41 on Instagram	WILLER TRAINS株式會社（京都丹後鐵道）	球磨川鐵道株式會社
三吉勇基／@7djet on Instagram	肥薩橙鐵道株式會社	由利高原鐵道株式會社
川村香奈惠／@k.k.k.978 on Instagram	阿佐海岸鐵道株式會社	北越急行株式會社
@__kkkkpppp__ on Instagram	土佐黑潮鐵道株式會社	岳南電車株式會社
大塚保博／@jf6ery on Instagram	三陸鐵道株式會社	弘南鐵道株式會社
@rustytoshi on Instagram	能登鐵道株式會社	天龍濱名湖鐵道株式會社
上杉雄敏	越後心動鐵道株式會社	一畑電車株式會社
小林厚美／@attko3704 on Instagram	高松琴平電氣鐵道株式會社	鹿島臨海鐵道株式會社
中川龍也／@tatsumax2nd on Instagram	島原鐵道株式會社	紀州鐵道株式會社
土手浩司	智頭急行株式會社	水間鐵道株式會社
@riko_670111 on Instagram	渡良瀨溪谷鐵道株式會社	JR東海
@mu58127 on Instagram	夷隅鐵道株式會社	株式會社旅行讀賣出版社
藤村留美／@miruramu22 on Instagram	會津鐵道株式會社	和歌山縣有田川町
藤村好美／@hana.hana.877 on Instagram	平成筑豐鐵道株式會社	栗原田園鐵道公園
菱川榮一／@never3_give_up on Instagram	山形鐵道株式會社	公益社團法人津山市觀光協會
三重圖片庫	松浦鐵道株式會社	高千穗天照鐵道
新具重信	道南漁火鐵道株式會社	NPO法人神岡.社區總體營造網路
渡會哲	信樂高原鐵道株式會社	碓冰峠鐵道文化村
渡邊貴宣	銚子電氣鐵道株式會社	故鄉銀河線 陸別鐵道
Railman Photo Office	越前鐵道株式會社	岡山縣美咲町
Cynet Photo	野岩鐵道株式會社	小坂鐵道公園
photolibrary	若櫻鐵道株式會社	嵯峨野觀光鐵道株式會社
PIXTA	秋田內陸縱貫鐵道株式會社	NPO法人江之川鐵道
	津輕鐵道株式會社	美深小火車王國
	明知鐵道株式會社	一般社團法人安中市觀光機構
	錦川鐵道株式會社	
	大井川鐵道株式會社	等關係設施

STAFF
株式会社 K&B パブリッシャーズ

内川智行

吉村重実　大平健太
谷口裕子　浅野裕美　尾崎健一　後藤孝宏
長谷川麻稚子　宮下幸士　泉初江
飯村仁美　金原理沙　岩切あや
大谷照美　中山航太郎　小寺二葉　近藤崇之
土屋彩奈　小川純子　井島凌　小栗琴美
西松芽以　山田琴音　前木遥　丸山洋平
村越あい子　岩切春華　入江佳那恵
鬼頭正樹　小林誠

封面設計：山田尚志

【日本鐵道系列】

日本地方鐵道之旅
88條美景路線&深度鐵道旅遊提案

作者╱K&B PUBLISHERS

翻譯╱許懷文

編輯╱林庭安

發行人╱周元白

出版者╱人人出版股份有限公司

地址╱23145新北市新店區寶橋路235巷6弄6號7樓

電話╱（02）2918-3366（代表號）

傳真╱（02）2914-0000

網址╱http：╱╱www.jjp.com.tw

郵政劃撥帳號╱16402311 人人出版股份有限公司

製版印刷╱長城製版印刷股份有限公司

電話╱（02）2918-3366（代表號）

香港經銷商╱一代匯集

電話╱（852）2783-8102

第一版第一刷╱2023年7月

第一版第二刷╱2024年6月

定價╱新台幣600元

港幣200元

國家圖書館預行編目資料

日本地方鐵道之旅：88條美景路線&深度鐵
道旅遊提案／K&B PUBLISHERS作；
許懷文翻譯. -- 第一版. -- 新北市：
人人出版股份有限公司, 2023.07
面；公分. -- （日本鐵道系列）
ISBN 978-986-461-336-6（平裝）
1.CST：火車旅行 2.CST：日本
731.9   112007289

ZEKKEI NO NIHON E LOCAL TETSUDO NO
TABI Copyright© 2022 K&B PUBLISHERS
Chinese translation rights in complex
characters arranged with K&B PUBLISHERS
through Japan UNI Agency, Inc., Tokyo